全面育人　共筑未来

——全员育人中学导师制的理论与实践

王勇毅　张万聪　郝进宏　主编

首都师范大学出版社
CAPITAL NORMAL UNIVERSITY PRESS

图书在版编目(CIP)数据

全面育人　共筑未来：全员育人中学导师制的理论与实践/王勇毅，张万聪，郝进宏主编.—北京：首都师范大学出版社，2022.9

ISBN 978-7-5656-7079-4

Ⅰ.①全…　Ⅱ.①王… ②张… ③郝…　Ⅲ.①中学—导师制—研究　Ⅳ.①G632.422

中国版本图书馆 CIP 数据核字(2022)第 111367 号

QUANMIAN YUREN　GONGZHU WEILAI

全面育人　共筑未来

——全员育人中学导师制的理论与实践

王勇毅　张万聪　郝进宏　主编

责任编辑　丁燕伟

首都师范大学出版社出版发行

地　址　北京西三环北路 105 号

邮　编　100048

电　话　68418523(总编室)　68982468(发行部)

网　址　http://cnupn.cnu.edu.cn

印　刷　北京印刷集团有限责任公司

经　销　全国新华书店

版　次　2022 年 9 月第 1 版

印　次　2022 年 9 月第 1 次印刷

开　本　710mm×1000mm　1/16

印　张　15.25

字　数　255 千

定　价　49.80 元

编委会名单

序　一

北京市第一五六中学，在长期的办学实践中，始终站在人的终身发展的高度，注重因材施教，开创了“全员德育”和“跨年级指导”的育人模式，有效地实施“一个核心、五项创新、六大策略”的导师制育人方案，使学生成为每一位教师的学生，让教师成为每一名学生的教师。

北京市第一五六中学的全员育人导师制探索和改革，通过充分调研、专题研讨、试点先行，在导师制制度设计、导师选聘和培训、导师制工作内容等方面进行了积极尝试，并在实践过程中与家长、任课教师、班主任进行充分沟通，汲取多方建议，不断优化方案，逐步形成较为系统、成熟的导师制工作体系。工作推进中，学校研制了《导师工作手册》和《学生成长记录》，为全员育人导师制的科学实施、规范操作提供了有力保障。

通过在实践中不断总结，经过多年积累，学校编写了《全面育人　共筑未来——全员育人中学导师制的理论与实践》一书，记录了学校全员育人导师制实践的点点滴滴，丰富了导师制育人的实践方法。学生在导师的帮助下，不仅收获了知识，还获得了良师益友，也更加明确和坚定了人生目标。教师在导师制工作中，进一步更新了理念，实践了更多样的教育方法，积累了宝贵的育人经验。家长通过积极参与更加深刻地认识到，家长不仅是孩子的第一任老师，更是孩子人生的导师。

立足当下，面向未来。首都基础教育进入新的发展阶段，建设高质量教育体系，办好人民满意的教育，需要我们每一所学校坚守为党育人、为国育才的初心和使命，在教育实践中勇于开拓、敢于创新，推动首都教育现代化迈上新台阶。

丁大伟

2022 年 6 月 27 日

序　二

教育是生命影响生命的过程。这是我尤为喜欢的一句话，因为它与我本人的教育理念、对教育的理解最为吻合。在我眼中，每一个来到学校的孩子，每一个坐在教室里的学生，都是生机勃勃的生命。他们性情各异，特质参差，有的气宇轩昂，有的温文尔雅，有的奔跑跳跃，有的静如处子。但他们共有的特征是，犹如早晨八九点钟的太阳，充满能量，向上生长。如何与这样一群少年相遇、相处、共生、发展？最好的选择是教师以自己美好的生命品质，与学生形成生命影响生命的关系，成全学生，成就自己。

北京市第一五六中学推进的导师制探索，蕴含的教育追求指向生命影响生命。以“人师”为定位，不满足于“经师”角色，是学校探索导师制的朴素初衷。当代教育发展远远超越了知识传授目标，“立德树人”“为党育人，为国育才”日益成为学校办学和教师教学的价值取向。今日之青少年是面向世界的一代新人，是承担国之大业的主力军。未来中国如何面对世界、影响世界，如何在国际舞台上发挥作用，关键要看这一代青少年的素质、素养和精神风貌。他们要有广阔胸怀，能够担当使命，懂得尊重差异，乐于与人交往，善于与人为善。而这些观念、能力和素质的养成，只有通过人与人的充分交往，在应对和处理人际事务的过程中，切实面对并体验真实问题和现实课题，才能得到充分锻炼和切身磨炼。导师制是一种现实可行的举措和方法，有利于促进师生密切交往，有助于帮助师生面对彼此，是指导学生不仅求知更要成人的重要路径。

北京市第一五六中学推进的导师制探索，实施的教育过程保障生命影响生命。学校出台了一系列制度举措落实并实施导师制，例如全员育人导师制、跨年级指导制、班主任与导师合作机制、导生过渡机制、导师培训机制，等等，是确保导师制能够落实且便于操作并可持续实施的重要方案。这些机制的突出特点在于，以学生为核心，以学生发展需求为核心，以学生全面发展为核心。学生需要是教师的课题，学生发展是教师的目标，学生健康成长是教师的使命。为此，学校以多种方式将教师打散，分配，再组合，再分配，目标指向对学生有利，给学生便捷，让学生可持续发展。这些举措的背后是学校育人追求的彰显，是教育、教学结构的重组，是师生关系的重塑，是教育宗旨的落实。长久以来，“一切为了学生”“为了一切学生”“为了学生的一切”是很多办学组织甚为推崇的理念，我以为，北京市第一五六中学实行的全员导师制有利于促进“三个一切”真正达成。

北京市第一五六中学推进的导师制探索，内嵌的教育内容体现生命影响生命。学校研发了丰富多彩的课程设计、教育模块、教学模式和实践活动，全部突出指向学生的思想、心理、学业和生活。聚焦学生成长的思想困惑、心理不适、学业困境、生活挑战，融入学科教学、课堂研习、课后辅导、班级活动、家校互动、社团活动、实践探索等环节，在师生破解难题时、交流对话时、设计活动时、团队互动时、研讨质疑时，思想方法嵌入其中，心理引导潜移默化，学业指导有的放矢，生活解困如雪中送炭，学生在被关怀、被理解、被尊重中与教师形成信任，对教师充满期待，和教师携手同行。这是真正的教育关系，是教师与学生心与心的相遇，思想与思想的交互，生命与生命的陪伴。这样的教育关系是这个时代的要求，教学相长，相互成全，砥砺同行，面向未来。

最后，祝愿北京市第一五六中学的全员导师制硕果累累！

于北京海淀上河村

2022 年 5 月 30 日

前　　言

北京市第一五六中学导师制的构想与实施

从 1986 年开始教书起，我身边总会聚集一些学生，他们最初可能是基于对物理的兴趣，空闲时愿意和我多聊聊，我也很愿意与他们分享自己的一些治学和为人处世的心得感悟，渐渐地，我们成了无话不谈的朋友。

这种经历不只我一个人有，为师者几乎都有。行内人都知道，每个教师身边都会有这样一群学生，他们不仅在学业上，在兴趣爱好、个性发展乃至为人处世方面，都乐于与教师积极交流沟通，也会得到教师更多的指点和影响。但是由于性格等因素的影响，不是每个学生都会去主动亲近教师，获得这种近距离、全方位的指导和影响。于是我一直在思考，我们能不能通过建立一种制度，为每个学生提供和教师单独沟通的机会，从而帮助他们获得来自教师的学业以外的指导？

从 2002 年做副校长开始，我工作的重心就从怎么教育好自己的学生转移到怎么通过学校的管理让教师们更好地教育好全体学生。2006 年学校进行了一轮课改，我校把研究性学习纳入课程体系，学生的每个研究性学习小组都有指定的导师跟踪指导。在此过程中，我发现，有些师生之间的交流内容不仅仅局限于课题研究，还涉及学习态度和方法，甚至涉及日常生活和人际交往，等等，由此，这些学生获得了课题研究以外的许多收益。

从 2013 年我全面负责学校工作开始，我对教育的研究与思考更深入了。一个偶然的机会，我对中国几千年来的私塾教育产生了兴趣，开始思考中国传统教育方式的利与弊。我通过研究发现，中国延续了几千年的师徒授受的教育方式，固然已经跟不上时代的步伐，难以适应现代工业的大容量、高密度、快节奏的发展，但也不是一无是处。中华传统教育对学生立德修身、身体力行、知行合一等方面的作用，是现代班级授课制难以实现的。能不能把传统教育的溢彩之处移植到当代的教育体系中去呢？带着这个问题，我开始着手设计我们学校的导师制。

首先，我参考了当时已经先行实施导师制的个别学校的设计方案，比如深圳中学。我发现该校的做法很难在我校实施。该校取消班级，完全把学生交给导师的做法，且不说教师和家长的思想会一时转不过弯来，我个人认为也不符合中国的国情。毕竟中国人从文化上都很讲究群体意识，讲究归属感。有了归属感才有安全感，所以我认为在现阶段取消班级制并不妥当。而且在深圳中学设置的导师制里，每个教师都要面对来自同一年级的十几名学生，这种设置固然有其方便之处，但其实更像一种新形式的小班，没有做到真正的因材施教。基于这些想法，我开始考虑“跨年级带导”这种新型导师制模式。

既然要实施跨年级指导，如何把教师与学生组合起来就是一个问题。由于不同年级的教师和学生原来是不认识的，所以我选择了学生单向选择导师的办法，不由教师挑选学生，而是把每名教师的特长、风格特点等信息在学校官网专栏处进行展示，让学生根据自己所需充分酝酿、自由挑选。为了保证导师选择工作的公平性和有效性，我们采用机选，确保每个教师名下同一年级学生不超过 3 人。同时为了稳步推进导师制，我采用了逐年级分批次实施导师制的做法，让教师在逐步摸索和体验的过程中慢慢成熟，通过几年的时间让导师制在全校得到普及。

为了让教师顺利接受这种比较新的教育方式，我大约花了一年的时间对教师进行宣传动员，在教师中充分研讨，让全体教师认识到导师制的必要性，并且在实践中一边摸索一边调整，使得导师制的实施方法逐步符合校情，进而形成特色，以此避免了轰轰烈烈的表面形式的“改革”。

为了让导师制顺利实施并纳入学校日常管理，学校成立了导师办公室（简称“导师办”），并在导师制正式实施前一年从学校骨干教师中公开招聘了导师办主任，负责牵头规划、设计及实施导师制。导师的日常工作布置和管理（包括考核、酬劳）由导师办完成，从根本上保障了导师制的落地。

我校导师制实施近五年来，不仅学生得到了教师们有针对性的指导，教师们更是完成了从“经师”到“人师”的转变，从关心单一年级单一学科的成绩，转变为关心中学生成长的全过程，进而关心学生若干年后的发展，我想这才是我们学校教书育人的根本目的所在。

我们学校的导师制一路走来，虽然也有一些坎坷，但总体比较顺利，我也欣慰地看到师生因此而受益，这也许就算是我们对教育改革的一种大胆尝试和贡献吧！

北京市第一五六中学校长

2022 年 6 月 22 日

目　　录

第一章　人师难求今日求

第二章　问渠那得清如许

第三章　草木百年新雨露

第四章　春风化雨润花开

第五章　横看成岭侧成峰

第一章

人师难求今日求

一、新时代的育人要求以及对“人师”的呼唤

世人皆知，中华文明是人类历史上唯一延续5000多年、至今未曾中断的灿烂文明。在每一个历史时期，中华民族对人类文明的发展都做出过重大贡献。

党的十八大以来，习近平总书记对实现中华民族伟大复兴的中国梦进行了深刻阐述，指明了新时代中国特色社会主义发展的战略方向。习近平总书记指出，实现中华民族伟大复兴，就是中华民族近代以来最伟大的梦想。中华民族伟大复兴的中国梦一经提出，就产生了强大的号召力和感染力，成为中国走向未来的指引，成为激励中华儿女团结奋进、开辟未来的一面精神旗帜。

中华民族伟大复兴的中国梦需要一代代筑梦者和追梦者前赴后继才能实现，因此，培养什么人，就成为教育的首要问题。古人云：“国有贤良之士众，则国家之治厚；贤良之士寡，则国家之治薄。”从历史和现实的角度看，任何国家、任何社会，维护国家长治、维系社会稳定的重要途径都只有一条——教育。作为中国共产党领导的社会主义国家，我们的教育必须把培养社会主义的建设者和接班人作为根本任务，培养一代又一代拥护中国共产党领导和我国社会主义制度、立志为中国特色社会主义奋斗终生、始终为实现中华民族伟大复兴而努力的有用人才。

要培养社会主义建设者和接班人，就要在坚定学生的理想信念上下功夫，要加强对学生的思想引领。现在的青少年长期生活在和平环境之下，没有体验过民族生死存亡的危机，没有经历过血与火的考验，没有参加过艰难困苦的奋斗，人生的阅历十分有限。因此教育者需要对他们进行正确引导和长期教育，帮助他们树立正确的理想信念，要加强对学生的中国历史，特别是中国近现代史、中国革命史、中国共产党史、中华人民共和国史、中国改革开放史等的教育，坚持不懈地培育和弘扬社会主义核心价值观，增强学生的中国特色社会主义道路自信、理论自信、制度自信和文化自信。

要培养社会主义建设者和接班人，就要在加强学生品德修养上下功夫。人无德不立，育人的根本在于立德。立德为先，修身为本，这是人才成长的基本逻辑。立德修身，既要立意高远，又要立足现实。中学德育既是学生入学的第

一课，也是学生离校前的最后一课，必须贯穿学生学习始终，贯穿学校工作的各个方面和各个环节，使学校真正成为化育为人的天地，而并非仅是教授技能、发放文凭的场所。加强品德教育，教育的内容既有个人品德，也有社会公德，更有热爱祖国和人民的大德。学校教育要坚持引导学生树立和践行社会主义核心价值观，做到品德润身、公德善心、大德铸魂。

要培养社会主义建设者和接班人，就要在增强学生综合素质上下功夫。社会主义建设者和接班人必须德智体美劳全面发展。自古以来，中华民族就十分重视人的全面发展。我国周朝的官学要求学生掌握礼、乐、射、御、书、数“六艺”，培养目标可谓文理兼备。

学校教育要重视体育教育，要树立“健康第一”的教育理念，开齐、开足体育课，帮助学生在体育锻炼中享受乐趣、增强体质、健全人格、锤炼意志。

学校教育要重视美育教育，美是净化道德、丰富精神的重要源泉。没有以美滋养的人生必然是单调的、干涸的人生。孔子认为教育是“兴于诗”“成于乐”，就体现了对美育的重视。朱光潜先生有句名言：“要求人心净化，先要求人生美化。”要全面加强和改进学校美育，提高学生的审美和人文素养。

学校教育要重视劳动教育，劳动可以树德、可以增智、可以强体、可以育美。党中央把劳动教育纳入社会主义建设者和接班人的要求之中，提出“德智体美劳”的总体要求。要在学生中弘扬劳动精神，教育引导学生崇尚劳动、尊重劳动，懂得劳动最光荣、劳动最崇高、劳动最伟大、劳动最美丽的道理，让学生长大后能够辛勤劳动、诚实劳动、创造性地劳动。学校要采取适应当前环境和条件的有效措施，加强劳动教育，组织好形式多样的劳动实践，让学生在实践中养成劳动习惯，学会劳动、学会勤俭。

要培养社会主义建设者和接班人，还要注重学生的个性化发展。每个学生都是独一无二的个体，禀赋、才能、爱好和特长不尽相同，不能只关注学习成绩好的学生，而使其他学生被忽视、被遗忘，体会不到学习的成就和成长的快乐，进而丧失信心。要尊重学生、理解学生、信任学生、激励学生，公平、公正地对待学生，相信每一个学生都是可塑之才，善于发现每一个学生的闪光点和特长。学校教育要特别关心学习和成长相对落后的学生。清代诗人袁枚有诗云：“白日不到处，青春恰自来。苔花如米小，也学牡丹开。”教育的目光不能总是盯着花园里耀眼的“牡丹花”，还要将目光更多地投向墙角处不起眼的“苔花”，要努力构建德智体美劳全面培养的教育体系。

习近平总书记在第三十个教师节当天与北京师范大学师生座谈时，在引用唐代文学家韩愈的话“师者，所以传道受业解惑也”后说：“‘传道’是第一位的。一个老师，如果只知道‘受业’‘解惑’而不‘传道’，不能说这个老师是完全称职的，充其量只能是‘经师’‘句读之师’，而非‘人师’。古人云‘经师易求，人师难得’。一个优秀的老师，应该是‘经师’和‘人师’的统一，既要精于‘受业’‘解惑’，更要以‘传道’为责任和使命。好老师心中要有国家和民族，要明确意识到肩负的国家使命和社会责任。”正如顾明远先生所说，“教师的理想信念应该有两个方面：一是坚持中国特色社会主义道路，担负中华民族伟大复兴的历史使命；二是热爱教育事业、热爱学生，把学生培养成国家的栋梁。”简而言之，作为教师，育人是第一位的，要落实把握好“培养什么人、怎样培养人、为谁培养人”这一根本宗旨。

司马光在其所撰的《资治通鉴》中提到：“经师易遇，人师难遭”，胡三省作注曰：“经师，谓专门名家，教授有师法者。人师，谓谨身修行，足以范俗者。”东汉郭林宗曾有一种通俗的解释：经师者乃教书匠之谓，人师者即教育者之谓。

说到人师，北京市第一五六中学的首任校长陈垣先生堪称20世纪中国教育界“经师”与“人师”合一的典范。陈垣，字援庵，广东新会人。历经前清、民国到新社会，可谓历尽沧桑；从曾经的基督教徒到共产党员（1959年入党），与时俱进地加入新中国建设中来，20世纪50年代，被毛主席誉为“国宝”。陈先生倡导的辅仁精神“以文会友，以友辅仁”是其治学育人的真实写照，北京师范大学校训“学为人师，行为世范”更是先生办学育人的人格写照，先生的谦逊、仁爱与坚贞为后世学生树立了长久不衰的典范。作为北京市第一五六中学的首任校长，陈先生的治学理念和人格情怀更是始终影响着学校的治学理念。

北京市第一五六中学秉承这样一种理念：教师要做“人师”，努力成为帮助学生“筑梦、追梦、圆梦”的领路人，即要公平、公正地对待每个学生，培养学生自尊、自信、自强的精神；努力成为学生学习生活的设计者、指导者、帮助者，做学生的伙伴，陪伴他们进步成长。教师要成为陶冶学生性情的“人师”，不但要有高深的学问，还要有伟大的人格和高尚的修养，这样才能以自身人格的魅力来塑造学生的人格，才能以自己的德、才、情给学生以潜移默化、终身受益的影响和感化。

因此，我们要倡导全体教师继续保持学校“师德高尚、爱岗敬业、业务精湛、勤奋有为”的优良传统，进一步牢固树立“终身学习和持续思考的习惯以及改革创新意识”，在师德修养、业务水平和人生境界等方面不断提升，争做有

“理想信念、道德情操、扎实学识、仁爱之心”的新时代好老师，坚持“教书与育人、言传与身教、潜心问道与关注社会”相统一，要做“传道、受业、解惑”的人师，做学生“为学、为事、为人”典范的大先生，成为学生学习和生活乃至精神追求方面的导师。

为培养一代又一代社会主义建设者和接班人，北京市第一五六中学不断健全“全员育人、全程育人、全方位育人”的教育机制，在这一教育过程中实施导师制势在必行。

二、导师制的发展、研究与启示

《教育大辞典》对“导师制”做了如下定义：“导师对学生的学习、品德及生活等方面进行个别指导的一种教导制度。”导师制起源于大学，后来一部分中学开始尝试并探索实行导师制。

(一)导师制的起源

导师制首创于英国的牛津大学。在14世纪，牛津大学的威克姆在他建立的新学院中首次实行了导师制。导师负责学生在学院中的经济支出、道德和学业，以此来获得家长的酬金。在实行导师制的牛津大学里，导师往往是学生所学专业的学者，他们负责指导学生的学业发展和品德养成。学生被大学录取后，就会按照自身的专业被指定一位导师，本科生的导师被称为“Tutor”，研究生的导师被称为“Supervisor”。学生必须定期和自己的导师谈话，这种谈话叫“Tutorial(个人辅导)”。

导师需要根据学生的特点为学生制订符合其自身特点的个性化的学习计划，并定期检查学生的学业进度，从而进行有针对性的学业指导。由于一位导师只有数量较少的学生，导师能够与学生进行较深入的交流，从而在更深程度上了解学生，为学生的发展设计出更为精细化的方案。同时，由于这种频繁的接触，学生的品格和学术道德也会受到导师潜移默化的影响。这种教育模式取得了极大的成功，以至于在牛津，大学教师主要的任务就是担任学生导师。

实际上，中国古代也有类似于导师制的一些做法。其核心思想是“因材施教”，关于因材施教还有一个典故。《论语·先进篇》记载：有一次，孔子讲完课，回到自己的书房，学生公西华给他端上一杯水。这时，子路匆匆走进来，大声向老师讨教：“先生，如果我听到一种正确的主张，可以立刻去做吗?”孔子看了子路一眼，慢条斯理地说：“总要问一下父亲和兄长吧，怎么能听到就去做呢?”子路刚出去，另一个学生冉有悄悄走到孔子面前，恭敬地问：“先生，我要是听到正确的主张应该立刻去做吗?”孔子马上回答：“对，应该立刻实行。”冉有走后，公西华好奇地问：“先生，对同样的问题，您的回答怎么会截然相反呢?”孔子笑了笑说：“冉有性格谦逊，办事犹豫不决，所以我鼓励他临事果断。但子路逞强好胜，考虑不周全，所以我就劝他遇事多听取别人的意见，三思而行。”

每个人都是一个独立而有个性的个体，作为教师，只有根据学生的禀赋和性情加以正确的指导，才能促进学生持续性发展。

(二)导师制的内涵

通过研究文献，我们了解到导师制经历了三个阶段：第一阶段是原始本科生导师制(牛津大学成立初期至14世纪中期)，第二阶段是古典本科生导师制(14世纪后期至19世纪中期)，第三阶段是现代本科生导师制(19世纪中后期至今)。

下面从几方面分析导师制的经典模式：

第一，结构方面。原则上，导师是学生所在学院的教学人员，每周进行面对面的交流，一对一或一对二地分析学生所准备的书面作业。

第二，过程和方式方面。19世纪学院的主导学科是人文学科(19世纪晚期的牛津，本科生修读古典学的人数在增多)，因此辅导过程一般是导师事先规定一个题目，本科生独自摸索，将自己的思路整理成连贯的论文或书面作业，然后宣读给导师听，接受导师的批评和建议，并努力捍卫自己的立场。但随着学术分科的复杂化，导师制必须根据学科特点进行调整。比如数学以及以数学为基础的自然科学中的导师制教学关注的是解决问题，而不是宣读论文。

第三，导师制教学不同于课堂讲授的地方在于，它是讨论会，是一种观念的交流与碰撞。导师的讨论是要分析学生的书面作业，而不是要覆盖全部教学大纲或传递事实信息，也不是要将自己的解释或观念强加给学生。

第四，导师制无论对导师还是学生都是极富挑战性和创造性的智力劳动。对导师而言，辅导本身需要耗费很大的精力，事前事后的论文批阅也绝不轻松。一次辅导要取得成功，导师必须不懈地、极有分寸地施展人格魅力，而且还需要注意方法，针对学生的特点施教，做到“既要批评缺点，更要鼓励信心”。对学生而言，辅导之前要积极主动地探索，独立思考并努力消化所读内容，辅导过程中需要积极地自我辩护，虚心接受导师的建议。只有这样，导师制辅导才能落到实处，才能起到训练心智、暴露谬误的作用，才能培养学生的可迁移性技能，如自学能力、分析与批判能力、交流能力(辩论经验、有效的口头交流技巧)等。

(三)现行导师制的特征及问题

20世纪初，以哈佛大学为代表的美国大学引入了英国模式的本科生导师制，美国模式的本科生导师制继承了英国模式本科生导师制的本质，即以学生为中心，但又与其有所不同，前者是一种辅助机制，后者是一种教学方式。在英国导师制的基础上，美国导师制进行了诸多方面的创新。一是通识教育。以学科为主导的教育模式使学生对其他领域知之甚少，不能将知识融会贯通。哈佛大学秉承“先自由化，后专业化”的理念，学生入学不分专业，选修通识课程，第三学期再选择专业。如何在众多的课程中进行选择，如何选择专业，都需要导师的指导。二是新生研讨课。学生可以选择不同的新生研讨课，哈佛大学有丰富的课程资源和完备的保障条件，每门课程都有一定的预算用于购买教学设施、实地考察、邀请演讲人和“师门聚餐”。良好的师生互动有利于为学生提供咨询建议、读研推荐和职业生涯规划。三是本科生研究计划。从与导师的关系来看，有独立研究和项目研究两种，即使是前者也需要导师在选题、设计等方面对学生予以指导，后者将提供更多的科研训练。

中国大学现代意义上的本科生导师制起步较晚。1918 年，蔡元培借鉴欧美大学的做法，在国立北京大学推行选科制和学分制，学生可以自由选择科系和课程。1924 年，北洋政府颁布《国立大学条例》，将学分制正式确定下来。在此基础上，20 世纪 30 年代，浙江大学最早引入本科生导师制，并取得一定的成效。1952 年，中国效仿苏联的教育模式，取消了学分制，实行学年制，本科生导师制就此夭折。直到 1985 年，很多大学开始学习西方的培养模式，开展通识教育。这就需要导师在课程选择、专业选择等方面对学生予以更多的指导，本科生导师制的实行再次被提上议程。

大学实行导师制取得极大的成功之后，为了帮助知识结构和心理水平尚未成熟的高中生自主地选择复杂的课程，以及适应新的教学形势，国内很多中学率先推行导师制。1998 年，中学导师制在江苏省南京市第一中学诞生；2002 年，浙江省长兴中学开始实行德育导师制；2004 年 3 月，宁夏回族自治区银川市第十八中学在保留原有的教师值周制基础上，开始在初中试行“全员导师制”的育人模式。此外，江苏省张家港市梁丰中学、浙江省湖州二中、浙江省温岭中学、浙江省安吉高级中学、广东省佛山高明一中、福建省厦门外国语学校、湖北省宜昌市夷陵中学、山东省高密市第一中学、上海市文莱高中、上海市华东模范中学、上海市大同中学、上海市七宝中学等很多学校都进行了导师制的实践探究。

通过文献研究，我们发现对于中学导师制，目前还没有比较具体的界定，名称和定义呈现出多样化的特点，强调的侧重点也各有不同，比如：第一，强调对学生心理健康的辅导；第二，强调任课教师参与班级管理；第三，强调弥补原有教学管理模式的不足；第四，强调对学生的德育指导；第五，强调学生的全面发展。

尽管在全国范围内的各中学实施导师制取得了一些显著效果，但问题依然存在：第一，很多中学的导师制关注重点更多的是如何促进课堂教学管理、如何指导学生改进学习方法和提升学业成绩，这与当下全方位育人的教育宗旨不相符；第二，部分学校过多地倚重导师制，忽视了班主任工作，甚至取消了班主任，从而造成学生集体归属感的缺失，不利于培养学生集体荣誉感和团结合作的意识和能力；第三，很多学校的导师来源局限于班级任课教师，这样就会产生一系列问题，如导师结构单一，导致导师的个性特长等禀赋很难满足全班同学的个性化需求，对于一些特殊的学生，一方面没有合适的导师进行指导，另一方面即使有导师指导，指导效果也不尽如人意。

(四)我校“导师制”的初期探索

“导师”对于北京市第一五六中学的教师其实也不算新概念，在“研究性学习”和“个别生”辅导上学校早已执行过导师制。在辅导研究小组的过程中，学生需要和指导教师一起讨论确定研究题目，之后指导教师需要定期了解学生研究的进展情况、经过及时沟通解决学生在研究过程中遇到的困难，并且导师将这一过程记录下来以显示学生的成长历程。选题的过程重在引导、辅助学生剖析自己，了解自己的能力和自身具备的条件，从而培养学生的判断力和选择力；研究过程中的交流不仅能够激发学生探究的兴趣，而且能够增强他们的自主性，学生在这一过程中也许还会发现自己的兴趣方向。

此外，学校每个年级都会有一些特殊的学生，任课教师会和这些学生分别结对，在平时的教学过程中，教师会关注这些学生的上课状态、作业情况、心理动态和班级生活等诸多方面，并利用课余时间和这些学生谈心，同时针对学生的学习水平给予相应的辅导和建议，这种“特殊的指导方式”往往能够收到较好的效果。

比如我校初中年级就采取了这样的方式。据教师们反馈，确定指导关系后，一些原本学习态度不端正、学习目标不明确的学生思想态度均有所好转，不但能听取老师的建议，而且上课的状态较积极，谈学习的时候也多了，有些学生学习有了进步，有些学生即使成绩没有提高，但是更阳光，和老师更亲近了。

(五)导师制的启示

导师制的核心要义在于“因材施教”，旨在实现对学生的个性化指导，进而促进学生的个性发展。因此，我们既要借鉴导师制的相关指导思想，又要结合时代的要求和学校实际开展符合北京市第一五六中学实际情况的导师制。我们希望通过探索，一方面确立“指导与被指导”的关系，增强师生之间的彼此信任、促进师生间的情感交流，通过导师的高尚师德与专业基础为学生树立学习的榜样，最终使得师生关系更融洽、教育效果更理想、学生发展更健康；另一方面，导师在全面了解受导学生的基础上，通过师生共同讨论协商，确定既符合当代青少年发展的时代特点又符合学生个性特征的发展目标，在正视学生缺点的基础上有意识地发现学生优点，并结合优点对学生进行有针对性的培养，最终对学生实现更加精细化的教育指导。北京市第一五六中学实施的“全员育人”导师制，源于我国古代私塾关于“人师”的理念，既是践行习近平总书记在第三十个教师节重要讲话精神的重要举措，也是尊重学生个性发展的重要方式，从中国传统私塾教育的塾师到班级授课制中的导师制，我们不断探索全员、全程、全方位的育人机制。

三、全员育人导师制的重要性与必要性

在新一轮的教育深化改革中，为了促进学生全面而有个性的发展，落实全员德育，实现人人皆为学生导师，更好地营建学校、家庭、社会协同育人共同体，北京市第一五六中学率先实施跨年级指导的全员育人导师制，其重要性与必要性如下：

(一)新一轮课程改革育人方式的需要

根据2014年出台的《国务院关于深化考试招生制度改革的实施意见》的精神及相关配套文件要求，北京市制定了《北京市深化考试招生制度改革实施方案》。该方案指出北京市于2017年启动高等学校考试招生综合改革，届时将建立普通高中学业水平考试制度，完善高中学生综合素质评价制度，到2020年，初步建立符合首都教育实际的现代高等学校考试招生制度，形成分类考试、综合评价、多元录取、公平公正的高等学校考试招生模式。在此背景下，高中学校要适应高考综合改革要求，进一步调整学校育人模式，深化高中教育、教学改革，在课程体系建设、课程安排、教学组织等方面进行重新设计，实行不同程度的选课走班教学。要加强对学生生涯规划的指导，逐步完善高中生涯教育体系和选课指导制度，培养学生生涯规划和自主选择能力，让学生从个人实际出发，合理选择考试科目和升学目标。

为了有效落实高考综合改革，北京市西城区教育委员会制定了《适应中高考改革，推进发展管理转型方案》，其中指出：要建立健全学生导师制，以适应新的教学组织形式，全面实施学生成长导师制，让每一个学生都有成长导师，推动学生个性化学习和多元发展，落实全员育人，提高教师教书育人的能力；全面实施学生生涯规划指导教育，通过课程、咨询及相关活动，引导学生了解社会、分析自身特质，并在此基础上指导学生进行学业规划、职业规划、人生规划。因此新的考试改革对人才的个性化培养提出了更高的要求。

(二)学生成长、成材的需要

1. 学生的个性化成长需要更加精细化的指导

每个学生都是一个独立的、个性鲜明的个体，现有的班级授课制、大班教学的形式往往会忽略他们自身特有的优势以及惯有的思维特征。受现有班级规模的限制，班主任和任课教师在日常的教育、教学活动中，关注更多的往往是学习优秀的学生和学习困难的学生，而学习中等的学生很容易被忽视。同时，在班级管理和日常教学中，教师常常忽视了学生之间的差异性，在实施中很难因材施教，所以学生的培养效果不尽如人意，这与当下促进“学生全面而个性化发展”的教育方针相违背，因此，更精细化的指导成为学生个性化发展的必要条件。

2017年高考改革，考试科目发生了变化，原来的文综、理综变更为学生选考三门学科。高一阶段个性化的生涯规划指导、选考指导需求明显，高二阶段学生开始根据选考科目进行走班学习，由此，学生会遇到更多交友问题，而且行政班的稳定性也受到冲击，班主任在班级管理和对学生的关注等方面均受到不同程度的影响。北京市新中考改革方案于2018年起实行，学生面临选考，也有诸多困惑，需要指导。为了更好地帮助学生解决成长中遇到的各种困难，满足其对精细化指导的需求，建立一支能够实现个性化指导的导师队伍已成为当前学校实践全员育人的重要举措。

2. 实现学生的培养目标需要能全面引领的人生导师

北京市第一五六中学的学生培养目标为：健康身心、崇尚科学、传承文化、修养品格。目标旨在让学生具有健全的人格，强健的体魄，健康的生活情趣；培养学生理性的思维习惯，具备终身学习和发展的能力；有民族认同感和社会责任感，做中华传统文化和世界优秀文化的学习者、传承者和弘扬者；修炼“正心笃志、崇德弘毅”的人格品质，实现“仁爱共济、立己达人”的社会理想。该目标着眼于学生的全面可持续性发展，让学生具有家国情怀，以国家富强、人民幸福为己任，胸怀理想、志存高远；培养学生具有首都功能核心区公民意识，有高尚的自我期许和追求，德智体美劳全面发展，努力成为党和国家事业合格的、卓越的建设者和接班人。

要想实现上述培养目标，需要教师对学生进行深度的引领与指导。每个教师身边往往会有几个与自己比较亲近的学生，他们不仅在学业上，而且在兴趣爱好、个性发展乃至为人处世上，都会得到教师更多的指点和影响。但是由于受到性格等方面的影响，不是每个学生都有亲近教师的机会，任课教师也很难对每个学生深度了解，指导其全面个性化成长。为了解决上述问题，需要学校通过建立相应制度，为每个学生配备“合适”的导师，这样才能让学生和教师接近的机会均等，让学生获得各方面的有效指导，帮助学生健康成长。

（三）教师持续发展的需要

教师，是促进教育公平、获取教育机会和提高教育质量的最具影响力和最强大的力量之一，是社会可持续发展的关键。我们一直倡导要争做有“理想信念、道德情操、扎实学识、仁爱之心”的新时代好教师，坚持“教书与育人、言传与身教、潜心问道与关注社会”相统一，要努力成为“传道、受业、解惑”的“人师”，要成为塑造学生品格、品行、品味的“大先生”，成为学生学习、生活乃至精神追求方面的导师。

要做到这一点就需要全面提升教师的核心素养。什么是教师素养呢？教师素养是教师具有的素质和修养，顾明远先生主编的《教育大辞典》对“素质”的定义是：“公民或某种专门人才的基本品质。”素养是建筑在先天遗传基础上，由后天的养育、个体所受的各级各类教育、人生经历、个人已有生命实践积淀而成。所以教师素养可以理解为教师在教育、教学活动中表现出来的，决定其教育、教学效果，对学生身心发展有直接而显著影响的心理品质的总和。

教师不仅是知识的传播者，也是文明的传承者和创造者。传统意义上只教授学生文化知识的教师已经很难满足当下学生持续发展的需求，讲授知识这一功能未来或将被人工智能取代，但是人工智能却很难具有教师的情感、理念以及与学生的动态交流。新一轮的考试改革对育人方式提出新的需求，如何进行选课指导和生涯规划等新问题对教师已有的理念、知识和能力提出了挑战。为此，我们已经形成以下共识：教育的本质属性是基于人、发展人、完善人、成就人的社会活动，教师的重要职责是塑造灵魂、塑造生命、塑造新人，教育的主要目标是凝聚人心、完善人格、开发人力、培育人才、造福人民，教师应该站在知识论、信息论、世界观、价值观、人生观的新高度，做学生学习与发展的引路人。这就从根本上提升了教师的主体意识，要想培养学生成人，教师首先要成为一个人，一个有爱心、仁心、责任心、自信心、进取心的人。

当前的教育形势促使学校教师认识到“职业教师”与“人师”的差异，从内心深处唤醒教师要保持终身学习的自觉性，要把学习作为一种教师责任、一种生活方式、一种精神追求，做学生终身学习的表率，真正实现从“教”到“育”的转变。要想保证学习的质量，既要有正确的学习方法，又要注重学习的持续性。我们要营造一种环境，引导教师向书本学习、向专家学习、向他人学习和向经验学习。通过学习学真知、悟真谛，加强磨炼、增长本领。

教师要进一步提升包括沟通能力、运用心理学知识指导学生的能力、生涯规划指导能力等综合能力，要将成为“人师”作为自己终生的事业追求，学校要在促进学生成人成才的同时提升教师队伍的综合素养。

因此，学校需要建立这样一种制度，努力促使全体教师成为终身的学习者、持续的思考者，要具有强烈的改革创新意识，主动适应社会的发展变化，积极应对教育生涯中出现的新问题，督促教师通过不断学习实现自身的不断发展，从而更好地为社会和国家培养接班人。

(四)家庭教育及家校合作的需要

家庭教育和学校教育对学生的健康成长有着同等重要的作用，学校有指导家长对学生进行教育的责任，家长也有对学生进行各方面教育的义务，但不少家长缺乏有效的方法，因此需要学校进行指导。只有和谐的、积极的家校合作才能进一步促进学生教育的长期有效。而现有的家校合作形式覆盖面小、效果有限，因此我们需要整合学校师资力量和家长、社会一起构建教育协作共同体，最大限度地发挥家校合作的功效，实现教育效果最大化。

为了应对这四种挑战，解决以上的教育难题，北京市第一五六中学经过研讨，借鉴传统私塾教育的特点，结合现代教育的特点，建立了符合学校自身特点的全员导师制，并制定了《北京市第一五六中学导师制实施方案》。

在这一制度下，学校提供机会，让每一位学生从全校教师中选择自己的导师。在导师和学生的密切接触中，导师以亲和力和责任感使得学生明确这种师生关系，从而增强师生之间的彼此信任，促进师生间的情感交流，通过导师的高尚师德与专业精神为学生树立学习的榜样，增强学习的信心。在尊重学生主体性的基础上，学校旨在有效培养学生自主学习的精神和能力，在培养学生学会自我观察、自我判别、自我选择的同时，有效促进学生各种认知能力的发展，包括自我认知、学习认知、生活认知和社会认知，力争将学生培养成具有良好的心理素质和强烈的社会责任感，身心健康，具有终身学习能力、合作交流能力的合格的社会公民和具有创新精神的国家人才。

北京市第一五六中学的导师制是联系学生、家长、学校的一座桥梁，学习主体及其相关各方都可以通过导师建立联系，家长、班主任、任课教师可通过导师进一步了解学生的情况，在深入了解学生学习、生活情况的基础上更有针对性地开展工作，从而增强指导学生的效果。导师制是学校的一个窗口，除了班主任和任课教师外，家长可以通过导师了解学校，了解学校的教育理念，有助于形成家校合作共育的和谐氛围。

第二章
问渠那得清如许

一、中华传统私塾教育的启示

(一)古代私塾教育概述

私塾是私家学塾的简称，传统私塾作为民间办学形式，拥有悠久的历史。私塾的缘起可以追溯到春秋时期。孔子在曲阜办的私学，其实就是早期的私塾。隋唐至明清时期私塾教育渐趋成型和专业化，是古代私塾的成型发展及鼎盛阶段。在近代社会巨变中，中国教育完成了从传统私塾到现代学校的转变。私塾教育是农民经济和封建社会优秀传统文化的保障，与当时的社会结构密切相关。可以说，私塾教育是伴随着农耕文明的产生而出现，又伴随着农耕文明主导地位逐步被工业文明所取代而逐步退出历史舞台中央，最终成为非主流教育模式的。

1. 古代私塾的内涵

私塾是旧时宗族、家庭或教师设立的教学场所的统称，是从“家有塾”的范畴中发展而来的专门性的民间私学教育机构。“塾”是私塾的缘起，私塾是从更早的“塾”发展演变过来的。“塾”这一字的缘起，可以追溯到商朝时期。袭锡圭先生曾经考察研究，在殷墟发现的卜辞中，有几首提到“塾”，“塾”在商代诗歌中被称为“孰”，字形为上下结构。当时，“塾”的中心不是教育，而是门堂礼仪。后来，由于长辈经常在门厅给年轻人提供建议，逐渐发展为一种教育机构。自近代起，为了与官办或者公立学堂相区别，“私塾”才逐渐成为一个社会常用词。

2. 古代私塾的类型

私塾是中国古代人才培养的摇篮，经过两千年的嬗变，其制度和体系逐渐成熟和完善。由于私塾具有民间的自为性，其组织形式和规模各不相同，但是私塾一般都需要具备三个基本要素：塾师、塾舍和塾生。

根据受教对象不同，私塾可以分为蒙馆和经馆。蒙馆以儿童为主要施教对象，经馆则为年龄较长且文化程度较高的塾生而设立。大塾师由造诣较深者担任，经馆的培养目标是应试科举，教学方法多采用串讲，人们又称这种私塾为“专馆”。根据经费来源不同，私塾又可以分为“义塾”、“族塾”(或村塾)、“家塾”和“自设塾”四种类型。

3. 古代私塾授课制的发展历程

(1)萌芽时期：西周至魏晋南北朝。私学起源于春秋时期，战国“百家争鸣”时期开始盛行，《左传·昭公十七年》记载：“吾闻之，天子失官，学在四夷，犹信。”充分体现了“学在官府”已被打破，“教育下移”逐渐形成。经济上、政治上的大变动引起了教育的大变革，从而促使教育趋于平民化。士的产生，标志着古代私学教育的兴起。

(2)快速发展时期：隋唐至宋元时期。隋唐宋元时期私塾教育渐趋成型和专业化。这一时期的私塾分为初等启蒙教育和高级专经教育两种类型：初级私塾有城市或乡村普遍设立的学馆、家塾和义学；高级专经私塾则为名师聚徒讲学传经，并因藏书之故而逐渐发展成为书院，另外，在寺院中设立的以儒家经典为教育内容的寺学也当属此类。

(3)繁荣时期：明清时期。明清时期，社会经济迅速发展，商品经济萌芽出现，科举考试制度的延续和完善，印刷出版技术的普及，这些社会要素为私塾的发展与完善提供了良好的物质基础。同时，明清统治集团采用各种各样的措施来鼓励私塾的创办和普及。

(4)传统私塾的改良和没落：晚清至现代。进入近代，蒸汽机的出现和应用，需要大批满足新型工业需求的人才。民众开始意识到教育对“富国强民”的重要意义，传统私塾的局限性也日益显露出来。私塾与社会发展产生巨大分歧，中国不得不发展近代新教育。至1905年，科举制被清政府废除，传统私塾教育制度被瓦解，现代学校开始兴办。

(二)现代班级授课制概述

1. 现代班级授课制的内涵

班级授课制又称课堂教学，是把一定数量学生按年龄特征和学习特征编成班组，使每一班组有固定的学生和课程，由教师根据固定的授课时间和授课顺序(课程表)，根据相应的教学目的和任务，对全班学生进行连续上课的教学制度。

2. 班级授课制的发展历程

早在公元一世纪，昆体良的教育思想可谓班级授课制思想的萌芽，他尝试了分班教学的教学模式。但到了中世纪，由于环境思想的大变动，分班教学曾一度被废弃。直到文艺复兴之后，班级授课的组织形式才在教育开始走向大众的历史前提下被逐步确立起来。最早是欧美一些学校出现以班级为单位的教学组织形式，随后捷克著名教育家夸美纽斯对班级授课制组织形式进行了总结并最终加以确定。后来现代教育学之父赫尔巴特进一步完善了这一理论，苏联的教育家凯洛夫最终完善了这一理论。

1860 年，容闳在太平军中向干王洪仁玕建议设立各种实业、武备学校，提出仿照西方模式建立各级学校制度。由此，中国出现了班级授课制思想的萌芽。班级授课制在中国真正兴起是在公元 1862 年，当时京师同文馆首次开始实施班级授课制。在清政府颁布《奏定学堂章程》(即 1903 年的“癸卯学制”)后，班级授课制才得以在全国广泛推广。1901 年“废科举，兴学堂”，开启了以班级授课制为基本形式的现代教育新时代。

3. 现代班级授课制优缺点分析

(1)班级授课制的优势。班级授课制经济实用，能在时间和精力都比较有限的条件下，较为全面地实现教学任务，它的优势不言而喻：可以大规模地向全体学生进行教学，扩大了单位教师的教学能量，有助于提高教学效率；以“课”为教学活动单元，能保证学习活动循序渐进，有利于构建系统的科学知识；固定的班级人数和统一的时间单位，有利于学校合理安排各个科目的教学内容和教学进度，加强教学管理，从而赢得教学的高速度、高效率；集体学习中，可以发挥同伴互相影响，互相促进的积极作用；学生可与教师及同学进行多向交流，互相影响，从而增加信息来源或教育影响源；不仅能比较全面地保证学生获得系统的知识、技能和技巧，同时也能保证按一定频率对学生进行思想政治影响(如有固定的班会时间等)，并能启发学生思维，培养学生的想象能力，激发学生的学习热情等。

(2)班级授课制的缺点。班级授课制课堂教学结构虽有许多优点，但也存在着很明显的弊病，最突出的弊端就是“整齐划一”的教学方式很难兼顾学生的个性化、差异化发展。具体来看，主要表现在三个方面：①教师在课堂教学中采用同一要求对待不同的学生；②很难根据学生对象的水平把控教学目标规定必要的下限和可能的上限，把教学控制在一定的幅度内进行；③用同样的教学方法对待不同的学生。在同一时间和空间下，教师采用的教学方法很难兼顾到不同学生的不同学习需求。教师在教学中对“学困生”往往关注不够，“学困生”在课堂上常常处于无人关照的状态，他们发言、表演、参加讨论的机会较少，容易游离于集体的教学活动之外。

(三)古代私塾制制度下的塾师与班级授课制制度下的导师之间的比较

1. 古代私塾制下的塾师

塾师，即私塾的老师，旧时的私塾先生，是中国历史上民间办学的教育机构里的老师，在整个教育体系的师资队伍里，是不可或缺的一环。古代塾师，大家辈出，如私学开创者孔子、理学集大成者朱熹、千古圣贤的心学大师王阳明(尽管他们与通常意义上的塾师有一定区别，但是从本质上来说他们应该属于塾师范畴)。从总体上说，塾师大多数是来源于当时一群命运不济或仕途无望的没落文人。著名文学家蒲松龄怀才不遇，一生大多数时间都在舌耕，以此养家糊口，他就是塾师的典型代表。

古代，人们(特别是传统大家族)对塾师有较高的要求，如《邓氏族谱·邓氏宗范》云："择师以师为人表，非品隆学优者，子弟将无从取法也。"湘乡城江《刘氏续修族谱·修身齐家要录》言："故君子必择师延师教子，不特专事文艺，须择人品端正，方堪为师表者。"可见，古代的塾师，不但要学识广博，而且要师德高尚。即，塾师要集"经师"和"人师"为一体。

2. 私塾制下的人师

"经师"一词最早专指汉代儒学的学官，后泛指传授儒学经典的学者。"经师"一词出自《汉书·平帝纪》："立官稷及学官。郡国曰学，县道邑侯国曰校。校、学置经师一人。乡曰庠，聚曰序。序、庠置孝经师一人。""人师"一词指教人如何做人的师表，《荀子·儒孝》中记载："四海之内若一家，通达之属莫不服从，夫是之为人师也。"由此可见，先有经师后有人师，人师乃教师的更高境界。

3. 私塾制给予我们的启示

古代私塾制中的塾师，既是传道的"人师"，也是"受业、解惑"的"经师"。比如以孔子为代表的儒家学派，素以道德教育著称于世，孔子是历史上第一个充分肯定，并系统阐述了道德教育的作用与地位的教育家；王阳明一生反对"尊德性"与"道问学"的两相分离，主张德育与智育结合，即"人师"和"经师"相统一。

北京市第一五六中学积极从中华传统私塾教育中汲取精华，将鼓励全体教师以创新育人方式向"人师"的方向努力。全体教师不仅要教给学生文化知识，而且要引导学生如何"为学、为事、为人"，引导学生如何德智体美劳全面发展。因此，学校希望在现代班级制基础上进一步创新实施导师制，让学生可以根据自己的喜好来选择自己心仪的导师，通过定期或不定期的师生交流，导师也可以对学生进行一对一有针对性的全过程指导。这种指导从时间上来说是持续性的，一直到该生毕业；从空间上说，由于现代通信的发达，师生的交流不局限于面对面的线下交流，还可以采用电话、微信等多种方式交流，不受空间的限制；从交流的内容上说，导师对学生的指导，不仅仅限于学业，而且还涉及学生的生涯规划、走班选课、人际关系处理、心理疏导等各个方面。可以说，导师对于导生而言，给予的指导是全方位的。这必然对导师的指导能力提出了较高的要求，这就要求导师也必须持续不断地学习，从而来提高自己的指导能力。在这个过程中，也就实现了师生的共同成长，彼此成就。

在这种新制度中，导师们既要做“育人”的教书匠，更要将为“人师”作为自己终生的事业追求。在新的历史时期，导师制的引入对于班主任制的德育工作的开展至关重要。

二、我国德育教育与班主任制的发展研究

相当长一段时间以来，我国的教育体制就是以班级授课制为主，班级的管理主要依靠的就是班主任制度。而随着世界形势的不断变化，学生接触的价值观更加多元，客观上要求我们对于学生的教育也要适应不断发展的形势需要，更深入地思考目前情况下如何更好地完成学生教育的问题。上述的一切都促使我们把眼光放得更远些，从全球性的经验，综观整个历史长河的角度，来重新审查、评价班主任制对于教育发展的优劣，以及新的教育制度对于班主任制的补充作用。

(一)我国班主任制形成的历史原因

从历史上看，造成我国教育领域长期实行单一班主任制的原因有两个：一是班主任制是世界各国主要采取的教育方式；二是我国要在人口众多、教育资源有限的条件下普及全民教育。这两方面原因是中国和世界特殊的历史条件的必然产物，有其历史和社会根源。

班主任制所需管理教师数量相对较少，但也正是由于该制度的这一特点，班主任制能够完成的对于全体学生的德育效果也相对有限。因此一定程度上，有足够的德育教师是确保学生德育取得良好效果的前提条件。欧洲、美国和中国的国情不同，人口基数决定了人口相对较少的国家完成教育的德育工作更容易。

事实上，班主任制某种程度上是工业化时代的到来投射在教育领域的具体表现。在中国，班主任制的发展演变又有所不同。这主要是由中国本身的独特国情决定的。中国封建社会历史绵长，长期以来私塾在教育中占主体地位。加上严格的科举制度影响，中国的教育体制具有独特性。某种程度上，封建农业社会需要的是一套选官制度而非普及式的教育，因此，对于教育普及性的要求并不是十分迫切。一定程度上，农业社会对于教育的需要是管理性官员的需要而非更多技术性人员的需要，这也是中国古代教育系统尤其是自然科学领域没有得到快速发展的内在原因。

从历史的角度看，近代以来的历史就是西方工业文明崛起和向外扩张的历

史。无论是中国的鸦片战争，还是日本的“黑船事件”，都是西方工业文明对东方农业文明的入侵。面对这种入侵，被入侵国正确的方式是实现自身政治、经济和思想文化等各个方面全面的近代化，从而走上工业化道路，以实现后起工业化国家对老牌工业化国家的强势对冲。成为近代化国家一个很重要的因素是教育的近代化。这是因为，任何改革都需要教育提供基础性的人才支撑。要实现教育近代化，培养近代国家所需的庞大数量的人才，班级授课制就成为必然的选择。这也是班主任制形成的历史原因。

(二)班主任制的主要特点和缺陷分析

班主任制的突出特征就是强调管理的集体性、同一性、统一性。这就保证了学校对于学生管理的有效性。但班级授课制和班主任制是基于学生共性集体上课的基础，它作为近代文明的产物，在不断发展的过程中，也经历了冲击和批判。一方面，班级授课制和班主任制作为教学的基本组织形式具有一定合理性；另一方面，随着社会的不断发展，班级授课制及班主任制对素质发展的局限性越来越明显。其基本原理在于，人本身的复杂多样性决定了班主任不可能采用工业化、单一化的生产模式对学生进行教育。且班主任人数的有限也使得对于这一制度的德育效果不可能期待过高。具体而言，这一制度的主要缺陷在于以下几方面：

1. 不适应现代教育尊重个性、发展个性的趋势

教育的对象是一个个鲜活而独立的人。每个人的个性是不同的，从这个意义来讲，个性是教育、教学的基本出发点，也是每一个教育、教学工作者必须充分认识的问题。传统的班级授课制和班主任制是基于共性的教学管理方式，它所营造的班级虽然是在学生年龄相仿及文化水平接近的基础上建立起来的，但在这个集体中，每个学生之间的需要、动机、兴趣、理想、世界观和价值观等是不同的。

最好的教育，一定是一种教育方式能够在多大程度上促进每一个个体获得最大限度成长的教育。如果一种教育方式，能够确保集体中大多数个体的教育效果而没有解决个别个体成长的需要，那么这种教育就值得改进。

2. 不适应现代化教育以学习者为中心的趋势

传统的班主任制在管理方面片面强调学生受动的一面，压抑了学生在教育过程中的主动性、积极性和创造性，也束缚了学生主体的发展。或者说管理的高效是以牺牲学生的个性为代价的。这种教育方式下，很多教育过程是依据成

人的认知方式展开的。缺少了学生的主体性，这样的德育教育结果往往是失败的。正因为以上原因，进一步充分发展个人的兴趣、爱好、潜力的路子，就在于从以教育者为中心转向以学习者为中心。正如文艺复兴时期著名的人文主义教育家维韦斯提出，应"安排每个孩子学习他似乎最适合学的东西"。卢梭也提出要"按照你的学生的年龄去对待他"。

3. 不适应现代化教育发展变化的趋势

目前的教育情况表明，中国学生在基础教育阶段的表现往往高于其在进入高校以后的教育表现，进入大学之后，不求进取似乎成为一些学生的常态。这种随着年龄的增长学生学业表现的下降表明现在的某些教育体制必须改革。这种现象既与学生在基础教育阶段学习压力大有关，某种程度上也与其学习过程中对于学习目的的认知等德育教育的缺乏有关。

新的时代中国已进入学习化社会，学习化社会不仅反映为人们需要不断学习，更反映为学习资源的社会化、学习组织方式的多样化。组织方式的多样化，于学校而言就是要解决单一依靠班主任制所出现的德育工作面临的问题。一方面，班主任既要承担德育工作又要承担管理工作，由于精力有限，难以兼顾；另一方面，在教育不断发展的今天，充分调动学校每一位老师的积极性势在必行。因此，学校开展全面育人导师制的需求日益突出。

(三)班主任制与导师制的结合

世界上并不存在放之四海而皆准的教育制度。任何一种教育制度都是在一定的历史条件下产生的，也都存在改进的必要。任何时代，如何改进现有教育制度，使之更好地为教育发展提供推进作用都是值得思考的问题，班主任制同样如此。

1. 班主任制在德育工作中的优势

德育是教育的核心和关键环节。德育除尊重个性特点和规律外，基于共性要求，向学生集体进行本国政治理念和具有认同感的教育必不可少。基于这种共性要求，班主任制的德育功能必不可少。历史和现实无数次证明，热爱自己的祖国，对自己的国家怀有深深的眷恋之心的教育是一个国家教育成败的关键性因素。

德育工作在强调教育作为德育范畴的最基本的内涵外，强调学校德育在学生思想品质、政治品质、道德品质和心理品质等方面的全面提升，就需要借助其他教育方式对班主任制度进行补充和完善。

2. 导师制是对班主任制的有效补充

由于德育的主要目的是帮助学生建立人生观、价值观、世界观，这一目的的实现仅靠班主任制是不够的。在新的历史阶段，信息渠道多，学生价值体系多元，在这样的背景下，思考如何使德育工作更为有效就显得至关重要。具体而言，导师制的引入对于班主任制的有效补充主要体现在以下方面：

(1)针对性强，施教方式灵活。在世界历史上，凡属成功的教育都不会只是单一的教育模式，凡属成功的教育都会关注除知识教育外教育的其他部分；凡属成功的教育都关注于人本身作为复杂个体的成长规律。导师制作为班主任制的有效补充，其具有一对一针对个体的优点，这就使得导师在进行教育时，其教育方式更灵活、也更有针对性。

(2)延伸德育的范围与增强德育方式。随着教育现代化的发展，德育工作的方式、方法也要不断改进。导师制有利于进一步整合德育资源，推进德育在学校内部的多元化。导师制就是根据教育对象的不同实际，充分发挥德育场所、德育师资、德育载体等方面的综合作用，达到教育效果最大化。以中学生德育为例，在选择导师方面，学生具有自主性。这种自主性的赋予，有利于学生选择自己喜欢的，或是自己感兴趣专业的导师。由于导师是学生所选，自然也就保证了导师在对学生进行德育引导时学生愿意倾听的前提。事实上，这在无形中遵从了心理学中互悦机制的原理。另一方面，导师在引导学生的过程中，由于较之于班主任开展工作更具灵活性，因而在指导学生时能更深入地引领学生德育工作的开展。

(3)将学生置于成长型校园文化内帮助每一个学生成长。传统的固定型思维模式认为一个人有着先天注定的智力、技能或才华，而成长型思维模式则认为通过坚持、努力及专心致志的学习，一个人的智力可以得到成长和发展。我们想要获得学生更好的学习和德育表现，就必须思考如何打造具有成长型思维模式的校园文化，进而将学生置于一个人人都坚信、强化“孩子们能够成功”的信念体系当中。只有教育工作者和孩子们一起合作，让他们能够维持这样的信念体系，即“所有的学生都能成功”，才更加有利于每一个孩子的成长。

(四)导师制在现代化教育中的地位和展望

我国教育在客观条件上受到的基本限制决定了要真正发挥教育调整的主观能动性，必须首先认清其客观规律，特别是客观条件的限制，分清在目前哪些事情可以做，哪些还需等待时机。

我国教育发展的第一个限制是，班主任数量少而需要进行德育管理的学生数量多。新中国成立后，国家教育部门尽管花了极大的力气进行整改，但国家公立学校仅能满足学生日常教学需要。在学校内，真正承担起学生德育工作的教师人数还是相对较少，这就导致了确保对每一个学生都进行最佳德育教育的可能性小，现存班主任对每个学生的教育效果也不能估计太高。

更值得注意的是随着社会的不断发展，每个学生个体遇到的问题更加复杂，班主任需要处理的情况也更加复杂，这就使得在人口规模庞大的现实情境下，单纯依靠班主任制完成对所有在校学生的管理不可能成为未来教育的根本出路。

未来国家之间的竞争，不但是个体公民知识能力的竞争，更是公民道德品质、素质等的综合竞争。从长远来看，正确的教育方针不能因为现实困难而要求学校在单一使用班主任制时获得。而恰恰相反，应该大力开展对学校教育内部的多种德育模式的尝试与改革。如果能充分利用学校每一位教师的德育资源。那么即使一定程度上增加了学校组织导师制这种尝试的工作量也是值得的。因为算大账，这是更有利的。

建立新的教育领域的德育管理制度，从学生终身发展角度进行教育的崭新设计是改造我国目前教育体制的百年大计。目前，大家都已认识到德育工作在学生发展过程中的重要性，但是单一依靠班主任制完成学校教育所引起的教育资源不足的危机远没有引起普遍的重视。打破原有的唯班主任制的教育模式，从根本上改观学校教育的德育面貌，在实施导师制的过程中，把道德教育寓于美育之中，将美育与德育、智育进行融合构建，多角度、多层次地促进德育和智育的发展，弘扬中华优秀传统文化，是全面落实立德树人根本任务的有效手段。

三、导师制中的美育与德育、智育的融合构建

2018 年 9 月 10 日，习近平总书记在全国教育大会上强调，要坚持中国特色社会主义教育发展道路，培养德智体美劳全面发展的社会主义建设者和接班人，要努力构建德智体美劳全面培养的教育体系，形成更高水平的人才培养体系。这些要求对导师制教育与德育、智育、美育的结合提供了明确的导向。

我国中学导师制从 20 世纪末开始逐渐形成，目前，一部分中学已经把推行导师制列入学校发展的进程。在具体实施的过程中，需要导师将美育与德育、智育有效地结合，针对每一个学生自身的特点进行带导教育。全面加强和改进学校美育，坚持以美育人、以文化人，提高学生的审美和人文素养，充分体现党中央对学校美育工作开展的高度重视。如何把导师制中的美育教育与德育、智育进行卓有成效的结合，是北京市第一五六中学实施导师制教育需要重点探究的问题。

（一）导师制中美育教育的意义

美育是美的感知教育，它在认识美、鉴赏美，实现自我个性发展方面起着非常重要的作用。毕达哥拉斯首先提出音乐净化灵魂的美育思想，后期的学者柏拉图、夸美纽斯、培根、康德等人在此基础上促进了美育的发展。中国古代六艺中的“礼”“乐”所表现的天地间的秩序及和谐就属于我国传统美育的内容。导师制的美育教育，是一种个体的情感教育，在文学、音乐、绘画、书法、建筑、茶艺等方面均有体现。在美育的过程中将真、善融入受导的个体，培养受导学生对于美好事物的感知能力和创造能力，使受导学生的品格高尚、思维拓宽、能力增长。导师制美育发展的宗旨在于凭借美育教育，以人为本地对生命个体进行心智涵养，从而培养社会主义建设的合格接班人。

1. 导师制美育的文化自信

五千年的时间长河积淀出中华民族的传统文化，是我们中华民族的动力之源，蕴含着丰富的审美情感、浓郁的家国情怀和高尚的道德精神。导师制中的美育教育同样关系到受导学生个体的民族文化身份认同问题。导师的责任在于照亮每一位受导学生的前进方向，帮助其建立文化自信。导师在美育过程中应

当为学生提供合适的个体空间，帮助学生通过文学、音乐、体育、绘画等塑造美好心灵，汲取美的力量，从而增强对中华优秀传统文化的认同感。导师制美育层面的基础必须建立在教育方针之上，以美立德，以美树人，坚定中国特色社会主义的文化自信。

2. 导师制美育的创新自信

进入21世纪以来，全球经济飞速发展，我们面临着转型升级的数字化革新时代，需要富有创新精神的符合时代发展的人才。爱因斯坦认为在科学领域，更多的是美学的东西在引领着他创新前进。审美中的感知、想象，和创新中的直觉、灵感互相激发，促生新的发明和创造。因此，在导师制中进行和创新相结合的美育教育可以激发学生个体的感知力和观察力，从而使学生的创新思维得以开发。导师制美育教育肩负着培养人才的重任，对于学生创造性思维的培养具有重要意义。在导师制中，师生平等地交流沟通，学生拥有主体地位，而不是被动地参与。因此，美育过程所带来的情感刺激能使学生拥有追求的动力，审美过程激发学生的创造热情，使受导学生成为思维活跃、勇于挑战的人才。导师在这一过程中可以起到个性指引和积极鼓励的作用，帮助受导学生走向成熟、睿智，勇于创新。

3. 导师制美育的人格自信

美育中的人格自信是通过多种多样的具有美感的教育方法培养起来的自信，以对个体的尊重、人格独立的塑造、美的独特感知，来培养受导学生高尚的道德情操，使受导学生的情感在个性化、生活化、细节化的审美教育中得到丰盈。

导师的美育导学目标，也应协助受导学生完成自主学习，主动求知。导师切忌代替学生思考，要在引导审美的过程中注意自己的措辞，不要转变为单方面的审美说教，也不要打乱学生的语言表达思路，应该尽量使交流过程充满亲和力，师生才可能进行真正意义上的沟通与讨论，导师指导才能在和谐、轻松的氛围中顺利开展。在此过程中，学生也就更容易阐释自己的审美观点，成为自己的审美主人，并且进行大胆自由的想象和创造，在智力上、情感上拥有个性化的发展自由，进而提高自身的审美趣味和导学效果，从而实现导师美育的人格自信。

(二)中学导师制中的美育与德育、智育的融合构建

1. 导师的立德树人

社会主义核心价值观蕴含着立德内容，包含着丰厚的中华优秀传统文化，

是当代中国精神的凝聚。“立德”包含坚定的理想信念、深厚的爱国情怀、先进的文化理念、良好的审美素质，等等。中学导师制把“立德树人”作为根本目标，就是要让社会主义核心价值观在受导学生心中起到统领和凝聚作用，铸就学生愈挫愈奋的坚定信仰。

（1）个性化带导，因材施教。德育导师最早可以追溯到先秦私学中的教学。教师即“导师”，“教”“学”“导”融合。孔子就是一位优秀的德育“导师”，他不仅教会学生知识，还尤为关注指导学生做人，可以说他开创了我国古代德育教育的先河。他并没有对所有人进行统一模式的施教，而是针对每个学生的个体差异进行有针对性的教育，可见孔子对全体学生的特点了解深入且全面，从而才能因材施教，展开个性化德育。

导师应该从多方面关注学生的内心世界，消除与学生之间的心理距离；尊重他们独立的思维方式和活动方式，发掘每一位受导学生的优势；能经常与学生进行角色置换，进而站在学生的位置上来体验、了解学生的各种感受；注意谈话技巧，寻找学生喜欢的话题；鼓励受导学生之间进行交谈，彼此交流，导师应在他们交流的过程中认真倾听，发现存在的问题，逐一解决。导师应该更加关注学生的个体差异和不同的学习需求，更好地激发学生的主动意识和进取精神，帮助其扬长避短，取得进步。

（2）生活化带导，情境育人。导师带导，与任课老师、班主任、家庭的联系更密切，更频繁。我国生活教育理论提出者陶行知先生曾提出“生活即教育”“社会即学校”“教学做合一”的观点。他主张学生在生活中主动思考、不断地学习成长、从生活中接受道德教育，反对让学生被动地接受道德知识。可见，生活情境这本活教材是教导学生最好的资源。因此，导师德育要在生活情境、生活实践中启发学生思考，通过导师、家长或任课教师的点拨，强化正确的道德观念，在反复实践中规范道德行为，从而内化为自我道德准则，促进学生的可持续发展。由此可见导师的德育更加具体化、个性化、生活化，区别于班级整体德育管理。导师在学生身边扮演引领者、倾听者、疏导者，师生通过平等的沟通来规划学生的职业生涯抑或人生方向，体现引领之中的自主性和独立性。

（3）导师的智育激趣。从任课老师面对全体学生，有目标、有重点、有组织地传授系统的文化知识，到单独带导，教育的形式在时间和空间上，变得更自由，更开阔，更适应个性化的发展。个别辅导的针对性和关注的频率更强，更具专业性，更细致，更有利于个体的发展。无论是依据现代化技术、网络知识的学习指导，还是基于生活化的个性化的实践教学，由学校到家庭，再到社会，智育的细节由面到点，更加生动、亲切，智育的激趣性更强烈，智育的指向性也更加专一。

导师更容易让受导学生认识到读书是一种趣味活动。有充分的时空使他们看到新奇的事物，发现问题，解决问题。导师要在指引学生的过程中，切合实际地为学生推荐正向的、有趣的、富有哲理的课外读物，以帮助学生产生浓厚的学习兴趣。由课堂授课的专业化到自主带导的个体化，导师带导更重视个体之间的合作性，鼓励各个学段受导学生的知识互传。通过课外阅读的导学交流为学生提供广阔的智力背景。导师只有真正地走入学生的心灵，将智慧和善良倾注到学生的心田，才能点亮学生的智趣。

(4)导师的美育愉悦。导师的美育应该遵循愉悦性原则。在时间和空间上的自主性，避免了对个体的审美束缚，更利于挖掘美育的内涵。尊重、包容、鼓励个体发展的美育更具广泛性，包括音乐的志趣陶冶，阅读的立意探究、诵读的情绪抒发、体育的意志磨炼等更具愉悦性。导师制倡导情境美育，导师可以带着受导学生走进自然、名人故居、博物馆、绘画展等真实的情境，不断拓宽美育教育的空间，让学生去感受、观察、领悟美的真谛；也可以借助生动的视频、励志的歌曲等丰富学生的审美能力，激发学生的昂扬斗志，从而帮助学生形成对审美对象的愉悦辨析，提升学生的审美能力。情境美育能将学生置于一种愉快的学习氛围中，使他们的积极性得到调动，进而被丰富多彩的情境所吸引。情境美育还能让学生产生积极的审美愿望，在愉快和谐的氛围中共享人类社会的文化资源，达到愉悦美育的目的。

(5)导师制教育的美育与德育、智育的融合构建。

第一，美育与德育的相融并济。德育是将社会行为准则和道德要求内化于受教育者内心的育人，使受教育者能自觉地遵守社会行为规范；德育侧重于人的良知教化，提倡维护社会公德、遵守秩序，给予美育以适合发展的内容，指引美育操作及实施方向。美育是一种生命教育，关注个体的精神自由，注重感性和情感认知的个性培养，教会学生如何去品味美、鉴赏美、创造美，提升个体的审美境界，为德育提供强有力的精神动力，让德育更加有效。导师制中的道德教育是以个体为对象的情感教育，而情感陶冶，比单一的道德说教更容易被学生接受，更具有吸引力、感染力和发展力，让学生在认识美、追求美的过程中修身养性，从而为社会培养出社会主义“四有”新人。因此，美育与德育目标一致，相融并济。

第二，美育与智育的关联互促。智育以培养学生的认知能力为目的，主要任务在于传授知识、开发智力，是一种理性的教育。导师的智育，对于任课导师是专业引领、针对受导学生具体问题的课程辅导，重在指引学生进行知识框架的搭建；非任课导师，重在方法指引，育人过程凸显生活化和个性化，基于应用网络知识的学习指导更丰富、更开阔。美育是感性的教育方式，能更快速地调动人的感知力、记忆力、理解力等多种功能，使学生通过对于自然美、社会美、艺术美的欣赏，以更快的速度搭建起自身的知识体系。

美育能促进智育的实施，运用美育的手段可以达到智育的效果。以美导真，可以培养学生的观察力、思考力和想象力，提高学生对新生事物的感知能力。智育与美育彼此融合，关联互促，能够推动学生的认知能力和审美能力的协调发展。

第三，导师制教育与德育、智育、美育的融合构建。德育、智育、美育采用的教育方式是互通的，终极目标都是培养全面发展的社会主义建设人才，创造美好的未来。导师制下的导师带导，具有个性化、生活化、合作化、愉悦化的特点，这些特点在实践中更具指导意义。

马克思主义认为实践为认识的产生提供了必要条件，人的认识与活动是为了解决和完成实践提出的问题和任务而产生的。由此可见，实践是导师制中的德育、智育、美育融合构建的动力。社会实践活动可以补充导师智育的不足，拓宽美育的广度，丰厚德育的深度。导师要在解决实际问题的实践过程中锻炼学生的真才实干，进一步培养其创新的能力。学生美的历程、德的树立，关键在于从书内走向书外的情境育人，从课内走向课外的生活育人，从校内走向校外的实践育人。德、智、美融合的导师制育人的个性化、生活化、合作化、愉悦化必定在实践的发展中相统一。这种融于实践的育人，需要导师用心、用爱来操作实施，在实践中实现德、智、美融合构建的真正价值。导师制教育中的美育、德育、智育之间相互渗透，相辅相成，从而形成融合构建的局面。北京市第一五六中学导师制也必将在实践中不断发展、完善，适应时代需求，关注受导学生的心理健康，构建其完整人格，规划其人生方向，鼓舞学生以更加积极的心态面对生活中的挑战。

四、将生涯规划指导引入中学教育的必要性

在新时代中国特色社会主义的大背景下，面对当代青少年心理健康问题日益增多、日趋复杂的现实情况，中小学应当加快建设学校心理健康服务体系。导师制中的心理指导可以从壮大师资队伍、拓展教育范围、丰富教育途径和方法等方面来促进心理健康教育的长远发展，加快体系的建成。而中学生处于蓬勃发展的人生奠基阶段，也处在生涯规划重要的探索阶段，全员育人导师制方便教师对学生进行科学的、系统的个性化指导，使生涯规划更好地“落地”。

(一)心理指导的重要作用

20 世纪 80 年代以来，国家积极倡导与实施素质教育，着力培养德智体美劳全面发展的社会主义建设者和接班人。心理健康教育作为中小学生素质教育的重要组成部分，提升学生的心理健康水平是素质教育的应有之义。因此为深化素质教育的需要，有效保障心理健康教育的开展，北京市第一五六中学将心理健康教育与导师制的工作有机融合，以导师制的“形”促心理健康教育的“义”，使二者相辅相成。具体来说，两者的融合基于以下三方面的需要：

1. 培养健全人格的需要

2012 年教育部出台的《中小学心理健康教育指导纲要》中提到，心理健康教育的总目标是“提高全体学生的心理素质，培养他们积极乐观、健康向上的心理品质，充分开发他们的心理潜能，促进学生身心和谐可持续发展，为他们健康成长和幸福生活奠定基础”。这些心理健康指标的达成都需要以健全的人格作为基础。

美国心理学家埃里克森的人格发展理论指出，处于青春期的中学生，其发展任务是克服角色混乱，形成自我同一性，即建立一个协调、贯通、稳定的自我。该时期的中学生会经历自我同一性混乱带来的情绪波动、烦恼增多、孤独感增强等发展性心理问题。同时，由于中学生的自我意识迅速发展，导致其自尊心增强，他们会非常在意他人对自己的评价，如果不能客观地看待和处理外界评价，他们可能会形成自卑或自大的人格特征，如此将大大阻碍他们的身心和谐可持续发展。

综上所述，“重知识，轻人格”的做法已不符合当今时代的育人要求。素质教育关注人格教育，通过培养学生优良的人格特质来提高其综合素质，让学生能够以更加积极、稳定的心理素质来面对富有挑战的社会环境。

2. 适应社会变化的需要

现代社会环境复杂多变，竞争也愈发激烈，适应社会变化对于中学生的心理素质提出了更高的要求。学校环境内，学生面对的首先是学校适应。我校对2020级和2021级新生的学校适应各方面情况进行了调查，结果表明受调查学生的常规适应水平最高，自我适应水平最低。自我适应的不良反映出学生自信心不足、自我接纳程度低、自我评价低等情况，在一定程度反映出面对新环境，学生内心会产生一定的自我认知冲突，面对环境变化，不能很好地进行心理调节，需要进一步提高心理素质。学校不仅是学生学习文化知识的“学堂”，还是学生适应未来社会生活的模拟训练场。因此，学校有责任来培养学生的社会生存技能和良好的心理素质。

3. 学好文化知识的需要

2016年颁布的《中国学生发展核心素养》以培养“全面发展的人”为核心目标，提出六大核心素养，“学会学习”便是其中之一。学习是学生绕不开的根本任务，在素质教育背景下，学会学习比学习本身更重要，而心理健康教育能引导学生乐学、爱学和善学。这种特质是由其教育理念和教育内容决定的。

学习心理学是教育心理学的一个重要分支，根据该理论，心理健康教育可以从学习过程、学习策略、思维方式、学习习惯、学习迁移等多方面来帮助学生解决与学习相关的问题。可谓“授人以鱼不如授人以渔”，教会学生学习的方法，远比教会学生具体的知识更有意义。

综上所述，良好的心理健康状态是学习的必要准备，学生如果能做好自身心理管理和调适，以更加饱满的学习状态和学习热情投入学习，学习效率将会事半功倍。尤其是因学业问题引发学生心理波动时，导师应该从心理健康教育的角度去帮助学生分析问题、解决问题。因为从根源上消除学生的“心病”是更加治本的教育方式。

（二）对导师工作的启示

1. 建立温暖和谐的师生关系

良好的师生关系有益于师生间的沟通和合作。导师可以运用合作互助的教育方式，引导学生看见自己的问题，接受自己的问题，解决自己的问题，从而帮助学生健康成长，顺利度过躁动的青春期。具体来讲，可以通过倾听与共情的心理咨询技术来建立和谐的师生关系。倾听技术是指在接纳的基础上认真、积极、关注地倾听对方，并主动建立关系、参与帮助的过程。共情技术是在倾听对方叙述的过程中，设身处地、感同身受地体验对方的处境，并使用恰当的语言准确地表达对方的内心体验的过程。

总而言之，认真耐心的倾听为学生释放内心感受和情绪提供了机会，并且由此创建出来安全信任的心理空间也有利于学生说出自己所遇到的问题和真实的想法，导师可以更好地了解学生，从而帮助其解决问题。

2. 做好学生的观察者而非评价者

心理健康教育秉持“以人为本”的原则，导师应当了解相应年龄段学生的身心发展特征以及自己导生的个性特点，针对中学生自尊心强、在意外界评价等特点，在指导过程中导师可以暂时搁置自己的价值判断，给学生机会和空间如实地呈现自己的所思所感，先做好“观察者”，而非“评价者”或者“干预者”，通过中立的态度帮助学生看待一件事情，使之逐步从情感转向理性，从情绪化转向客观化。

具体来讲，可以用澄清技术来与学生沟通。澄清技术是指通过适当的提问，带领对方将模棱两可、模糊不清的信息转化为具体、清晰的信息。内容反应技术是一种参与性技术，是指将对方陈述的主要内容经过概括、梳理之后再次反馈给对方，从而促进对方对已发生事件或体验的理解。

3. 引导学生成为解决自身问题的专家

心理健康教育有别于德育，导师对学生进行指导时，如果采用传统的德育教育方法，如摆事实、讲道理、提要求、树榜样、直接评价等，既会引起学生的强烈反感和对抗，又不利于形成良好的师生关系。进行心理指导时，不妨遵循叙事治疗的理念，坚持“来访者自己是自己的问题的专家”，相信来访者有能力解决自己的困惑。

具体来讲，可以使用“例外技术”，找到来访者不那么困扰的时刻，从中总结出问题解决之道。核心的观念是，学生虽然存在心理问题，但是并非所有心理活动都存在问题。导师就可以帮助学生认识到那些“运行良好”的心理资源，并从中获得力量感，来更好地面对当前的问题。

(三)生涯规划的重要作用

中学阶段是个体人格和价值观形成的重要时期，导师不仅要对学生的学业和德育进行相应的教育，更应该帮助学生进行生命状态的提升以及发展方向的制定等，因此对学生的生涯发展进行指导具有以下三点重要的现实意义：

1. 有助于学生探索生涯之路

生涯发展理论认为，个体的职业意识并不是在面临就业时才建立，而是在童年时代就开始萌生；随着个体的成长，其职业选择意识也发生着改变。生涯发展的过程分为几个阶段，不同的心理学家对生涯发展阶段的划分都有所不同。美国著名职业管理家舒伯就将人的职业生涯发展分为五个阶段。初中生处于成长期，这一阶段的任务是指导学生发现和培养自己的需要和兴趣，探索和发展自己的能力和才华，为职业定向打下良好的基础。高中生处于探索期，这一阶段的任务是鼓励学生通过参与学校活动、社区活动、打零工和其他机会，对自己的能力、社会角色、职业进一步探索，使其在选择职业时有较大的灵活性。

因此，学校会以生涯讲座、生涯班会、研学活动等方式指导学生探索自己的生涯发展路径，但这些方法多数无法完全满足学生的个性化需求，不能解决学生具体的、生成性的生涯困惑，导师制的出现恰恰弥补了这方面的不足。

2. 有利于学生拓宽升学之路

在我国的中学教育阶段中，学生往往需要经历两次大型的分流，即初中毕业以及高中毕业。在初中毕业后，一部分学生会到中职院校或是高级中学中继续完成学习，还有一部分会选择直接进入社会。同样在高中毕业后，学生也面临着大学学习以及进入社会的分流。站在升学选择的分岔口，由于中学生对自身和外部的了解都不够充足，因此通常无法合理地规划自己的生涯，理性地做出生涯决策，这时就需要生涯规划教育帮助其明确未来职业与学业之间的关系。

因此，身为导师，熟悉多元升学路径，能为不同升学方向的学生提供具体指导，拓宽其升学路径。导师还可以根据自己的教育经验和人生经历，帮助面临生涯决策的学生提供专业的指导，诸如选课选考、志愿填报等。

3. 有利于学生探寻自我之路

中学生生涯规划教育，其主要目的不仅仅是帮助学生更好地规划人生，还要引导学生更好地探寻人生的意义所在，追求自己真正想过的生活。但是无论是生活还是人生的意义，其中都有着私人性质，因此不适合通过有组织、公开性的方式开展。导师制的指导规模小、时间和空间灵活，方便学生及时找到导师沟通。而且自己的导师通常是学生的第一选择，具备和谐师生关系的坚实基础，学生更容易敞开心扉，和导师开启深度交流。

因此，生涯指导不应只辅导学业，帮助学生加强自我认识，建立正确的人生观、价值观也是非常有必要的。中学时期的青少年正处在“自我同一性”的探索阶段，在此阶段他们会思考诸如“我是一个什么样的人”“我会成为一个什么样的人”“我要成为什么样的人”等问题，导师指导内容的全面性，给师生探讨“自我发展”问题提供了良好的契机。

(四)启示

1. 积累丰富的生涯指导资源

导师作为学生生涯规划的指导者，应当具有必要的生涯服务能力。例如，熟悉生涯辅导理论、技术与方法，学会如何指导学生认识自我和探索大学、专业与职业，了解如何做好学生升学规划及学业指导，掌握开展心理辅导的基本方法等。

有学者指出，生涯规划的方法需要通过探究学习和体验学习掌握，而不能仅通过传统的知识学习来获得。因此，在导师引导学生初步进行生涯规划时，除了常见的访谈、调查等方法外，可以有选择性地使用生涯测评工具，通过师生共同解读测评结果来帮助学生更全面地预测生涯发展、评估生涯路径，探索生涯发展之路。除了借助生涯工具，导师还可以学习一些操作性强的心理技术来丰富自身生涯指导的手段，如焦点讨论法、欣赏式探询。

2. 培养学生积极的心理品质

在对学生进行生涯规划指导时，导师也应当重视学生积极心理品质的培养。这是由中学生的身心发展特点和他们所处的生涯发展阶段共同决定的。一方面，中学生由于身心发展不成熟、社会经验尚欠缺等诸多因素，生涯探索之路难免受挫、受阻。增强心理韧性，以积极乐观的心态面对生涯探索过程中出现的风险和变故，培养良好的生涯心理状态也是生涯指导的目标之一。另一方面，中学生处在生涯探索阶段，进行生涯规划的第一步应当是唤醒他们的生涯意识，鼓励他们思考未来，尝试体验丰富的生涯活动，让他们在循序渐进的教育中体会到生涯规划的重要性，从而学会进行生涯规划。

综上所述，导师可以将心理指导和生涯规划指导相结合，关注学生的心理健康，在保证学生心理健康的基础上引导学生进行更多元的生涯探索。

第三章
草木百年新雨露

一、全员育人导师制方案的酝酿

在新时代的育人需求形势下，北京市第一五六中学一方面继承中华优秀育人传统，另一方面结合教育改革以及学校实际情况积极地进行“跨年级指导的全员育人导师制”探索，在导师的选聘、学生的心理疏导、生涯规划、辅导的内容与方式等方面进行积极尝试。

(一)班主任与导师协同合作

班主任工作是学校工作的重要一环，其作用主要体现在以下几方面：第一，班主任是学生的直接引导者和教育者，相比于其他教师，班主任工作更全面、具体和深入，他们的工作涉及学生的思想品德、学习成绩、身心健康等诸多方面，在塑造学生的品格、启迪学生的心灵、引领班级形成积极向上的风尚等方面发挥着不可替代的作用。第二，班主任是学生、任课教师、家长和学校之间的桥梁，通过与任课教师、家长进行及时的沟通交流，班主任能够全面了解学生的实际情况，从而协助家校形成教育合力，最终达到教育的一致性。第三，班主任是促进学生成长和进步的保证者和督促者，班主任不仅要引导学生树立正确的价值观，明确学习的目标，端正学习态度，提高学习的主动性和自觉性，还要不断地帮助学生改进学习方法，而且通过观察学生的思想动态和平时表现，能够更加深入学生的内心，以帮助学生在遇到困难时能够及时做出自我调整，并最终促进学生成长。

尽管长期以来，班主任工作在学校教育中发挥了极其重要的作用，然而随着时代与社会的发展，班主任制在当今的学校教育中也显示出了一定的局限性。首先，班主任既要承担教学任务，又要花费大量的时间和精力开展班级教育管理工作，因此他们压力普遍较大，容易身心疲惫，长此以往身心健康会在不同程度上受到损害，进而势必影响到教育的效果。其次，由于班级学生人数众多，班主任很难做到对每一位学生思想道德、学习和生活的全面了解，在培养学生特长、促进个性成长方面有时会感到力所不能及，以致难以做到“全方位、全过程”地教育学生。最后，有的学生由于性格原因，与班主任在情感上并不亲近，但是却和其他学科老师关系融洽，如果能因势利导，借助其他老师的力量来教育这些学生，将能够更好地促进他们的成长。

虽然班主任制存在以上种种不尽如人意的地方，但是学校教育也不能因噎废食，废除班主任制，我们应该在现有班主任制的基础上进行创新。基于这样一种情况，我们才引入了导师制。导师与班主任一起开展工作，既有分工又有合作。一方面，导师和班主任的工作各有侧重：班主任通过班级教育及活动培养学生的集体观念、纪律意识、合作能力等素养，使其形成良好的行为习惯；而导师将通过全面了解学生，对学生的选学选考、就业方向、生涯规划提出指导建议，提高学生的自我认知能力，最终促进学生个性发展。另一方面，导师要与班主任通力合作，遇到问题及时沟通解决，积极协调学生、家长和学校之间的关系，形成教育合力，最终切实有效地促进学生成长进步。

(二)导师的构成

通过前期调研，我们发现在实施导师制的大部分中学里，导师一般由学生的任课教师担任。经过分析与讨论，结合我校实际情况，我们认为这样做有两个不利因素：第一，从学生来看，导师仅由任课教师担任，尽管师生之间比较熟悉，但是导师类型比较有限，很难充分满足学生个性化发展的需求；第二，从教师来看，由于指导的学生都是任教班级的学生，学生选择导师的依据很大程度上就变成了对于导师教授学科的选择，这些学生聚在自己某一学科的任课教师身边，导师的指导很有可能变成另一种形式的“小班授课”，因此很难实现导师对学生全方位的个性化的指导。

基于以上情况，导师办对导师的选聘进行了充分思考，最后决定实行全员育人导师制，即学校内所有持有教师资格证的教师都可以担任导师。这样安排的原因有如下几点：第一，教师资格证是国家规定的担任教师的必要条件，具备教师资格证的教师都系统学习过教育学和心理学，理论上已具备指导学生的能力，学校的非一线教师只要有教师资格证就可以担任导师，从而在学校范围内尽可能地丰富了导师资源，专业、性格、志趣多样的导师最大限度地满足了学生个性发展的需要；第二，由于导师工作是一项创新工作，需要更多的老师参与其中才能集思广益，面对问题和困难的时候，大家一起建言献策才能更好地推进导师制；第三，新的育人需求使得教师要努力成为“传道、受业、解惑”的人师，不仅要在学业上能对学生进行指导，而且要能积极引导学生德智体美劳全面发展，所以教师要加强学习，从各方面努力提升自我，全员导师制使得大部分教师参与其中，这势必促进学校教师整体综合素养的提升。

为了避免学生选择导师时局限于自己的班主任以及任课教师，尽可能地丰富同一年级学生所选导师的类型，同时也为了更好地提升导师指导的实效性，学校限定导师指导同一年级学生不超过 3 人，这样才能真正做到个性化指导。

因此，实施“全员导师制”既能促进教师的自身发展，又能引导学生更好地个性化发展。

(三)导生的构成

什么时候开始给学生配备导师呢？学校的初步设想如下：在正常情况下，初一年级学生在第二学期期末、高一年级在第二学期期中考试后配备导师，当每学年的导师工作全面开展之后，导师工作将覆盖学校初二到高三五个年级。

初一学生刚升入初中，面对崭新的中学学习和生活还存在一些客观的困难。第一，与小学相比，初中学习的科目明显增多，增加了历史、地理、生物和政治四门科目，而且初中阶段学科的难度和跨度比小学都明显增大。以数学为例，小学主要学习数的运算，而初一增加了函数、不等式和平面几何，不仅知识密度大而且题型灵活多变，对学生各方面能力的要求都有明显提升。第二，由于学科难度增加，学生在学习上很容易遭受挫折，从而导致畏难情绪，而此时学生的青春期问题开始凸显，叛逆心理容易导致其放纵情绪，与家长的沟通也会出现不顺畅，以致不能合理调控自己的时间和行为。第三，孩子升入初中，原有的人际关系被打破，与老师、同学都要建立新的关系，对适应性和人际交往能力不强的孩子来说，这方面的压力并不小于学习压力。因此，很多初一学生面对上述这些变化需要一段适应的过程，小部分学生甚至还会出现自信心丧失、尊严感降低等心理问题。

因此对于初一学生，我们要给他们充分的时间去了解学校、适应环境、调整自己，等到各方面情况相对平稳后再让学生着手选择导师。高一学生也有类似的问题，不过相比于初一学生，高一的孩子适应能力更强，所以高一年级学生在第二学期期中考试后配备导师，而初一年级学生在第二学期期末后配备导师。这样做的另一个好处还在于这一阶段刚好初三、高三学生即将毕业离校，此时增加新初一、高一的学生，导师工作总量能够保持相对稳定，不会有大的变化，不会影响导师的正常教学和带导的效果。

实施全员育人导师制后一个必然的结果就是一个导师指导的学生可能来自不同的年级，甚至来自不同的学段，这样的指导形式会有什么样的挑战呢？

(四)跨年级指导的优势

全员育人导师制下，每一位导师指导的学生都可能覆盖从初二到高三五个年级，这就是所谓的跨年级指导。这种模式有如下优势：第一，跨年级指导的模式避免导师短期内工作量猛增。其他学校的导师由任课教师担任，导师指导的学生都集中在一个年级，导师工作会呈现出一段时间强度大、一段时间强度小的周期变化。比如学生刚选好导师后，导师需要完善学生信息、了解学生情况、集中培训学生，面对十几名学生，此时导师就像班主任接手了一个规模较小的班级，如此大的工作量势必会对其正常的教学、教育管理工作造成一定的影响。而我校的导师制由于限定导师指导同一年级的学生人数上限为 3 人，每一次新分入的学生人数不多，指导工作不会一次性占用导师过多时间。第二，导师工作全面铺开以后，一个导师的学生会分布在五个不同的年级，这样不同阶段的指导工作导师们年年都做，具有一定的连贯性。这不仅有利于导师对工作进行思考、总结和及时修正，同时由于导师指导的学生人数逐年增加，积累的经验可以运用到新的导生身上，也有利于导师自身的可持续性成长。第三，实施跨年级指导可以避免学校的人事变动造成的影响，如果学生导师由任课教师担任，遇到教师调离本年级，就必须重新给学生配备导师，无论是学生还是导师都需要彼此重新适应，大大降低了指导的效率。第四，不同年级的学生在同一个导师的指导下，形成一种新的关系，我们称为学长制。学长和学弟、学妹共同在这个新集体中学习和生活有一定优势：一方面，低年级的学生可以以高年级的优秀学长为榜样，学习他们的优秀品质和良好习惯，从学长处理学习、生活等问题的过程中汲取经验和方法；同时，高年级的学长也会帮助低年级的学生解答学习、生活上的各种问题，这个过程可以培养高年级学生独立解决问题、帮助同学的能力和品质。在导师的号召下，不同年级的学生通过这种学习、生活过程中的平等交流和互相帮助，共同面对各种学习、生活以及情感上的问题，共同成长。

（五）集中指导的必要性

学校倡导的指导方式是集中指导和个别指导相结合：集中指导时谈共性问题，比如考试前后如何备考、如何有效答卷、如何进行考后反思总结、如何进行复习策略调整，如何度过假期，等等；个别指导时谈个性问题，比如家庭情况、个人喜好、学习成绩、课堂表现等。

学校采取集中指导具有长远意义。第一，集中指导意在为孩子们营造一种氛围，在这个小集体里大家可以相互学习、相互合作、相互促进，最终获得共同成长。比如，期中考完试后导师进行考试分析，几个孩子在一起面对同一个学科可能会产生共鸣，可以相互交流考试内容、考试时遇到的困难、解决困难的策略、考试过程中的心理变化以及以后遇到这种情况的解决措施，等等。与师生交流相比，学生之间的交流往往能够收到更好的效果，如果同时指导的学生基础能力相当，导师还可以积极引导他们相互之间竞争，以帮助他们取得更大进步。第二，集中指导也是“学长制”的一种方式，同一年级或不同年级的学生有可能彼此不熟悉、个性特征也有差异，所以出现的问题、解决的思路和方法会对彼此都有所启发。导师需要做的就是构建良好的氛围、搭建平台、创造机会，引导大家一起分析问题、分享方法，最终促进彼此共同成长。

(六)指导内容的设定

1. 全面关注学生的思想、心理、学业和生活

(1)帮助、指导学生形成良好的思想品德和较好的心理素质，关注学生的思想动态、行为表现，鼓励与促进积极向上的行为风尚，防范与纠正不良行为。

(2)了解学生的学习特点，帮助学生养成良好的学习习惯、掌握科学的学习方法、确立适当的学习目标，最终使学生获得有效、切实的进步。

(3)了解学生的家庭情况和生活环境，指导学生合理安排课余生活，引导学生参加积极向上的文化娱乐活动，在活动过程中关注学生的心理健康和成长需求，激发他们自尊、自爱、自信和各方面蓬勃向上的意愿，最终促进学生实现德智体美劳全方位、可持续性发展。

2. 进行生涯规划指导

导师的一个重要的作用是指导、帮助和督促学生根据实际情况确立自己的近、中、远期规划。我校的生涯规划指导是通过导师完成的，导师有责任帮助学生制定自己的学业规划和职业规划。根据学生兴趣特长、学业水平、专业目标和生涯发展意向，导师对初、高中三年的课程修习计划提出科学合理的安排建议。

3. 指导学生认真负责，做到有计划、有记录、有总结和有效果

(1)确定指导关系后，导师要尽快了解学生的入学基础、家庭情况、学习情况、能力素质和爱好特长，并做好相关记录，以期全面了解学生情况。

(2)导师要指导、督促学生按照要求认真填写《学生成长记录》，导师定期批阅，同时结合学生的困惑和进展情况，原则上每周至少和学生进行一次谈话并做好相关记录，谈话时间和地点由导师根据实际情况自行确定，并做好相关

记录，备查。

（3）除每周的谈话外，建议每学期开学、期中、期末各进行一次集中指导，在新生入学阶段，要适当增加辅导次数，使新生尽快适应新的学习、生活环境。

（4）谈话要关注学生的思想、学习和生活等多个方面：

第一，导师可以通过谈话了解学生的思想状况和发展趋势，帮助学生形成正确的、积极向上的人生观和世界观。

第二，导师可以通过批阅《学生成长记录》和谈话发现学生学习过程中的一些问题，提出切实可行的学习建议，帮助学生端正学习态度，激发学生的学习动机。

第三，中学生处于身体的发育期和心理的初成期，几乎没有经历过大的挫折，所以遇事经验不足，容易被一些暂时的困难吓倒或为一些不确定因素而迷茫，因此有时会遇到一些生活中的困难甚至是心理问题，导师通过谈话可以了解学生生活中出现的问题，从而有针对性地帮助学生克服困难，解决问题。

（5）在指导学生两个月后，导师需要组织组内学生围绕《学生成长记录》进行经验交流，要求每位学生在保持自身特点的基础上，形成规范、有效的记录习惯，从而加强《学生成长记录》的使用效果。

（6）指导学生建立《学生成长档案》，档案资料包括学生的视频或音频资料、艺术作品、阶段目标、学习成绩报告单、个性语录、获奖情况、参与活动的情况，等等，让学生能够通过档案袋里的资料看到自己的成长历程。

（7）导师认真填写《导师工作手册》，记录学生在各个阶段表现出来的问题、导师协助解决的方法、问题解决的进展程度和获得的效果，从而形成学生的进步路径，以便后期辅助学生总结出适合自己的受导方式和方法。

形成以上共识后，导师办制定了《北京市第一五六中学导师制试行方案》，开始筹备导师制的具体实施方法。

二、全员育人导师制实施的初探

经过相当长一段时间的酝酿，全员育人导师制试行方案终于出台，接下来学校要解决的问题是如何推进导师制，是在所有年级同时铺开，还是先在某一个年级开展，待经验成熟之后再逐步推广？从哪个年级开始实施？带着这样的思考，我们开启了导师制的探索之路。

(一)采用逐年级推广的策略

全员育人导师制是一项创新性工作，在实施过程中必然会出现各种各样的问题。要找出问题并有针对性地解决问题，最好的策略就是先在某一个年级实施导师制，一方面检验试行方案的合理性，另一方面要充分暴露问题，随后及时调整，使得改革向着“学生受益、教师乐意、家长满意”的方向发展。基于这样的认识，学校导师办采用了逐年级推广导师制的策略。

从哪个年级开始实施？此时我们要注意，出台试行方案的时间是2017年7月，这个时间点恰好有两件重要的事情发生：一是参加北京市2018年新中考的第一届学生2015级初二学生即将升入初三，这届学生将首次面临选考，即除了语文、数学、外语、体育四科必考外，学生需要从历史、地理、思想品德、物理、生物(化学)中选择三科进行考试，其中要求物理、生物(化学)须至少选择一门，所选三科成绩需由高到低分别按照100%、80%、60%的系数折算为实际分数。二是北京市实施新高考的第一届考生将于9月升入高一，新的高考取消了文理分科，不仅需要学生从物理、化学、生物、政治、历史和地理六科中选择三科进行考试，而且选考科目需要按照等级赋分。

这两个年级都迫切需要指导，那么我们从哪个年级开始实施导师制呢？如果先在2017级高一年级实施导师制，经过调研调整后再在初三年级推广，时间恐怕就有些来不及了，因为此时的初三年级非常需要选考的指导，面对改革，学生内心慌乱，更需要导师的正确引导。因此，经过深思熟虑后，学校领导决定在2017年10月首先在2015级初三年级开始实施全员育人的导师制。在实施的过程中，导师办边培训、边调研、边论证、边调整，希望经过半年的充分准备，2018年3月在高一年级、4月在初二年级实施导师制时能够更加科学、严谨和合理。

(二)积极开展导师相关培训

1. 积极做好动员工作

为了让家长和学生深入了解导师制的必要性和我校导师制的特点，在实施导师制前，导师办面向全体初三家长和学生进行了充分动员。在家长会上，我们重点讲解了当前中高考改革的重要变化，旨在帮助家长理解选考变化和要求，同时希望家长借助导师制平台，加强与导师的联系，和学校配合做好学生的教育和引导工作。在学生会上，我们重点讲解了导师制的实施办法，希望学生了解导师的作用以及导师指导的内容及方式，同时布置了下一阶段的选导师任务，比如如何了解导师情况、如何在网上选导师，等等。

另外由于导师制刚开始实施，学生选择导师很有可能局限于本年级的任课教师，此时班主任应适当引导，将一些学生推荐给其他年级工作负责、热情而且愿意尝试导师工作的教师，为后一阶段导师制的实施积累更多、更好的经验。

2. 稳步推进导师培训

为了保证导师工作顺利推进，导师办对全体导师进行了相应的培训。

导师要及时签订指导协议，并完成信息采集。导师需在办公室等候学生签订导师协议，协议一式三份，签完字后导师留一份，学生留一份，第三份由学生交给班主任。班主任将导师协议第三份协议收齐后统一交导师办存档；签完协议后，学生要将个人信息表交给导师，导师将之粘贴在《导师工作手册》的相应位置；同时导师可询问学生的其他信息，如兴趣爱好、选考科目及原因、中考打算报考的学校、希望指导的方式，等等。

导师带导应采取个别指导和集中指导相结合的方式。因为集中指导是首次实施，为了积累经验便于调整，导师办规定本学期内共进行两次集中指导，第一次在期中考试之后一周内完成，第二次在期末考试之前一周内完成。此外，集中指导前，建议导师设定指导主题，可以根据学生近况和需求来引导学生设定阶段性目标和努力方向，同时导师要对学生存在的主要问题进行小结并提出指导方向和思路，而且导师要及时做好记录，一段时间后导师需根据学生的成绩、行为表现或班主任、任课教师的客观描述等来记录指导效果。个别指导本学期需进行四次，每次谈话时间不少于 10 分钟，师生双方要及时记录谈话的时间、地点和内容。

导师可根据指导方向和思路进行指导。谈话可针对学生近期获得的进步或者存在的问题展开，导师需结合实际情况提出指导建议，并在一段时间后从班主任、任课教师、学生家长或者学生本人处了解进展情况，进一步反馈谈话的效果；建议导师和家长进行沟通交流，沟通方式可以是面谈，或者电话沟通、微信联系等，并做好备注，注明谈话的方式、家长的关注、需求、期望和建议。

导师需指导学生填写《学生成长记录》。第一次集中指导时，导师应指导学生描绘个人成长蓝图，要特别重视中考选考科目的填写，同时按照要求填写学期规划。学生要在期中考试和期末考试后完成相应考试反思，各年级将成绩单发给学生后，学生需将成绩单粘贴在《学生成长记录》的相应位置，学生需结合考试情况填写自身的优势与不足，以及改进措施，然后由家长填写评价与建议，最后由导师填写导师建议。对有指导需求的学生，班主任可做必要补充，学生自己保存《学生成长记录》。在下一次谈话时导师应检查学生对《学生成长记录》的填写情况，若发现学生未完成需督促学生及时填写。导师与学生谈话后，学生应根据谈话过程以及结果择要记录，以便学生在后续的学习生活中有所参照。

导师要做工作阶段总结。学期末，导师要结合自己本阶段工作的完成情况总结经验与不足，导师办统一整理后将组织全体导师进行讨论，并进一步梳理行之有效的方法。

(三)及时开展导师工作调研

为了深入了解导师工作的开展情况，导师办在学生、学生家长和已经深入到导师工作中的导师三方中展开调研。导师办会采用现场座谈、调查问卷两种方式，从不同的视角关注并掌握导师工作的开展情况，并对后续工作做出调整与改进。

1. 研讨会分析

2018 年 3 月，导师办组织初三年级全体导师召开现场座谈会，通过研讨了解导师们日常工作中的一些好的做法，发现、整理出一些行之有效的指导方法。导师办负责人通过与 44 位参与初三导师工作的导师座谈，了解到导师工作的一些重要信息，全体与会人员对于导师工作进一步达成共识。

第一，普遍认同，尽心尽力。导师们非常认同学校开展导师工作的重要性与意义，大家能竭尽全力去指导学生。经过一学期的接触及反复沟通，学生和导师的隔阂感逐步减弱、亲近感逐渐增强，随着时间的推移，导师工作在部分学生身上已见成效。

第二，分类指导，针对性强。大部分导师能够根据学生的具体情况设定不同的目标、提出不同的要求，进而进行有针对性的指导。这些个性化的指导方式为我们提供了宝贵的经验。

第三，改变观念，因材施教。经过一学期的工作推动，导师们原来心中存在的一些担忧渐渐消除。在工作开展之初，部分导师认为导师不是学生的任课教师不利于导师了解学生情况，无法开展指导工作。但现在导师们普遍认识到：非任课教师担任导师，学生同样愿意和导师沟通。导师经过努力沟通，更容易全面、细致地了解当前学生的实际状况。之前部分导师对“跨年级指导”心存疑虑，担心师生彼此不熟悉、时间不统一等客观因素会影响工作的开展，尤其是“跨年级指导”可能会带来许多不便。不过在前一个学期的导师工作中，跨年级指导的教师做了很多工作来积极面对指导过程中出现的问题和困难。经过努力，导师们的畏难情绪有所缓解，而且部分导师还意识到：虽然“跨年级指导”的导师在指导学生学习方面存在一些劣势，但是关注学生学习只是导师工作的一部分，导师更重要的任务是发挥育人功能。事实上，教书和育人都是教师的日常工作，但教书的结果是显性的，育人的效果是隐形的，短时间不能轻易显现。如果从学生长远发展考虑，导师工作应当突出育人功能，这也正是我们学校一直提倡和贯彻的教育理念。而每个学生都是一个完全个性化的鲜活个体，他们有着不同的家庭环境、兴趣爱好、知识储备、能力基础，更有着不同的目标与规划，因此要想提高教育的质量与效率，我们就需要更好地因材施教。导师帮助学生了解自身优势与不足，然后在这个基础上对学生进行更有针对性的指导，这是学校实施导师制的初衷之一。

第四，沟通充分，共同成长。导师工作的开展使导师们受到一些新的启发。有的导师反馈，和学生交流有利于导师了解学生当前的思想动态，有利于导师从学生当前的实际需要出发去考虑问题，有利于促使导师去了解和学习交流过程中出现的新事物、新问题，因此导师工作最终能够促进师生双方共同成长，达到双赢的目的。

2. 家长、学生调查问卷

为了收集导师工作开展过程中的一些典型做法、意见和建议，便于后续的经验总结及工作改进，2018 年 3 月开学之初，导师办特面向初三学生及家长设计了调查问卷(见附录二)。本次调查共发放问卷113份，收回94份(四个班级回收问卷依次为20份、22份、29份、23份)，其中无效问卷6份，故有效样本为88份。

通过分析数据，导师办了解到，我校推行的导师制受到家长们的充分肯定，家长普遍认为导师们能够针对学生具体问题给予恰当的辅导建议，尤其是当初三学生在学习过程中遇到困难，压力比较大时，导师能够对他们及时进行心理疏导，有效缓解了学生压力。同时这种多角度的沟通交流一方面有利于增进师生之间的感情，进而促进学生的学习；另一方面家长和导师的沟通有利于搭建家校联系的桥梁，进而营造出家校和谐的环境氛围。

但是家长也反馈了一些意见，主要有三点：第一，师生交流没有固定的时间，所以交流的时间无法保障，建议设立专门的时间供师生交流；第二，导师和家长的沟通交流不太充分，家长希望导师能就指导情况进行及时反馈，家校形成合力促进学生教育效果的最优化；第三，家长普遍关心学生的学习和心理状态，但相比较于学习，家长更担心学生的心理和思想动态，建议导师对学生心理进行积极疏导，为学生在中考前减压，也有少部分家长则认为引导孩子如何做人、如何为人处世比辅导学生学习更重要。

由此可见，家长对于我校导师制的期望并不仅仅局限于指导学生学习，家长更看重的是对孩子精神品质的培养、当前困难的解决和压力的疏导。换句话说，导师要引导和帮助学生更充分、全面地了解自己的实际情况，进而确立适当的目标；当学生在生活中或学习上出现困难，尤其是思想和心理层面产生困惑时，导师能够给予他们及时的帮助与恰当的建议，最终促进学生在积极的氛围中不断进步和成长。家长调查问卷反馈信息再一次反映出：指导学生学习是导师工作的一部分，但不是导师工作的唯一内容，导师们需将工作重心聚焦在了解学生的基本情况、督促学生养成良好习惯、关注学生的思想动态、缓解学生学习生活压力等多方面。

完成调研之后，导师办进行了充分论证，针对出现的问题，随后在下一阶段实施过程中进行了及时调整。

三、全员育人导师制的实施调整

全体导师共同努力，经过一学期的实践探索，使导师工作进展顺利。面向导师、学生及家长开展调研使得我们深入了解了导师工作实施过程存在的问题，进一步明确了导师工作改进的方向。按照初步计划，学校于2018年3月在高一年级、4月在初二年级陆续实施导师制，在实施之前，学校导师办对导师工作又做了必要调整。

(一)制定导师工作规划和建议

在调研中，导师们建议导师办全面规划导师工作，对导师工作要有具体指导，以此提高导师的工作效率。为此，在2017级高一年级实施导师制之前，导师办制定了《致导师们的工作建议》(见附录三)，从导师工作目标、本学期导师工作的主要节点等方面做了详细说明，旨在增强导师工作的规划性。同时，学校建议导师要尽量与家长、任课教师、班主任充分沟通以全面了解学生的情况，家校形成合力促进学生教育效果的最优化。导师可采用多种沟通的方式，可借助信息化手段如电话、微信进行沟通，也可根据具体情况约谈家长，总之导师们可采用自己认为合适的方式进行沟通。

此外，针对学生和家长提出集中指导时间不固定的反馈意见，学校集思广益，积极寻找解决方法，为此还设置了三次专门辅导时间，分别是2018年4月9日、4月27日和5月25日，并积极整合优化资源，对指导场所给予充分的保障。

(二)指导内容及方法的优化

经过初三年级导师工作的实践探索，导师办在导师指导的内容和方法上做了进一步调整，从而使得指导的针对性更强、更符合学校的实际情况。

1. 明确关注内容

导师可了解的学生基本情况包括兴趣和爱好、人生目标、家庭、学习、成绩、生活等，同时需注意以下两点：第一，了解情况时要注意私密性，要选择好时间和场合，保护好学生的隐私；第二，有时学生报喜不报忧，要想全面了解学生情况，导师需要和家长、班主任及任课教师多沟通，多联系。

导师需密切关注学生的心理状况，多角度缓解其压力。现在学生学业压力大、抗压能力弱，尤其是毕业年级学生面临升学压力，因此导师应该多关注学生的心理状况。但这种关注又有别于专业的心理辅导，导师可视学生具体情况，根据自身的经验或经历给学生一些适当的建议。导师可以多听学生倾诉，通过倾听，从学生所述内容中研判学生可能存在的问题。当学生遇到困难时，如心理压力比较大、成绩不理想，或与别人发生矛盾等，导师可以比较客观地帮助其冷静分析，应避免直接批评，尽量用鼓励的口吻与学生沟通交流，以增强学生的信心，同时视情况提出合理的建议。此外，2018 年上半年初三年级面临中考，导师们应在初三一模、二模前后积极为学生缓解考试压力，辅助学生做好考试准备、考后反思及调整的相关工作，让学生以积极的心态和科学的方法来应对中考；对于高一年级的学生，导师们需在期中、期末考试前后关注学生的心理状态，适当缓解学生的考前压力，引导学生积极调整考后的心理状态，快速投入有效的学习中去。

部分学生期望导师能在学习方面给予自己一些指导，尽管这对于非任课教师，尤其是跨年级指导或长期不在一线的教师来说有一定的困难，但是作为导师，在指导学习上面或多或少会有一些方法，可以进行如下尝试：导师们可以和学生进行学法交流，例如如何预习、听课、记笔记和复习，如何备考，考试前后如何反思和调整，等等。如果是班级任课教师，可以随时关注学生的闪光点和进步点，通过表扬和肯定进一步增强学生的自信心，让师生之间增进彼此的信任感，同时针对本学科给予学生精准指导。如果是非本班任课的学科教师，可以和学生交流一下自己所教学科的知识内容、学科特点、学习方法以及注意问题等。如果是跨年级指导，尤其是高中导师指导初中学生时，除了以上工作外，导师还可以给学生介绍一些高中学校的情况以及升入高中后的学习内容等信息。

导师要将生涯规划教育融入日常指导中，可以根据学生的兴趣爱好关注学生的升学目标、职业规划等。对于初中学生，导师可以协助学生分析自身优势以及兴趣爱好，初步进行选科指导，同时介绍一些高中学校的情况。对于高中学生，要结合学生兴趣爱好以及基础能力，辅助学生做好选考科目的选择，同时尽可能地给学生介绍一些大学以及专业的情况。

2. 明晰指导方法

根据学生的不同情况进行有针对性的个性化指导，这是导师工作的核心所在。对于学习成绩较好的学生，由于他们成绩优异、目标明确、自我要求高而且习惯良好，导师可以有针对性地解决学生提出的问题，同时辅助学生管理好自己的时间，促进这些学生自我成长。对于中间段的大部分学生，他们或多或少会有一些问题，如学习主动性差、学习方法不得当、偏科等，导师要与家长、班主任及任课教师多方沟通，尽可能多地了解学生的情况，帮助学生找到问题，提出一些针对性较强、可落实的建议，帮助和督促学生慢慢改正。对于学习方面有困难的学生，他们一般学习惰性大、基础薄弱、成绩不理想，容易自暴自弃，导师要多发现学生的优点，从优点出发给予他们适当的鼓励，帮助学生在现有水平的基础上力所能及地掌握一些知识，提高素养，帮助学生树立信心，为下一个学段能有一个好的开始做好准备。导师在工作中，尤其要关注性格内向、容易焦虑的学生，对于那些考前焦虑、感觉学习压力大等心理不稳定的学生，导师要学会倾听，以此赢得学生的信任，可以通过讲述自身经历或者以往学生的事例来启发学生，视情况提出适当的建议。

3. 推广好的做法

在调研中，导师办总结、提炼了一些好的做法，有利于在下一轮的导师工作中进行推广。

导师要和家长建立联系，在教育引导学生方面，导师要和家长密切配合。遇到事情的时候，导师可以和家长、班主任及任课教师多沟通、多交流，以便全面了解学生情况，同时及时向家长、班主任及任课教师反馈学生的状况，这样能够营造一个家校和谐的氛围，形成家校育人合力，共同促进孩子成长。

导师和学生谈话时，如何进入谈话始终是困扰着导师的问题。导师们可以根据学生情况采取不同的切入点。每次交谈时，可以从最近的困惑、问题或成功的、令人高兴的事情谈起，慢慢再了解最近的学习情况，到时可以和学生一起具体分析好的在哪里，不好的在哪里，如何改进……导师可以从共同爱好谈起，再慢慢聊到学习、生活以及最近的欢乐与苦恼，进入状态后再慢慢解决学生存在的各种问题。导师也可以从最近已发生的，或将要发生的事情谈起，比如帮助学生确定选考科目，学生月考、期中、期末考试的备考、反思及调整等，了解和发现其中的问题并进行指导。如果学生主动性较差、谈话不积极、落实不到位，导师就主动一些，适当降低标准，并加强检查管理。尝试借助信息技术进一步丰富沟通手段，如导师可以建立微信小群，对于共性问题在群内发布，个性问题则单独发布，从而提高工作效率。

导师对学生的指导要有规划性和持续性，能够及时反馈和不断督促。导师可以进行量化指导，将目标具体化，同时设置分阶段的任务，如在哪个时间段完成哪些任务，考前如何找任课教师讨论重点知识，如何思考问题等。导师还可以追踪跟进了解指导的情况，及时检查反馈指导的效果。导师要对指导内容择要记录，以便有迹可循。

导师要重视对学生的示范引领作用，引导学生之间相互学习、相互帮助。如果导师是指导学生的班主任或任课教师，那么导师可以将指导的学生作为班级工作的辐射点，指导他们主动完成任务，通过这些学生的工作或进步去积极影响周围的同学，从而将指导效果的范围扩大化。如果导师指导的学生基础能力相当、目标类似，那么导师可以引导学生之间展开合作与竞争，让双方在彼此促进中共同成长。

做出调整后，学校开始在高一年级和初三年级开展导师工作，加上最先开展的 2018 届初三年级，此时共有三个年级开展导师制，参与工作的导师共 91 人。调整后的导师工作变得更加有序，不仅导师们的工作热情更加饱满、工作方法更加科学，而且学生也能深切地感受到指导效果更加有效，同时，家长也反映与导师的联系更加密切了，我们的导师制正逐步向着好的方向发展。

四、全员育人导师制的全面实施

经过调整之后，全员育人导师制逐步进入正轨，按照既定方向稳步向前推进。到 2020 年 3 月，北京市第一五六中学共在四个年级实施导师制，到 2021 年 3 月，学校初步实现了五个年级同时开展导师工作的局面。截至目前，学校累计在 10 个年级开展了导师工作。我们的导师制在学生心理健康、学业成绩指导以及人生规划等方面发挥了关键的促进作用，受到学生、家长、导师和社会的一致好评。

学校除了通过宣传引导让教师明确导师制工作的重要意义外，还通过明确工作目标、流程使导师们在工作中有据可依，如导师要在全面了解学生的基础上，与学生共同协商确定学生的发展目标；要充分尊重学生的个性特征和主体性，培养学生的自我认知和自我选择等能力；要能够加强与家长、班主任及任课教师的联系，进一步丰富和完善学生信息，通过形成家校教育合力，促进学生成长进步。

此外，学校还对导师工作提出了具体的操作性规范。如导师在确定与学生的指导关系后，要在《导师工作手册》中尽快完善学生的家庭情况、学习情况、能力素质、爱好特长等基本信息；要在指导工作中做好相关记录，择要记录指导时间、地点、主要内容、需完成任务以及指导效果；要指导并督促学生按要求认真填写《学生成长记录》，完成每学年的个人成长规划、考试总结反思等；要定期批阅《学生成长记录》，并结合学生困惑和发展情况给予及时反馈，使学生的成长有迹可循。

经过几年的探索实践，学校确定了各年级学生选导师工作的开始时间，并形成了一套科学、完整、成熟的操作流程，现介绍如下。

(一)完善导师信息

为了高效开展导师工作，学校在官网建立导师专栏，用以宣传介绍学校导师工作的相关情况，其中导师信息库是学生了解导师信息的重要窗口。导师信息库以导师情况表的形式呈现，内含导师姓名、学科及特长、工作情况以及导师工作理念介绍，通过这些信息学生能够充分了解导师的专业特长以及个性品质。同时导师情况表按照年级组和教研组两种方式呈现，以方便学生从从教年级和所教学科两个维度去筛选自己所关注的导师，进而全面系统地了解导师情况，为后续选导师做好充分准备。

每年暑假期间，导师办都会安排新任导师填写导师情况表，其他导师进一步修改、完善导师信息，开学后将调整后的导师情况表上传至学校官网的导师专栏，经导师核对、确认后再进行更新。同时及时移除退休教师的导师信息，进一步提高学生了解导师信息的效率。

（二）做好充分动员

学校定于每学年的第二学期为初一和高一年级学生配备导师，高一年级是第二学期 3 月下旬，初一年级是 6 月，这样随着初三和高三学生的毕业，学校能够实现新年级导师工作的自然对接。

在选导师的前一个月，导师办要针对学生和家长开展动员工作，重点介绍实施导师制的意义、学校导师制的特点、实施情况、导师工作的重点内容以及家长和导师的协同合作内容等，向学生介绍了解导师信息的途径和方法。

（三）网上选择导师

学校导师制的一大创新就是实施跨年级指导，为了保证指导效果，学校规定导师带导同一年级学生的人数不超过 3 人，由于一些知名导师或者本年级学生比较熟悉的导师的带导名额往往会非常“抢手”，为了保证选导师工作的公平性、高效性，学校让学生在网上选择导师。

为此，学校筹建选导师系统，系统中设置每位导师同一年级带导的学生上限人数为 3 人，如果选择该导师的学生人数已满 3 人，那么系统就会做出提示：该导师已被选满，此时学生就需要选择其他的导师。因此，为了保证学生能够选到心仪的导师，学生要提前确定多位备选导师，当其中的某位导师的名额已满则需选择备选方案中的其他导师。

选导师过程分为试选和正选两个步骤。试选是让学生熟悉操作过程进而增强正选时的准确性与成功率。

大部分学生完成导师选择后，学校管理员整理导师选择名单，导出未完成导师选择的学生信息，由年级组长通知学生利用课间及中午的时间到教师办公室进行补选，对于进行导师选择有困难的学生进行个性化的指导、推荐。全年级学生均完成导师选择后，管理员进行信息核对、整理，按班级、学号导出导师选择信息，发给学生进行核对。核对无误后签字确认，导师办安排师生签订导师协议，该年级导师工作随即展开。

(四)开展导师工作

1. 制定导师工作建议

为提高导师工作效率、增强导师工作效果，导师办从学生实际需要出发，根据不同学段学生特点专门为导师提供工作建议。工作建议关注两个方面：一方面，导师办要根据不同学段、不同年级学生的学习任务布置相关工作；另一方面，导师办要配合学校完成一些突发事件的处理。

在指导初一和高一年级的学生时，导师要着重了解学生的基本情况，如家庭情况、兴趣爱好、学习成绩、行为习惯、生活状况以及人生目标等，要努力与其家长、班主任及任课教师建立联系，搭建齐抓共管的指导平台，形成有效教育合力，共同促进孩子的健康成长。在指导初二年级和高二年级学生时，导师要特别关注学生的分化及合格考试以及由此衍生的心理问题，要帮助学生平稳过渡到初三(高三)。对于初三和高三学生，由于升学压力比较大，所以导师要做好重要考试前后的复习建议、考试反思以及压力疏导工作，帮助学生全身心地备考。

此外，由于条件有限，我校没有专职的生涯指导教师，生涯指导教育的工作由导师承担，生涯指导教育要贯穿导师工作始终。对于初中学生，导师需协助学生分析自身优势以及兴趣爱好，初步进行生涯探索，与此同时介绍一些高中学校的情况，协助学生设定合理的升学目标，形成生涯规划的意识，为后一学段的学习、生活做好筹划。对于高中学生，导师要结合学生兴趣、爱好以及能力特点，辅助学生做好选考工作，同时介绍一些大学以及专业设置的情况，根据学生志向及选科帮助学生进行生涯规划，在发展过程中持续不断地关注、鼓励、指导学生。

导师在学校应对突发事件时也发挥了积极、重要的作用。在新冠疫情背景下，为了稳定居家学习的学生的情绪、帮助学生做好规划以便更加有效地开展居家学习，上级部门要求学校完成对每一位学生的家访任务，而导师在其中发挥了重大作用。

2. 填写《导师工作手册》及《学生成长记录》

开展导师工作以后，原则上每个年级两周要指导一次。每次指导前，导师办都要根据年级要求和学生近况制定详细的指导建议，因此导师办要求指导前导师要制订工作计划、确定指导内容，并将指导过程中发现的问题、了解的情况、解决的办法以及期望的结果逐一记录，同时学生也需要将指导过程中自己的所思、所想、所悟记录下来。因此学校设定了《导师工作手册》及《学生成长记录》。

导师要认真填写《导师工作手册》，记录好每次指导学生时的问题、解决方法、进展程度和获得的效果，以便导师办跟进、了解指导情况，更要检查反馈指导的效果，因此导师要对指导内容择要记录，以便有迹可循。

学生负责填写《学生成长记录》，将导师信息、成长规划以及考试分析一起填写到成长记录中。这样便于记录学生的成长轨迹，以便后期导师辅助学生总结出适合自身发展的经验。

(五)定期调研反馈

调查研究是推进导师工作的重要保障。在导师制的探索过程中，我们在不同阶段、针对不同群体积极开展调查研究。在初始阶段，我们召集 2015 级初三年级导师召开专题研讨会以了解导师们在工作中的困难，从而对导师工作及时做出调整。为了解选导师流程的合理性，针对 2017 级高一(3)班、高一(4)班的学生进行问卷调研。当导师制在四个年级实施后，学校面对全体学生和家长开展调研，旨在了解导师制的实施效果，并及时做出调整。此外，学校在 2020 年 1 月召开的第十五届教育、教学年会上设立专题，研讨、提炼了符合北京市第一五六中学校情的导师制工作方法。通过一系列调研，我们及时发现问题，通过认真研究分析、深入细致思考，由此及彼、由表及里，将零散的举措系统化，将粗浅的认识深刻化，从而使得我们的导师工作逐渐步入正轨，不断成熟完善。

至今我们已建立了一套成熟的调研机制，对导师工作的定期调研，能够及时汇总导师们的思考，推广新的有效举措。对于学生，学校在高二和初二第一学期末开展调研，了解导师工作在相应年级实施中存在的问题，为北京市第一五六中学导师制的与时俱进、不断发展做好充分准备，同时当学生初中或高中毕业时，通过调研深入了解导师制实行的真实状态，总结可取和不足之处，虚心接受学生建议，做出科学调整。

(六)及时更换导师

教师调入、调出或者退休的情况年年都有，同时每学期也都会有一些学生转入和转出。对于转出的学生，我们终止指导关系；对于学生转入或者导师因离任或退休而无法继续带导的情形，导师办遵照学生意愿为其推荐、配备导师。这样不仅保证学生及时被指导，又能在学校范围内最小限度地降低由导师变动对指导效果产生的不利影响。

五、全员育人导师制的工作成果

自 2017 年 11 月首次实施导师制至 2022 年 7 月，北京市第一五六中学共在 10 个年级开展了导师制，受导学生累计 1751 人。经过全体教师共同努力，导师工作取得了较好成绩，得到了学生、家长和社会的肯定，使得学校获得了更好的社会声誉。导师工作不仅使学生得到了全面、个性、健康、持续的发展，而且还进一步增进了家长对学校的了解，家校合作进一步密切并提升到新的高度。近年来，学校教育成果丰硕、教学成绩显著，与学校实施导师制息息相关。

(一)形成方案，有据可依

学校制定了《北京市第一五六中学导师制试行方案》，经过两轮实践，已形成比较成熟的体系。《导师工作手册》和《学生成长记录》作为导师工作的重要载体，导师在确定与学生的指导关系后，要在《导师工作手册》中尽快完善学生的基本信息；要在指导工作中做好相关记录；要指导督促学生按要求认真填写《学生成长记录》，并完成每学年的个人成长规划、考试总结和反思等；导师要定期批阅《学生成长记录》，并结合学生困惑和发展情况给予及时反馈，使学生的成长有迹可循。当学生毕业的时候，一本完整的《学生成长记录》不仅能真实呈现学生在学校生活、学习的场景，还有助于学生从中总结并提炼自己的个性品质特征，为规划未来做好准备。

(二)模式成熟，重点突出

经过几年的探索实践，学校已形成一套科学、完整、成熟的操作流程，且效果显著。

第一，完善导师信息。每学年开学前，完善导师信息库，学生能够在学校官网按照年级组和教研室两个序列去全面、详细地了解导师情况，为后续选导师做好充分准备。

第二，进行选导动员。选导师前一个月，导师办分别为学生和家长召开工作动员会，介绍实施导师制的意义、导师制的特征及实施情况，重点说明如何详细且深入地了解导师信息。

第三，网上选择导师。试选和正选都是在网上完成。试选的主要目的是让学生熟悉操作系统，进而增强正选的目的性与准确性，两次选择为学生发放不同的通行密码，以保证选导师工作公平有效。选完导师以后，学生核对信息无误后签字确认，导师办安排师生签订导师协议，该年级导师工作随即展开。

第四，布置导师工作。每次集中指导前，根据年级需要向导师提供主要工作建议，如关注学生考试前后的心理状态，引导导师关注初二第二学期的生物、地理中考，高一、高二的合格性考试等，在此基础上导师可以充分发挥自己的主观能动性，从其他方面予以补充。

第五，定期调研反馈。通过问卷调查和学生座谈，了解导师工作中好的经验与存在的问题、进一步深入了解同学们的需求，学校在后续工作中积极调整，使导师工作针对性更强、效果更好。

2020 级初一年级导师工作规划

时间	任务
2021.5.12(周三)	选导师工作学生动员会。
2021.6.20(周日)	晚八点开始试选导师，让学生熟悉系统。 注意：网址要正确，能提交就成功了，不能提交需继续选其他导师。
2021.6.21(周一)	晚八点正式选导师。
2021.6.22(周二)	1. 反馈统计选导师结果，年级安排未完成的学生选导师； 2. 核对信息，并和年级领导确定最终选导结果，学生签字确认。
2021.6.23(周三)	签订导师协议，开始指导工作。
2022.1	导师问卷调查。

以初一年级为例，展示导师工作开展的步骤。

(三)课题引领，经验提升

北京市第一五六中学跨年级指导的全员育人导师制是凝聚学校全体教师智慧的教育创新，因此导师办高度重视导师工作的研究以及成果整理工作，希望将好的导师工作成果呈现给全体教师、学生和家长，以便更多的学生受益。

为了更好地探索适应时代特点、符合自身校情的特色导师制，学校按照边推进边研究的思路，申请了中国教育学会“十三五”教育科研规划课题“基于中高考改革的学校‘导师制’的实践研究”。该研究促使我们客观面对问题、理性分析问题、科学解决问题，有计划、有步骤地推进课题研究，引领了学校导师团队对于导师工作的思考、总结和升华，通过两年努力，学校按时结题，研究成果受到业内同行以及高校专家的充分肯定。

此外，在研究过程中，导师办非常重视阶段性成果的提炼工作，在推进导师制的过程中，导师办注意及时整理研究成果，在核心期刊《中小学管理》上发表论文《“人人皆可为导师”：让导师制助力学生个性化成长》，在《中小学教育》上发表论文《全员育人的导师工作对提升教师素养作用的探析》。论文的发表一方面对于当前工作做了及时的总结梳理，另一方面也更好地宣传了北京市第一五六中学推行的全员育人导师制(论文分别见附录七和附录八)。

(四)精彩案例，温暖师生

当导师工作开展到两年多的时候，导师办特向全体导师征集导师案例，由北京市西城区教科院评选出20多篇优秀案例，在北京市第一五六中学第十五届教育、教学年会上进行分享并刊登在年会会刊上。导师们真实而生动地记录了与学生相处过程中的点点滴滴，大家一致认为导师制为师生交流、师生共进搭建了良好的平台。通过与学生的沟通交流，导师们获得了学生的信任，帮助学生做好了心理疏导、生涯规划等工作，让学生增强了信心、健康成长。

2020年7月和2021年7月，导师办分别对当年毕业的初三年级和高三年级学生开展了“我与导师的故事”征文活动，两年来在四个年级中共选出100余篇优秀故事编辑成册。在同学们眼中，导师们严肃而又温和、博学而又勤勉。在与导师朝夕相处的过程中，学生们已然将导师视为自己的知心朋友。导师对导生在思想、生活、学习、心理以及人生规划上的影响和帮助将使学生终身获益。

(五)全员带导，收获成长

学校有教师资格证的教师均参与了导师工作，其中有任课教师，也有承担职员工作的教师。全体教职工参与导师专项培训，开展专项学习活动，不仅真正实现了教师全员育人，还从更多角度激励、督促了教师的进步与成长。导师工作激励教师提升了主体意识，提升了教书育人理念，实现了从“教”到“育”的转变。它使广大教师认识到“职业教师”与“人师”的差异，从内心深处唤醒“导师要终身学习”的内在自觉。全体导师把学习视为教师责任、生活方式和精神追求。导师工作提升了教师的综合能力，丰富了教师指导学生的心理学知识和理论工具，帮助教师建立生涯规划教育体系，增强了沟通能力。全员带导的形式也得到了学生的全面肯定。

(六)家校共育，和谐稳定

导师不仅帮助学生解决了很多实际问题，而且还是家校合作共育的一座桥梁。它成为学生家长了解学校的又一扇窗，让更多的家长了解了学校的特色、认可了学校的教育管理水平。导师工作的优势不仅体现在日常带导学生的工作中，更在关键时刻发挥了关键作用。疫情期间，每位导师对学生均进行了线上家访，为学生注入信心，为家长抚平焦虑，及时缓解了学生和家长的压力，为学生安稳居家学习、生活提供了助力。

学生和家长对于导师制均给予了高度评价。学生认为：导师认真负责，自己能够在需要帮助的时候随时找到导师，导师既可以在学科学习上给予自己很大帮助，又能在选科、生涯规划等方面给予自己精准指导，更重要的是导师的优秀品质、良好习惯、勤奋刻苦以及仁爱敬业等精神对学生产生了积极的影响。学生表示应该以老师为榜样，学习老师、超越老师。在调研中，家长是这么评价学校导师制的：导师制的实施对于孩子的学业和做人都起到正向的引导作用，能从全方位指导孩子和家长确定目标并围绕目标不断努力，精准高效，意义非凡。

（七）辐射引领，继往开来

北京市第一五六中学是西城区一所具有优良传统的特色学校，每年都有很多教育同行来学校挂职学习，学校也乐于与这些教育同行积极分享导师制的成果与经验。迄今为止，学校共向新疆维吾尔自治区、河北省秦皇岛市、河北省张北县、河北省阜平县、江苏省苏州市等地的 9 所学校的领导和教师介绍过全员育人中学导师制，此外，还辅助河北省阜平县阜平镇学区中心校龙泉关学校开展了他们学校的导师工作。

学校渐进式的导师培训，不仅提升了导师指导的水平和能力，而且逐步增强了导师指导学生的信心，让导师工作变得更加有序、科学和系统；立体化的导师培训，使得不同岗位的导师群体都有所成长，学校会进一步培养导师工作的骨干，以点带面地发挥其示范引领的作用。

六、全员育人导师制的提升策略

在开展导师制工作过程中，北京市第一五六中学始终将导师素质发展作为重要任务，并努力做好相关的培训与指导工作。为提高导师的理论水平和实践指导能力，导师办根据工作进展科学地制定了立体化培训课程，面向全体导师开设校本、校际以及外派学习等各类培训，培训效果显著，全面提升了导师的综合素养，极好地助力了导师工作的推进。

导师培训的基本思路分为三个阶段：第一阶段，校本培训专项指导，不仅从思想意识上让全体教师认识到导师工作的重要性，而且要为教师提供一些基本的工作方法，为导师工作的开展做好准备；第二阶段，当导师工作开展一段时间后，导师们积累了一定经验、产生了一些感想，再邀请外校专家进行经验交流，以此触发导师们新的思考；第三阶段，对导师进行更高层次的理论和技术培训，促进导师工作与时俱进地发展。这样一种渐进式、立体式的导师培训，目的在于引导教师进入导师角色，在熟悉的过程中，消化自己所学的相关知识，化解心中的疑惑，最终从内心深处接受导师制，逐步达到理论与实践相统一的工作目标。我们从校本培训、外请培训、外出培训三个层面实践了导师培训工作。

(一)校本培训

跨年级指导的全员导师制要求导师“全员育人、全程育人、全方位育人”，需要导师与学生深入接触，由于时代的发展和学生情况的不断变化，导师们原有的教育学、心理学知识就显得相对单一，因此需要学习新的理论，掌握新的工具。此外，面对的学生群体跨度变大，导师们原有的工作经验就显得不足了。因此，导师办的首要工作是让导师们意识到教育改革形势的紧迫，感受到导师制的必要性。为此导师办举办了专门的校本培训来讲解实施导师制的必要性以及学校导师制的特点及实施流程。

首先，解读中高考改革政策，帮助导师们了解了当前的教育形势、意识到当下教育所面临的新挑战，由此，全体导师从思想上重视起来，明白改革势在必行、选考迫在眉睫；其次，讲解导师制的起源及重要意义，让大家明白教育的最终目标绝不仅仅是教授学生知识，而是作为学生成长进步的“引路人”，要引导学生“成人”，帮助学生在学习、生活中剖析、认清、改变、提升并最终完善自我；然后，解析学校导师制的内容和创新点，强调全员育人和跨年级指导的必要性及意义，及时进行导师工作阶段报告。在推进工作的过程中，导师办重视收集并整理日常工作中出现的问题，同时对学生、家长进行调研，了解导师工作的基本状况，召开导师研讨会，发现导师工作中一些好的做法和不足，经过充分准备，将这些情况向全体导师进行反馈，同时推介相应的改进措施。

经过通识型校本培训，导师们明白了“教育的发展在于改革，教育的改革在于创新，教育的创新在于学习”，学校教育需要创新，教师需要不断学习，只有这样教师才能更好地自我提高、培养学生、发展学校和奉献社会。

(二)外请培训

向优秀同行学习是北京市第一五六中学推进导师工作的有力保证。某些中学的相关工作既有特色也有效果，为了少走弯路、提高效率，学校特地邀请兄弟学校的专家介绍经验和方法，开设了《新高考背景下如何进行选科指导》《生涯教育活动的具体设计与实施》《管理学生的心理学智慧》等系列讲座。通过培训，导师们了解了选科需要综合考虑学生的兴趣志向、能力基础以及大学专业的要求等诸多因素，掌握了初高中学生基本的心理特征以及特有问题，丰富了与学生沟通的途径与方式。导师们觉得导师工作顺畅了许多，可以有条不紊地应对那些除“教学以及班主任工作”之外的新问题。

为了进一步提升导师的理论水平，学校于 2019 年 8 月专门为全体教师开设了“不忘教育初心　牢记育人使命——导师专题培训”，邀请高考填报志愿专家为全体教师解读了有关北京市 2019 年高考报考政策，并介绍了部分北京市属高校的情况，帮助导师从更高站位、更全方位地去了解并掌握当前的高考政策，对于导师们更有针对性地指导学生结合自身特长，确定专业发展方向和了解、选择高校具有重要意义。同时，导师办邀请首都师范大学就业指导中心主任刘锐副教授来校开设题为“生涯发展教育与职业认知”的培训，带领导师们对生涯发展教育基本认知、中学生生涯发展教育、职业世界认知三个方面进行了学习，使导师们系统了解了生涯规划理论、加强了全程规划的生涯规划理念、掌握了科学的生涯规划工具。

外请培训开阔了导师们的视野，引发了导师们的思考，导师们从中受益匪浅，对于进一步深入实施导师制具有重要意义。

(三)外出培训

北京市第一五六中学一贯重视对骨干导师的培养，希望通过参加专业培训促进骨干导师快速成长，使他们学成之后在教研组、年级组乃至全校发挥辐射引领作用。

2018年8月，学校选派高一、初一年级组长、心理教师以及导师办主任参加中国教育学会在山东省泰安市举办的生涯规划培训。2019年6月高考结束后，学校又选派高三年级主任、学校德育主任、导师办主任、物理、史地教研组组长前往上海曹杨二中、上海外国语大学附属中学等学校考察，学习借鉴上海一些中学关于选考指导、生涯规划培训和综合素质评价等方面的经验。通过外出培训考察，导师们汲取了其他学校的宝贵经验，对生涯教育的专业知识加深了认识和理解，为教育管理学生开阔了视野，拓展了思路。

为了促进学校生涯教育长远发展，导师办还有计划地定期选派骨干教师参加北京市人力资源和社会保障部举办的"青少年职业发展辅导教师"资格认证培训。培训前，导师办对选派教师进行动员，提出培训要求，并布置了相关作业，要求每位教师完成一份生涯规划，并在学习基础上设计一个关于生涯指导的班会设计、年级会设计或生涯课程单元设计(部分作业见附录六)。培训完成后，导师办会按期检查教师培训作业完成情况，同时跟踪考察取证教师在指导班主任、年级组长以及任课教师导师工作中是否能发挥作用。截至2022年7月，学校已组织三批骨干教师参加专业取证培训。我们希望经过几年努力，取证教师能够覆盖所有的教研组、年级组甚至每个班级。这些学有所成的取证教师引领并推动了学校的导师工作更加有声有色地向前发展。

(四)总结交流

为了及时调整、改进导师制实施过程中的一些措施，学校导师办定期进行工作总结。在2019年2月第十四届教育、教学年会上，导师办面向全体教师就学校导师工作的整体情况、已经取得的成果经验、导师们较好的工作方法、存在的问题和改进措施以及后期安排做了综合报告，让导师们进一步清楚学校导师工作的进展情况。

此外，学校还鼓励每位导师在工作中结合自身优势形成工作特色。例如：学校办公室主任陈老师曾是一名物理实验员，但是在指导学生的过程中，陈老师能够根据自己在工作中积累的有关就业形势和政策等方面的知识，以及作为家长陪伴孩子进行志愿填报和职业选择方面的经验，对学生开展生涯规划指导，受到了学生的欢迎和家长的充分肯定。对于从未指导或指导学生数较少的教师，导师办也会帮助他们查找原因，促使其对工作进行积极调整。

伴随导师制工作的开展，我校学生、家长、教师在观念和行动上有了很大转变。导师制增进了家长对学校的了解，使他们更加认可和支持学校的工作；很多学生受益于导师对自己学习、生活的帮助指导，并被导师的仁爱、敬业等优秀品质所感染，自发地以导师为榜样，积极主动地开展学习；导师工作还唤醒了教师发展的内在自觉，激发了他们学习提升的愿望，并促使他们通过参与工作实践提升了教育自信和综合素养。

导师工作促使学校教师认识到“职业教师”与“人师”的差异，从内心深处唤醒导师要保持终身学习的内在自觉。广大教师均认识到要把学习作为一种教师责任、一种生活方式、一种精神追求，做学生终身学习的表率，真正实现了从“教”到“育”的转变。为此，在导师工作的过程中，学校向全体导师提出了四条学习建议：

第一，向书本学习。书籍是人类智慧的结晶，是我们了解过去、理解现在、洞察未来的阶梯。自开展导师工作以来，学校先后为导师配备了《导师在左　合作在右》《透视孩子的心理世界》《生涯教育的逻辑》《果壳帮你选专业》等相关书籍，这些书进一步激发了教师的思想活力，启发教师思考。

第二，向专家学习。术业有专攻，任何领域都有自己的行家里手，只有主动请教专家、多听取专家的意见和建议，才能从更高的立足点和更广阔的视角去审视导师制，基于“听内行话，做内行事”的理念，我们邀请外校专家讲授相关理论知识、分享相关工作经验。听了专家讲座，导师们很受启发。

第三，向他人学习。在导师工作的实施过程中，除了一些共有的指导方式外，导师们还有一些个性化的指导方法，导师之间可以相互借鉴，以便更好地开展导师工作。

第四，向经验学习。实践出真知，实践育人才。要坚持知行合一，注重在实践中学真知、悟真谛，加强磨炼、增长本领。导师们在导师工作过程中积极总结，提炼工作精髓，反思不足之处，并在后期工作中加以改进。

学校渐进式的导师培训帮助导师们逐步树立指导学生的信心，使导师工作更加有序、科学和系统；立体化的导师培训使得各位导师都有所成长，在保证全体导师都能顺利开展导师工作的基础上，使得骨干导师的指导工作更加精进，进而发挥更广泛的示范及引领作用。

七、全员育人导师制的鲜明特色

自2017年11月首次实施，截至2022年7月，北京市第一五六中学先后在10个年级实施导师制，受导学生累计1751人。导师工作不仅改变了学生对教师形象的认识，也使各位导师得到了学生的肯定，而且增进了家长对学校的了解，获得了家长的好评。近年来，学校教育成果丰硕、教学成绩显著，与学校实施导师制息息相关，现将导师制特色介绍如下：

(一)一个核心

我校导师制以“相互关爱、学会感恩”为核心理念。在朝夕相处中，导师的一言一行都能体现教师对学生的关爱，学生的成长进步则是对导师关爱最好的回馈，师生之间彼此深厚的感情则是促进师生共同发展的助推剂；在时刻陪伴中，导师的言传身教，将潜移默化地影响学生，使学生常怀感恩之心，感恩于父母的养育、感恩于学校的教育、感恩于国家的培养，将社会的恩泽牢记于心，懂得现在的幸福生活来之不易，从而努力学习，不断增加自己的学识，尽自己最大努力德业双修，将来成为对国家有用的人。这种“爱满校园、恩泽人间”的文化意识将引发师生最深层次的文化认同，并成为师生团结之根、学校发展之魂。

(二)五大创新

北京市第一五六中学导师制具有五大创新，简而言之可概括为：“一并”“二全”“三跨”“四双”“五规”，下面逐一介绍：

1.“一并”是指班主任和导师制双轨并行

随着走班教学的推进，传统行政班的作用不仅不能淡化，而且要进一步加强。班主任主抓班级建设，要强化学生的集体意识，强化其归属感，要努力创设“班班精彩、人人进步”的班级氛围，提升学生的班级归属感和幸福感。

导师则侧重于学生的个性化指导，导师通过全面了解学生的兴趣、爱好、能力、基础以及未来志向，并通过与学生及时沟通交流来提高学生的自我认知能力，进而对学生的选学选考、就业方向、生涯规划提出指导建议，最终促进学生可持续性地发展。

此外，班主任和导师需加强合作，班主任需积极协调导师、学生、家长和学校之间的关系，保持交流通畅，导师则要积极配合班主任一起开展学生的思想教育工作。对于学生的评优、奖励、处分及期末综合评定，导师可给出参考意见。

2.“二全”指面向全体学生的全员导师制

根据学校的导师制实施方案，凡具有教师资格证的教师，不论是任课教师还是领导、职员，都可以成为导师的备选人，全体学生可以根据自己的需求在网上挑选自己心仪的导师，因此我们称之为“全员导师制”，导师一旦选定无特殊情况三年不变。

全员导师制意义深远。首先，扩大了传统意义上的导师队伍，既最大限度地增加了社会、家长了解学校的窗口，又丰富了导师资源、增强导师的个性化特征。如：2020 届毕业生叶静颐同学选择办公室陈老师为导师，陈老师根据自己近几年在招聘教师工作方面积累的经验以及作为高三学生家长在培养、陪伴孩子方面的感悟，对导生进行了针对性很强的生涯规划指导，既受到学生欢迎，也得到了家长的充分肯定。2021 届毕业生魏程骏和王晨晗同学选择从事信息技术工作的冉老师做导师，冉老师根据自己的专业特长，收集整理学生历次考试成绩并进行专业数据处理与分析，在学生选考过程中发挥了至关重要的作用。

其次，全员导师制有利于集中全体教师力量群策群力。学校现有导师 134 人，占全体教职员工的 92.5%。全校绝大部分教师都会参与导师工作，这有助于调动全体教师的积极性来探索这一新的教育模式。一方面，导师可以根据自身个性特征对学生进行指导；另一方面，面对可能出现的问题与各种困难，导师们可以集思广益、相互借鉴、彼此启发，为导师工作建言献策。《导师工作手册》《学生成长记录》等的研制、高效指导方式的总结等工作都得益于全员导师制。

3.“三跨”指跨年级指导

跨年级指导，即学生选择的导师不仅仅局限于自己的班主任及本年级的任课教师，也可以在全校范围内进行选择。换句话说，每位导师不仅要指导自己任教年级的学生，而且还要进行跨年级甚至跨学段指导。

跨年级带导有利于导师熟悉不同学段的学生特征，对于导师工作经验的积累、反思、传承和创新具有积极意义，有利于导师形成系统化、全过程的育人理念，最终有利于从学生长远发展的角度出发对学生进行系统的指导。

导师办没有限定学生导师必须由班级任课教师或年级任课教师担任，原因如下：

第一，为了避免同一年级的学生人数过多，导致导师短时间内工作量骤增，从而影响正常的教育、教学质量；同时，导师负担过重也容易使导师指导流于形式。

第二，正常情况下，教师工作调动以及离职离任的情况年年都有，一旦导师调离这个年级，就必须为他的导生配备新的导师，这种变动必将影响带导质量和效果，而跨年级指导则可以在学校范围内最小限度地降低这种影响。近几年的实践证明，教师退休以及调离之后确实需要进行导师调整，如果不是跨年级指导，那么调整的频率和范围都会非常大，不仅会给导师工作带来困难，而且会影响指导效果。

第三，当导师工作全面铺开以后，每个导师指导的学生将分布于不同年级，这就有利于导师对同一学段出现的问题进行归纳总结和进一步反思，一方面可以增强导师对一些共同问题的前瞻性预判；另一方面对于上个年级出现的问题可以在下一个年级及时调整。这种模式，使得导师在指导学生方面越来越有经验，从而促进导师自身的可持续发展。

第四，跨年级指导全面实施后，一位导师的学生可能涵盖不同的年级，低年级的学生能在与学长交流的过程中汲取学长的经验和方法，高年级的学长则通过帮助低年级学弟和学妹解决学习、生活上的问题来培养自己独立解决问题、帮助同学的能力和品质。在导师的组织协调下，不同年级的学生在新集体中平等交流和互相帮助，共同面对各种学习、生活以及情感上的问题，在学会如何和别人相处的同时实现共同成长，因此这种跨年级指导模式自然形成了学长制。

学校限定导师指导同一年级学生不超过 3 人，这样才能做到个性化指导，育人为先。

4.“四双”指集中指导与个性辅导相结合的双导模式

学校倡导集中指导和个别指导相结合：集中指导时谈共性问题，比如考试前后如何备考、有效答卷，如何进行考试反思总结及调整，如何结合自己的兴趣、能力及志向进行科学合理的选学、选考，如何合理安排假期等；个别指导时可以与学生进行更加深入与个性化的交流，或者是谈某些涉及隐私的问题，比如家庭情况、个人喜好、学习成绩、同伴交往，等等。

学校采取集中指导的长远意义在于：第一，集中指导意在为孩子们营造一种氛围，在这个小集体里大家可以相互学习、相互合作、相互促进，最终获得共同成长。实践中，有的导师将学生聚集在一起进行质量分析，学生对于考试的情景会产生共情，他们相互交流考试内容、考试当时遇到的困难、解决困难的策略、整个过程的心理状态以及以后遇到这种情况的解决措施等内容。学生之间的交流往往会更直接、效果会更好。如果同时指导的学生基础能力相当，导师可以积极引导他们相互之间展开良性竞争，以取得更大进步；如果同时指导的学生能力、水平有差异，则可以促使"先进"带动"后进"，实现同伴间的相互帮助。第二，集中指导成为我们前面提到的"学长制"的基础。

5."五规"指导师要完成一系列的规定工作

导师办会根据年级工作重点和学生发展规律制定导师工作建议，导师结合实际再增加个性化的指导内容。同时将生涯规划引入导师工作中，导师引导学生制定自己的学业规划和职业规划，根据学生兴趣特长、学业水平、专业目标和生涯发展意向，导师对初中或高中三年的课程修习计划提出较为科学合理的建议，对学生职业规划产生积极的影响。

(三)六项策略

1. 成立机构，科学统筹

(1)对教师进行充分的思想动员。早在 2014 年浙江省、上海市实施新高考之前，北京市第一五六中学的校领导就意识到现行大班教育模式难以满足学生个性化发展需求，教育改革势在必行，学校需要积极探索创新育人方式。学校领导先后多次面向全校教职工宣讲教育改革的政策方针、学校教育面临的困境和学校教师面临的挑战，通过广泛动员、积极宣传，全体教师统一了思想，提高了认识，意识到教育改革的紧迫性和必要性。

(2)学校成立专门负责机构。学校于 2015 年成立导师工作办公室，简称导师办。本着"以事择人、人岗相适"的原则，在全校优秀教师中选聘导师办主任一名，专门负责导师制的筹备工作。学校成立专门的导师工作办公室，充分体现了学校对于导师工作的重视，专门机构能够从学校视角全面统筹导师工作，明确主体责任，提高导师工作的推进效率。

(3)导师办牵头做好前期准备。相关人员通过阅读文献了解导师制的历史渊源，通过外出考察了解中学导师制的基本实施情况，结合学校自身条件讨论研究并制定了《北京市第一五六中学导师制试行方案》，同时制定《学生成长记录》《导师工作手册》草表，开展了相关网络资源库建设，为开启导师工作做好充足准备。

2. 逐级推广，稳步推进

导师制成功启动的关键是按照逐年级推广的策略实施，而不是在全校各年级同时展开。学校采取边实施、边总结、边改进、边推广的办法，在前一个年级实施过程中积极发现问题，反思后在下一个年级的实施中不断改进，在改进中不断创新，这就是逐年级推广的要义所在。

北京市第一五六中学导师制具体的实施步骤如下：2017 年 11 月，首先在 2015 级初三年级试点导师制，试行一段时间后通过导师座谈、学生问卷调查充分了解了导师制存在的问题，并进行适当调整，然后在 2017 级高一、2016 级初二年级陆续开展导师制工作，直至导师工作在各个年级全面铺开。这种"摸着石头过河"的工作思路是确保学校导师工作有效推进的重要保障。

3. 调查研究，及时调整

调查研究是推进导师工作的重要保障。在导师制的探索过程中，我们在不同阶段，针对不同群体积极开展调查研究。定期开展问卷调查和师生座谈，以帮助学校了解导师工作中好的经验与存在的问题，进一步深入了解同学们的需求，有利于学校在后续工作中积极调整，从而使导师工作针对性更强、效果更佳。

4. 立体培训，提升素养

为提高导师的理论水平和实践指导能力，导师办根据工作进展建立了渐进式、立体式的导师培训体系，一方面聘请专家为全体导师开设选课指导、生涯规划以及心理沟通等专题讲座，从整体上提升导师理论水平和工作能力；另一方面选派骨干导师参加生涯规划等导师专业培训，鼓励参训教师积极、科学地开展生涯规划教育，引导他们发挥示范辐射作用，希望他们作为"种子教师"影响、带动、指导其他导师开展生涯规划教育。

5. 以研促教，教研相长

科研兴校。学校坚持科研带教研，将课题研究作为教师培养的重要内容。导师制实施伊始，学校导师办便申请了中国教育学会十三五教育科研规划课题《基于中高考改革的学校"导师制"的实践研究》，以课题为引领，带动全体教师从不同角度去观察思考导师工作。这种"边实施、边探索、边研究、边转化"的研究方法正好与导师制逐年级推广的策略保持一致。

导师制课题的主要研究人员覆盖学校所有的年级主管领导、教研组及教学部门，通过系统化、科学化地探索研究，我们将导师制的点点滴滴用教育理论串联起来，实践探索的成果也逐渐丰硕起来，最终形成系列化研究成果，并从中提炼出"一并""二全""三跨""四双""五规"的北京市第一五六中学导师制特色。

6. 闭环推进，全面保障

闭环管理是我校的管理特色，工作有布置就有相应的督促和检查，重在具体落实。在导师制的推进过程中，闭环管理同样发挥了重要的作用。《导师制实施方案》明确了导师工作的实施办法，导师办每学期制定导师工作规划，定期推动导师的带导活动，各年级主管主任配合落实。导师办定期开展导师、学生、家长调研，了解导师工作实施情况及其效果，每学期期末检查《导师工作手册》的记录情况并及时给予反馈。对带导工作突出的导师，学校组织经验交流并给予奖励，对存在问题的导师会及时提醒其改进。闭环管理有效地推动了导师工作，也逐步提升了导师们工作的积极性和主动性。

学校在经费方面为导师工作提供了有力的保障。学校设置了导师津贴，按照导师带导人数按月发放。发放标准为每个学生每月 50 元，一年发放 10 个月(2 月、8 月除外)。导师津贴的设置，是对导师工作的一种正向激励，学校鼓励导师用心带导学生，有口碑的导师会得到更多学生的追随，津贴也会随之提升。

学校 2019 年申请了北京市西城区教委为期三年的教育、教学创新发展项目，同步保证了学校导师队伍建设所需经费以及开展导师工作的其他物资需求。

综上所述，自 2017 年开展导师制以来，北京市第一五六中学在实践中不断改进、调整，逐渐总结、提炼出“一个核心”“五项创新”“六大策略”的特色中学导师制，为学校的教育、教学和学生的个性化培养发挥了重要的促进作用，受到了广大师生的一致好评。

第四章
春风化雨润花开

一、人人皆可为导师

近年来，伴随着基础教育理念革新，国家不断推进新中考、新高考的综合改革，大力倡导“育人为本”“增加学生的选择性”的教育理念。那么，如何在已有的软硬件配套设施上，合理优化资源，实现对学生的个性化教育和指导，促进学生全面而有个性的发展，已成为当前各中小学的共同管理诉求。自2014年以来经不断调整改进，北京市第一五六中学面对时代诉求和学生发展的需要，结合学校实际积极进行探索，建立起“人人皆可为导师”的导师工作机制，形成了自身的特色，也取得了一定的成效，践行了学校“教育要以人为本，要充分尊重学生个性，促使学生个体得到最适合自身特点的全面发展，最终使学生成己成人，成为社会主义合格的建设者和接班人”这一理念。作为校长，同时也作为一名导师，我参与了导师工作，并提高了对“全面育人”教育理论的认识。

【育人故事】

精心准备初见面　相谈甚欢获信任

我的第一个导生是马嘉沂。我们的第一次见面双方都非常愉快。为了见这位小朋友，也为了让他放松，获得他的信任，我做足了功课。初次见面，我们的谈话并没有过多涉及学习，我只是与他聊了一些他喜欢的话题，在与他聊天的过程中，我发现孩子非常喜欢人文历史，这和我的意趣十分相投，平时我也读了一些这方面的书，因此，我们相谈甚欢。我们在分享彼此喜欢的文学作品时，他的眼里明显流露出兴奋的神情，也就是在这短短的20分钟里，我知道自己已经彻底“俘虏”了这个大男孩，获得了他的喜爱和信任。

小小建议不轻视　激发潜力有惊喜

“每天跟数学老师说一句话。”这是我给马嘉沂的一个小建议。与孩子熟悉以后，我发现他在学习上整体底子不错，只有数学成绩尚不理想。我在私底下琢磨了很久，觉得孩子自身非常聪明，是有能力学好数学的，之所以偏科大概与他的喜好有关。

思来想去，在一次交流中，我给了他一个小建议——“每天跟数学老师说一句话”。我想，“如果他能每天跟数学老师交流，即便聊的不是数学也没关系。因为与数学知识不相关的话总有说完的一天，与数学老师交流多了，彼此熟悉了，距离拉近了，话题早晚能聊到学习上去!”

就这样过了半学期。突然有一天，马嘉沂跑来告诉我，他的数学及格了。他一脸兴奋，我不由得为他点赞。从此，他的数学成绩一路走高。

从这件事，我们可以发现，自尊心和自信心是人的精神支柱，是成功的先决条件。因此，每一个教师都需要注意发现孩子的闪光点，并耐心去培养，使之不断发扬光大。如果孩子有了缺点，要耐心帮助其分析原因，鼓励他们克服和纠正，如果始终给他传递一种良性暗示，那么他就会不断向好，并终将出现转机，逐渐变得更加出色。赞美和鼓励是引发一个人体内潜能的最佳方法。果不其然，三年后的高考，他真的给了我一个大大的惊喜——以优异的成绩考取了自己理想的学校。

扬起梦想之风帆　点燃奋斗之激情

多年来，作为一所普通中学的校长，我送别过很多届的孩子。我深切地感受到，有很大一部分孩子对自己的兴趣和爱好没有清晰的认识，最终就读大学以后，选择的专业不是自己喜爱和兴趣所在，也只能留下遗憾。从教育心理学的角度来说，兴趣是一个人倾向于认识、研究获得某种知识的心理特征，是可以推动人们求知的一种内在力量。学生对某一学科有兴趣，就会持续地专心致志地钻研它，从而促进有效学习。俄国文学泰斗托尔泰斯也说过：“成功的教学所需要的不是强制，而是激发学生的兴趣。”可见兴趣在人生中能起到重要作用。导师工作，除了学习，也需对学生的思想、心理、生活进行全方面德育。在与马嘉沂长期的接触和多次的交谈中，我也会下意识地聊到这个话题。长期相处下来，我发现他对历史尤为喜爱，有很深厚的历史功底，于是有一次交流的时候我就引导性地问他：“你是学美术的，又那么喜欢历史，有没有想过将来将两者结合起来发展一下?”这次聊完以后，过了不久，马嘉沂非常兴奋地跑到我的办公室，激动地告诉我，他想到他以后要读什么专业了，他要报考“中央美院的美术史专业”。那时候，我看到孩子眼里有被梦想点燃激情的火花。

自从有了这个目标，孩子在学习上变得越来越自律，越来越勤奋，数学成绩也一路走高，最终高考的时候他的数学考了 120 多分，以我校年级第 12 名的好成绩，考上了中央美术学院的美术史专业。有梦想就有希望，有信心就有力量，孩子最终获得了成功，作为他的导师，我由衷地为他感到高兴。而作为教育工作者，如何引领并激发学生找到自己的兴趣所在，从而激发其学习上的兴趣，使其能积极主动、心情愉悦地去进行学习，成了我等广大教育工作者需要不断探索的课题。

【导师心得】

润物细无声　人人皆可为导师

作为一名导师，在陪伴学生成长和学习的过程中，我也收获了很多。教育学中有一种兴趣理论，叫作“皮格马利翁效应”，也译作“毕马龙效应”“比马龙效应”，是由美国著名心理学家罗森塔尔和雅各布森在小学教学上予以验证提出的，亦称“罗森塔尔效应”或“期待效应”。在本案例当中当我与孩子交流时，我发现孩子喜欢历史和文学，便尝试借着这项我们共同的爱好，拉近彼此的距离，然后在不断的交流中潜移默化地影响他，从而使他将兴趣转化为内驱力，不断提高自己。暗示，在本质上，是人的情感和观念，会不同程度地受到别人下意识的影响。人们会不自觉地接受自己喜欢、钦佩、信任和崇拜的人的影响和暗示。而这种暗示，正是让孩子梦想成真的基石之一……

“皮格马利翁效应”留给我们这样一个启示：赞美、信任和期待具有一种能量，它能改变人的行为，当一个人获得另一个人的信任、赞美时，他便能感觉自己获得了社会的支持，从而增强自我价值意识，变得自信、自尊，获得一种积极向上的动力，并尽力去实现对方的期待，以避免令对方失望，从而维持这种社会支持的连续性。正是利用这种“期待效应”，孩子获得了成功。

孩子的成功就是教师的成功，回顾这段导师时光，我切身感受到“导师制”的教育优势。杜甫诗云：“好雨知时节，当春乃发生。随风潜入夜，润物细无声。”春天，万物固然要萌发，但也需要雨露适时地滋养，而“知时”的春雨便会随着春风悄悄洒向人间。我们的教育又何尝不是如此？如果每一个学生在需要人生指引的时候，教师都能够及时地出现，恰当地帮助他们，引导他们，让他们能及时地感受到教师的关心和指引；如果每一位教师成为学生的导师的时候，能够在细微的小事中发现孩子的潜力，激发和引导孩子自身发展，相信每一个孩子都能展现出不一样的精彩……我们的教育会更美好，孩子的明天会更美好。而“全员育人导师制”的实施让这一切成为可能。

教育本身意味着“一棵树摇动另一棵树，一朵云推动另一朵云，一个灵魂唤醒另一个灵魂”。英国教育家、哲学家和数学家怀特海先生在《教育的目的》一书中，旗帜鲜明地指出，“教育的目的就是激发和引导学生自我发展”。“人人皆可为导师”思想作为推进“个性化、亲情化”德育工作的一个有效载体，遵循的是“以人为本、因人而异，尊重个性、面向全体”的原则，强调的是“个性化、亲情化，渐进性、实效性”的教育模式。它着眼于学生的整体成长发展，关注于学生的精神生活质量与个性化学习需求，进而让每一位学生都得到全面、和谐、可持续的发展。

北京市第一五六中学“人人皆可为导师”作为一种教育模式，要真正发挥作用，教师必须完成自身从导“学”走向导“育”的转变，导师不仅关心学生的学习成绩，更要关心学生的理想信念、思想品德、心理状态、生活等，在细微之处，全面关心他们的成长。我相信全校教师都能成为真正的“学生成长导师”。

北京市第一五六中学校长　王勇毅

二、架起沟通的桥梁

北京市第一五六中学在深化教育改革中，实施了具有学校校本特色的跨年级指导的全员育人导师制。作为学校的党总支书记，我也和其他教师一样承担了导师工作。按照学校要求，学生可以在网上选择导师，我现有初二、初三、高二、高三每年级各一名导生。按照学校导师制的规定，我与学生家长建立了联系。我首先通过家长了解学生平时在家的情况、通过班主任及任课教师了解学生在校学习及思想的情况。随后，我便定期且有针对性地对学生进行全方位的指导。

【育人故事】

电话铃声响起

2021 年 5 月 6 日的清晨，我带导的高一年级小赵同学的父亲突然打来电话，他声音急促，情绪焦虑地向我讲了一个紧急情况。听了他的话，我的心一下子提到了嗓子眼儿。我得知，刚才孩子在骑车上学的路上和父亲发生了矛盾，一时话不投机便撇下父亲，不管不顾地加速蹬车，很快消失在父亲的视线中。父亲担心孩子的安全，不知道他是否到校，所以才打电话向我了解情况。我安抚了家长的情绪，放下电话后立刻向班主任询问情况，了解到孩子已经平安到校，便立刻将情况告知小赵父亲。小赵父亲长长地舒了一口气，才将发生矛盾的原因告诉我。

做真诚的倾听者

由于孩子上学和父亲上班恰好同路，因此父子两个人每天早晨都一起骑车走这段路，并且路上两个人还能一起聊聊天，父子关系一直以来都比较融洽。

但是最近因为手机使用问题父子二人产生了矛盾。小赵的父亲为了控制孩子使用手机，就用自己的手机联网设置了孩子的手机使用时间，同时通过自己的手机了解孩子手机浏览过的内容。这种管理办法，实行了一个多月，父子相安无事，小赵也没有提出异议。今天路上两个人聊到了手机使用的问题，小赵父亲却突然提到小赵利用手机看了一些不适宜的内容。小赵立刻辩解："我没有看。"父亲听了脸色大变，说："我已经浏览了你看的内容，你还不承认?"小赵也不甘示弱地辩解："我随便浏览网页，看到标题没什么不妥，就点开了，不看一下，怎么知道里面的内容是什么，是否适合我看?"父亲的气并没有消，严肃地说："这一类的东西点都不要点，就是不能看，不然我就要给你重新设置手机的使用权限了!"孩子负气地说："随便。"父亲余怒未消，一路上不停地指责孩子，孩子也不时反驳，情急之下干脆赌气加快骑行速度，将父亲甩在了身后。父亲担心孩子的安全，叫他骑慢点儿，可孩子却一骑绝尘，消失在了父亲的视线中。小赵父亲电话中还说："张书记，孩子和您不隔心，心里有话也爱和您说，您帮我和孩子交流一下，做做孩子的工作，让他理解我为什么对他用手机这么关注。"

架沟通之桥梁

学生放学后我立即把小赵叫到了办公室，先从最近的学习情况、班级情况聊起，慢慢将话题转到他们父子之间的矛盾。

我说："你父亲非常爱你、关心你，希望手机不影响你学习，盼着你学有进步。你父亲对你要求非常严格但明理，允许你用手机，但不允许用手机打游戏或看一些不健康的内容，你要理解父亲。他就是靠自己的努力一步一步地取得了今天的成绩，事业上也算有所成就。为了不影响你学习，晚上在家里他不看电视，还在灯下看书，就是想从正面影响你，成为你学习的榜样。"

听了我的话，小赵缓缓抬起头，说："我也知道他为我好，但他总以他的成长经历和标准要求我，丝毫没考虑我的感受，把我当成'木偶'，居高临下，不容别人解释。今天早晨，他也不肯听我解释，我实在是受不了，才赌气弃他而去。"

我说："正如你所说，你父亲在教育方面存在一些问题，但你知道今天早晨自己哪儿做得不对吗?"

小赵说："我不应该和父亲赌气，骑车离开他，他叫我也不理他，这是不礼貌的行为。"

我说："你能认识到自己的不对，说明你有自己的思考，有辨别能力。当你早晨骑车快速离开你父亲后，你知道父亲有多着急吗？他马上给我打电话，询问你到校没有，他在为你的安全担心！晚上回家见到父亲后你该怎么办？"小赵说："是我不对，我不该和父亲生气，我应向父亲道歉。"

我微笑着说："这就对了。你要学会和父亲沟通，把自己的想法及时和父亲交流，彼此理解，这种不搭理人、弃人而去的做法是不礼貌的。关于手机的使用，你要明白父亲的用意，他既希望手机能帮助你学习，又怕你迷恋手机游戏，为此影响学业。需要用手机上网查看学习内容时，你父亲肯定会允许的，但千万不能用手机打游戏或做影响学习的事情。"

经过和小赵沟通，他正确地理解了父亲对他的严格要求，认识到了自己的错误。和小赵聊完，我松了一口气，又给小赵的父亲发了短信，"小赵爸爸：经过和孩子沟通，我已了解了在事件的整个过程中孩子的想法。孩子觉得你俩之间沟通太少，你要尊重孩子，要了解孩子的想法，认识到孩子已经长大，有自己的思想了，不能把自己的想法强加给孩子。早晨你的态度太严肃、太急躁、对孩子缺乏尊重，孩子才一时接受不了。现在孩子也认识到了自己的问题。我个人认为，孩子的品行很端正，你不用担心孩子在品德方面出问题。至于学习成绩，影响的因素太多，也不是不看手机成绩就一定能提高的，还需要孩子根据自己的实际情况找到学习规律。我也知道您工作忙，我建议您多和孩子沟通，若面对面交流易冲动控制不住自己的情绪，可以通过手机以短信、微信留言方式进行交流，彼此充分了解，形成共识，减少矛盾。"小赵父亲回复："好的。谢谢张书记。我会按照您的建议加强和孩子的交流。有什么事情我也会及时向您请教。"

父子握手言欢

晚上，我又接到小赵父亲的短信："张书记晚上好，您找小赵谈心很有效果，他回家后承认了自己的错误。我也做了认真反思，以后我会用积极的心态和孩子交流。谢谢张书记！"通过这件事后，小赵父亲和我的交流更多了，我们常常一起讨论孩子的教育问题，他也知道了孩子在逐渐长大，独立意识也在增强，不能把自己的愿望强加给孩子，要尊重孩子、理解孩子，父子间应彼此尊重、平等交流，这样更有利于引导孩子向正确方向发展。此事过后，父子和好如初。

【导师心得】

1.“全员德育”通过学校全员跨年级导师制得到实施

学校教育中，我们经常提到“全员德育”的概念，但在实践中很少有“全员德育”的实施途径。北京市第一五六中学实施的全员跨年级导师制，恰好为“全员德育”提供了实施途径，让每个人(有教师资格证的教职工)都成为学生成长的“导师”，为此，我们进行了实践。从本案例中可以看到这一做法的有效性。作为学校的党总支书记，除了负责日常党建工作外，按照学校要求我也要带导学生，这也从侧面说明我们确实将学校的“全员德育”落实到了实处。

2. 为家长解决家庭矛盾提供服务

学校在没有实施导师制前，家长遇到各种问题只能找班主任，但班主任面对几十名学生且有教学任务，在服务并指导家长教育孩子方面虽然尽心尽力，也很难满足所有家长的个性化需求，而学校实施的导师制恰好弥补了班主任在这方面的不足。导师经常接触学生，对学生的各方面了解深入，又经常接触带导学生的家长，在化解家长和孩子矛盾中所起的桥梁纽带作用很突出。本案例中家长求助导师，就是成功化解父子矛盾，为家长解决家庭矛盾提供服务多了选择性的体现。

3. 个性化家庭教育指导的实践探索

2021 年 10 月 23 日第十三届全国人民代表大会常务委员会第三十一次会议通过了《中华人民共和国家庭教育促进法》，将家庭教育以法的形式确立。其总则中第五条家庭教育应当符合以下要求：“尊重未成年人身心发展规律和个体差异、尊重未成年人人格尊严，保护未成年人隐私权和个人信息，保障未成年人合法权益、遵循家庭教育特点，贯彻科学的家庭教育理念和方法、家庭教育、学校教育、社会教育紧密结合、协调一致、结合实际情况采取灵活多样的措施。”这对家庭教育提出了更高的要求，学校要指导家庭开展科学的教育，而学校的导师制恰好弥补了个性化家庭教育的不足，随时能为个性化家庭教育提供服务，指导家长采取正确的方法。本案例就是个性化指导的实践，在落实《中华人民共和国家庭教育促进法》途径上进行的实践探索。

北京市第一五六中学党总支书记　张万聪

三、点亮心之明媚

记得刚刚在全体教师会上听到学校要建立导师制的消息，我的心里异常激动。作为资深班主任，我认为每个学生都需要由教师专门指引，尤其是心灵的指引。我在教育生涯中的第一篇获奖论文的题目就是《做学生心灵的引路人》。未成年人在激烈的社会竞争的大背景下，在来自父母高期望值的压力下，该怎样走好自己的人生道路？对此，很多孩子都是比较茫然的，他们需要一位人生的导师，在心灵的十字路口给他们以方向性的引导。要开展导师制了，我高兴地对自己说：终于可以有更多的孩子能遇到人生的导师，能得到真正的心灵的指引了！

这几年的导师工作，我接触了不同年级、不同年龄段的孩子，他们共同的特征是特别希望得到来自导师的指导，但是同时又比较茫然，不知道自己哪些方面的需要能得到导师的指导，自身确实有着特别想解决的问题，只不过不知从何入手来解决。在这种情况下，让学生明确自己的问题所在，和学生一起共同探讨行之有效的解决方法，就变得特别重要。所以，导师与学生的互动既能让我们发现学生的优缺点，又可以帮助他们认识自身的优势与不足，并想办法解决这些不足。在整个过程中，心灵的指引尤为重要。

【育人故事】

孩子，让我牵起你的手

“如果我们可以通过自己的努力获得更好的人生，我们为什么要回避它呢？仅仅是因为我们怕累吗？”

“困难就像一颗小石头，如果你躺着，它看起来就像山一样难以逾越；如果你站起来，轻轻一迈，就把它跨过去了。”

小 A 是我初中班里的一个学生，当时我是她的班主任，升到高中选导师时，不出所料，她选择了我做她的导师。初中时我和她的接触并不多，印象中的她，比较聪明，爱画画，有两个特别要好的、成绩远不如她的好朋友。第一次带导，我开门见山地对她提出了学习上更高的要求，告诉她高中期间应当怎样把握自己来提升成绩，因为据我对她初中情况的了解，她虽然聪明，但在学业上确实没有尽全力，我想让她在高中阶段的学习成绩有新的突破。

特别没有想到的是，没过多久，她的高中班主任找到我，向我询问孩子初中的情况，说孩子上高中后情绪出了问题，不适应高中的环境，好几次请假不来上学，甚至还出现了割腕的行为。我既惊诧又痛心，我真是没想到她会出现这种极端的心理问题，我决心帮帮这个孩子。再次见到她时，我小心地探问，孩子开始还说自己挺好的，没有告诉我实情。看来转弯抹角是不行的，于是我直接拉起她的右手，关切地问：“你这几个伤口是怎么回事，到底发生了什么?”她一下子就掉了眼泪，说自己不太适应高中的环境和节奏，觉得不像自己初中的班级那样生活上有舒适自在和平和的感觉，而且学习压力也很大，自己时常学不下去，不想受学习的苦。看到孩子泪如雨下，憔悴不堪，我心疼地告诉她先不要关注自己的成绩了，身心健康和成绩比起来永远是排在第一位的，人生的选择非常多，不是非要走学习这条路。我也告诉了她我儿子当时上高中时也出现了不适应的情况。只要发现孩子情绪异常，大人们首先要做的就是先不提学习，帮助孩子调整好心态再说。我还告诉她每个人人生阶段都会遇到不同的集体和不同的人，我们要学会适应不同的环境，如果我们固守在过去的生活中不能走出来，那成长的意义又在哪里呢？孩子听我这样一说，心情便放松了。她答应我争取天天来上学，不再做割腕的傻事，会尽量去适应新的环境。接下来，我马上联系了孩子的妈妈，问了孩子的具体情况，并希望家长能给孩子宽松的家庭环境，暂时不提学习。

再后来，孩子请假的次数果然少了，家长也放松了对她学习的要求。到了第二学期开学时，孩子又突然因为假期作业没有完成而不来上学了，班主任和年级组长都先后找孩子谈话。后来我再次见到孩子时，她说当时是一种突然产生的情绪，现在情绪很好，没什么问题了，对于学习也不太吃力了，慢慢适应了新的环境。那次谈话，她突然问我：“老师，我可能只是暂时快乐，以后还会陷入沮丧的。”这个时候，我给她讲了高晓松母亲说过的一段话，我说：“孩子，其实有智慧的人说的话真的是能让人豁然开朗的，高晓松的母亲那么有文化，对人面对挫折的表述却如此生动和通俗。她说，‘困难就像一颗小石头，如果你躺着，它看起来就像山一样难以逾越；如果你站起来，轻轻一迈，就把它跨过去了’。我希望你能站起来，这样即使遇到小石头一样的坎，轻轻一迈，就过去了，它便不再看起来像一座山了！”她听了我的话，情绪舒缓了一些，自信地点点头。

看孩子已经基本有了稳定的情绪，我开始对孩子的学习提要求了，我告诉她：其实你初中的两个好朋友也是特别希望上高中的，只是她们没有这样的能力和机会了，你知道她们是多么羡慕你能留在本校读高中吗?！有个孩子都没有拿到录取通知书，可是她作为你的好朋友并没有告诉你这件事，这是她很在意和痛苦的事啊！我开始鼓励她要对自己的学习有一定的要求，她爽快地答应了。

当天晚上，她突然说想和我谈一点事情，原来是班里一个男生脾气特别暴躁，总是和某个男生起冲突。她想帮助同学，问我这个男生的性情有没有可能被改变，她应该怎样做。我和她详细探讨了关于人的性情的问题，告诉了她具体的处理办法。由此，我感觉她越来越信任我了。这是我在做她的班主任而没做她的导师时未曾感受到的。

最近的一次见面，她的脸上多了一抹笑容，她主动告诉我自己已经能够比较顺利地完成学习任务了，已经不再焦虑了。她还突然向我道歉，我很诧异。她说："老师，您还记得初中时，您让我们在一张彩色纸上写下自己中考后的理想学校吗？我当时写的是一所录取分数不高的学校，我看得出来您有点失望，您还鼓励我考本校高中。现在想起来，我确实对自己要求不高，辜负了您的期望。其实一直以来我都知道您希望我能变得更好。"我听了很感动，立刻安慰她："孩子，你根本不用道歉啊，我没把那件事放在心上。只是当时觉得你是个聪明的孩子，很有潜力，不应该把自己的目标定得那么低！"

接下来，孩子又把父亲对她学习管理过于粗暴和严格的苦恼告诉了我，我从自己做父母的角度和我儿子因为迷恋手机而高考失利，不得不放下手机复读，最终取得成功的例子，来引导她建立学习的目标和动力，我说会和她父母去交流这件事，但是只有她自己有了必须要实现的目标后，手机的问题才不再成为问题，我告诉她："如果我们可以通过自己的努力获得更好的人生，我们为什么要回避它呢？仅仅是因为我们怕累吗?"后来孩子点头，表示自己会学会自律，争取全力以赴在高考中取得佳绩。

当天下午我和小 A 的妈妈取得了联系，告诉家长孩子的困惑，希望她能做做孩子父亲的工作，以孩子能接纳的方式来管理孩子的学习，家长也欣然接受了我的建议。

最让我感动的是，有一天，这个女孩悄悄地告诉我："我想上师范院校，因为我想成为像您这样的老师，帮助更多的像曾经的我一样的孩子。"那一刻，幸福的甜蜜感瞬间席卷了我，这是一个教师最大的财富。我想，正是我们学校教师的行为对孩子产生了积极的影响，才让她有了这个愿望。

带导的整个过程是我宝贵的人生财富。当我走进小 A 的内心，我发现，我牵起她的手，带着她前行时，我们的心已经贴得很近，很近。

【导师心得】

和带导学生接触的过程，就是越来越深入地走入孩子内心的过程。即使很多孩子所处的环境已经不是独生子女的成长环境，但是家庭还是基本按照教养独生子女的方式来教养孩子。孩子心灵的成长还需要多方面的指引。人的行为是受人的思想控制的，我们如果能改变一个孩子的心灵和思想，就能从根本上改变一个孩子的行为。

最后，我想用这样的话来表达自己对导师工作的诠释：

携子之手，同赴梦想之约。在心灵成长的道路上，是教师的爱和引导点亮了学生的心之明媚！

刘爱京

四、孩子，我要帮你找回自信

我时常认为对于那些家长眼里的好孩子，同学心目中的佼佼者来说，他们勤奋自律，他们乐观向上，他们的世界必定很绚丽。但是在成为H的导师之后，我发现情况与我的原有认知出入甚大。学习成绩优秀的学生，其心理承受能力、自我调控能力往往会更欠缺、更脆弱。对于这类学生如果不能因势利导，及时排除他们心理上的暗礁，他们的成长和进步就会受到极大的阻碍。

【育人故事】

学霸也有烦恼

H是一个文静腼腆的女孩，自幼生长环境优越。H的父母都是公务员，文化层次比较高，因而他们对H的期望值特别高，希望女儿也能像自己一样考上“清北”，延续家族的“荣光”。H理解父母的期盼，也有自己的明确目标，因此学习十分努力，成绩也一直名列前茅。她多才多艺，跳舞、唱歌、弹琴，几乎样样精通，在同学和老师眼里是一个近乎完美的学生。可是进入初三以后，伴随着一系列的模拟考试，她的表现出现了反常，情绪低落，急躁，常常自己一个人发呆，不愿与同学交流。

经过了解，我知道了H因为几次模拟考试成绩不理想，尤其是在最擅长的数学、物理学科上连连“失手”，导致总名次持续下滑，已经跌破自己所能接受的底线，这对于成绩一贯优秀的她无疑是个沉重的打击。由于对自己要求过高，再加上担心父母指责，她非常焦虑痛苦。

摸清了事情的根源，我对症下药，和她进行了多次的沟通和交流，首先稳定她的情绪，春风化雨，慢慢做她的思想工作，同时制定了以下指导策略：

1. 行为改变法

让H用自己的行动淡化内心深处思想的忧虑，通过鼓励和引导慢慢锻炼她的心理承受能力。首先，通过交流，我有意识地让她懂得一个人的举止行为是心理素质和承受力的体现，她的这种行为表现充分说明自身心理承受能力较脆弱。为了让她忘记考试带来的阴影，我找到和她关系比较好的同学，课间主动叫上她一起活动，一起学习，一起讨论。同时我让她尝试改变自己，多一点微笑，主动和同学们打招呼，午餐之余给同学们讲个笑话，拥有一份好心情，用笑声引导笑声，以快乐带动快乐。并且一旦有同学遇到困难，我会在第一时间通知她，让她有意识地去帮助这个同学，目的是让她懂得帮助别人自己也会快乐，在帮助他人的同时高效落实学科知识。采取这些办法帮她淡化自己的忧虑，只是第一步。

2. 自我暴露法

将自己的经历大胆地说出来，从而使他人知道和了解其过程，以得到别人的帮助。因为 H 从小就很乖巧、听话，很多事情都是父母包办，内心世界几乎从未公开化，别人很难真正了解和认识她，这种自我封闭养成了她独来独往的个性。一旦遇到一些挫折和打击，她便会表现出一些不良情绪。为了帮助她勇于剖析自己，也能了解其他同学相同的经历，我有意识地利用简短的班级教育时间，让大家说说自己的家庭成员，讲讲童年的趣事，谈谈中考后的打算，让大家先从紧张的中考状态中暂时得以放松，接着让同学们谈谈自己应对的大大小小的考试，无论是成功的还是失利的，分析一下得与失。同学们根据自己的亲身经历，各抒己见，提到了许多应对考试失利、解决问题的良方妙药。H 也谈了自己在考试中失利的原因。几次活动下来，H 明白了大家都有类似的经历，而最重要的是不能被一两次所谓的失败击垮。敢于在别人面前暴露自己的缺点，对于提高心理素质起到了良好的催化作用。

3. 自信训练法

自我评价过低，缺乏自信是产生人际孤独的主要原因之一。因此在消除孤独感的心理教育过程中，提高自信是一项重要的策略。

显然，H 是经不起第一次模拟考试失利的打击才失去了信心，以至于第二次模拟考试发挥失常。为了让她重拾自信，找回学习的乐趣，在交谈的过程中，我给她列举了大量古今中外成功人士的奋斗史。让她懂得人生如赛场，竞争很激烈，只有咬紧牙关学会坚持，才能达到至高境界。人生是畅想自由的天空，任你展翅翱翔。只有心中有梦，大千世界才是展示自我的广阔舞台。接着，我从年级里选出几名大家公认的各方面都比较突出的学生，鼓励 H 和这些同学成为好朋友，重新审视自己、认识自己。根据自身的特点来调整摄取知识的步伐和节奏，让她将这一阶段设为自己新的起点，从容面对，运用自己所学的知识，开动脑筋，就能感受到“山重水复疑无路，柳暗花明又一村”的意境了。在这些方法的运用过程中，我能感觉到 H 的变化，她已不再是那个郁郁寡欢的 H。她不但把两次模拟考试的题目拿出来重新做，还发现了其他的解题方法。我趁热打铁地让她在黑板上把自己的方法给大家讲解一遍。她从一开始的紧张到后来的游刃有余、自信满满，我及时对其给予了肯定与赞赏。从这以后，她在学习上更加认真，她说："我在学习上感受到了从来没有过的乐趣，我的心里很充实，有成功感。"听到 H 这么说，我为她悬着的心终于可以放下来了。

4. 家庭疗法

及时和 H 的父母进行沟通。H 出现上述情况，与父母的期望值过高形成的巨大压力有直接关系。我想让 H 的父母在孩子初三的关键时期，对孩子换一种爱的方式。在和 H 的妈妈进行沟通时，我发现 H 妈妈很关注孩子的成长，但是缺乏相应的指导方法。当她知道孩子的模拟考试成绩不理想，才开始明白事态的严重性，表现得十分焦虑，着急地询问我该怎么办。我就把自己在这一段时间对 H 采取的措施和近期孩子的表现说了出来。让她知道，只要学校和家长双方齐心协力，采取切实可行的措施，就一定能帮助 H 走出困境。我把事先准备好的针对 H 的学习计划和需要采取的措施，与 H 的妈妈进行了沟通，得到了她的充分肯定。她诚恳地表示一定会全力配合。事后，H 主动找到我，十分高兴地告诉我，妈妈对于她的成绩并没有像以往那样喋喋不休地指责和批评，而是帮她解压并一起寻找造成问题的原因，最关键的是帮助 H 卸下了"你也要像爸爸妈妈一样优秀，你的人生不能有失误"的心理负担，强调要学会过有意义的人生，对自己负责，让自己不留遗憾。看着 H 闪闪发光的眼眸，激动的神情，我知道 H 终于放下了心里最大的石头，可以坦然地面对初三的学习和生活了。

在初三的最后几个星期里，H 的脸上始终挂着自信的微笑。H 的妈妈也在繁忙之余抽空来陪孩子，时常带孩子散步、聊天，营造轻松愉悦的备考氛围。在双方共同的努力之下，H 顺利度过了学习生涯中最艰难的一段日子，中考中超水平发挥，如愿考上了心仪的高中。

【导师心得】

1. 师生关系的新梳理

师生关系是教育、教学关系中最重要、最本质的关系，教育目标的实现离不开师生双方的协同努力。当创新成为教育的最基本使命时，当教育者从知识的拥有者、传授者变为学习者、咨询者、指导者时，当学生从被动接受知识的模式中被解放出来，成为获取、加工、利用信息和知识的主体时，学生与教师之间完全可以建立起双向参与、双向沟通、平等互助、教学相长的关系。

2. 导师角色的新定位

导师工作极大地改变了教师原有的教育观念，教师从教“学”走向导“育”，真正实现了由重“教书”轻“育人”到“教书”“育人”相结合的转变。导师的“导”是思想上的引导，学业上的辅导，心理上的疏导，生活上的指导，赋予了教师兼具班主任、任课教师、生活顾问等多重角色。这不但要求教师要成为学生的引路人，更要求教师要把注意力放在指导学生分析问题和解决问题上。这使得教师的工作越来越充满了多样化的创造需要，充分尊重并信任每一个学生，挖掘每个学生的特点，为学生的成长发展提供有利条件。

3. 教育细节的新关注

关注每一个学生，这是导师在学生学业辅导中必须做好的工作，关注学生的每一个方面，让导师有了细致了解学生的机会。勤于观察学生的每一个细节，善于捕捉学生的每一个眼神，积极地去探访他们的内心世界。在汲取知识的过程中，和学生一起进步，快乐着他们的快乐，幸福着他们的幸福，用细心、耐心、恒心为学生撑起一片晴空。

教育是一个美丽且绵长的过程，作为导师，要有教育的情怀，有包容的爱心，面对不同的学生，要先了解学生，接纳学生，承认不同，因材施教，自觉地把自己从学生的“学业教师”转变为“人生成长导师”，帮助学生找回失去的自信，相信种子，相信岁月，和学生一起成长。

刘婀娜

五、孩子，我愿为你的成长添几抹亮色

跨年级全员导师制在北京市第一五六中学已经开展多年，其指导思想是以贯彻“育人为本、德育为先、能力为重、全面发展”的教育方针为指导，以“全员育人、全程育人、全方位育人”为实施途径，以落实北京市中高考改革方案为发展契机，以促进学生健康而有个性地成长并能适应未来发展需求为培养目标。而近几年，学校为更好地促进学生健康、全面发展，开展了各项导师制度的相关会议和活动交流，在这些活动中，我对导师工作有了深刻的认识和具体的了解。

【育人故事 1】

帮助导生实现考学梦想

受到学科影响，在选择我做导师的学生中，大部分是美术特长生，以及美术爱好生。他们选择我的原因也很简单，想在绘画领域中得到一些提升与拓展，或者了解一些与艺术类考学相关的情况，报考美校，做一名美术生。

比如，第一年担任导师的时候，选择我的 3 位学生均来自初二年级，其中一名同学就有这样的想法。Y 是一位想象力丰富，素描基础很棒的女同学，她的美术课堂作业相当出色，经常赢得同学们的喝彩。只是她平日里很少发言，总是低头画画。想深入了解她的情况，可能不是一次谈话能解决的。于是我关注了她每次的美术作业，她的文化课学习情况以及谈话间的细节。逐渐地，经过加强沟通，发现她想走艺考这条路，想报考美校，可是她对自己目前的状况不是很满意。因为水彩专业课是她的弱项，文化课中理科也是弱项，然而距离考学只有一年，时间紧张，学习量大，以她目前的学习状况，考上美校不太可能，为此她显得有些焦虑。所以每次见面，我都能看到她无奈但又期许的眼神。对于她的专业现状，又结合她的美校梦，我一开始也不抱希望，想试图劝她还是考普通高中，但是小 Y 对美校的渴望又是那么强烈，比如，平时晚上或是周末，她会给我发信息，讨论一些绘画的问题，而且一有空就补水彩专业的知识。她画了很多水彩画，水平也在慢慢提高，周末还继续参加美术补习班。看到她如此刻苦且用心，我就决定帮她实现理想。第一，我要求她先加强水彩绘画的练习，让她多临摹优秀作品，画完要发给我看，然后一起讨论，找出问题；第二，文化课不能落下，理科上课保证听懂，听不懂的及时去问，不能堆积问题，还要多做习题；第三，课余时间多欣赏色彩搭配优秀的设计作品，增强对颜色的敏锐度，培养自己的色彩感，这样才能在水彩绘画中游刃有余地调配颜色。之后，我联系了美校的专业老师，了解了一些该校当前的招生要求，并结合小 Y 的现状，咨询了一些专业方面的问题，然后及时把信息反馈给小 Y，让她认真踏实地继续努力练习。最终，她如愿考上了自己心仪的美术专业高中，成了一名美术生。

【育人故事 2】

疏导脾气急躁的导生

第二个故事的主人公是男同学小 P。小 P 是我的科代表，虽然学习成绩不太理想，但是他能把本职工作做得很好，比如课前主动帮我分发画具、作业，课后负责收拾教室。这样的小 P 在我的眼中是乖巧、懂事的。但实际上，听说在同学面前，他并不是这样的。同学眼中的他脾气急躁，不好相处，情绪不稳定……得知这些信息，我准备找个时间和他谈一谈。很巧，还没等我找他谈，他先来找我了。记得是一天中午，他一个人小心翼翼地推开办公室的门，看到我，低声说心里有一些事，想不通，想跟老师说说。于是，在谈话间，我特意试探了一些和他的脾气、情绪相关的问题，然而我发现，他提出的问题很多都围绕着他和家庭之间的矛盾，这些矛盾逐渐转化，至今没有解决，于是慢慢憋在心里，日积月累。对此，他感到很无助，便用了一些错误的方法投射到身边的同学身上。在之后的课堂上，我有意识地关注他的情绪表现，课间观察他和同学之间的来往，在之后的指导时间里，也会潜移默化地提示他，引导他，告诉他情绪管理的重要性，以及自我调节的一些方法。经过努力，小 P 和家庭成员之间的问题在某种程度上得到了解决，随后他和同学之间的矛盾也有所缓解。

【育人故事 3】

从陌生到熟悉的师生关系

如果说之前指导的学生都是自己正在教的熟悉的学生，那么后来遇到的一名男同学小 R，则是从未接触过的。小 R 所在的班级，我未曾教过，对他也是一无所知。我很清晰地记得，我们初次见面，小 R 很严肃，面无表情，我问什么他都回答得很简略；让他介绍自己，话也不多，场面一时陷入尴尬。我询问了他的兴趣爱好，在谈话间，我发现小 R 对漫画感兴趣，于是以这个话题作为切入点，和他聊了中外各类的漫画。我发现他逐渐变得滔滔不绝。那一个中午，除了互相简单的自我介绍以外，我们基本都在谈论漫画，而这个话题看似与学业无关，却打开了他的心扉，并拉近了我们师生的距离，而最后，小 R 居然主动提出了平时来找我学漫画，我欣然接受。在我看来，这正是一个很好的契机，让陌生的我们多了一分熟悉与信任。而后的一学期里，如果小 R 有空，都会找一天空闲的中午，来美术教室学习漫画。在学习的过程中，我会询问他的学业和生活情况，对他提供力所能及的帮助。而他也慢慢少了戒备之心，对我敞开心扉谈论自己的想法，比如家庭生活、同学关系、学习目标等。接触小 R 已有两年时间，如今我们无话不谈，随时分享见闻，谈论心得。我想，导师的职责也许就是这样吧，督促学习，了解心声，让孩子们健康茁壮地成长，帮助他们形成良好的思想品德与心理素质。

【导师心得】

由于教授科目的关系，我平日里与学生接触不多，但是我发现作为美术教师有这样一点优势，就是能通过学生平时的绘画作业中线条和色彩的造型的变化，明显体会到学生一些微妙的情绪和心态的变化，而通过创意作业，能反映出学生的思维模式与创造能力、动手能力。比如，最近一年的导师工作中，我遇到了初二年级的 3 位同学，他们都是美术科代表，平日里都是相对安静的男生，遵守纪律，绘画认真，但是从他们的画中，可以看出他们的兴趣爱好，以及迥异的性格和不同追求：学生 W 学习能力强，不善言语，憨厚老实的外表下，内心世界极为丰富，通过作业能看出他对周围事物的敏感，以及对未知世界的创想；学生 H 敢想敢画，对外界有着不同的看法与强烈的好奇心，经常把各种喜好融入作业里面，所以在作业中总能发现他近日的情况与心理变化；学生 S 的绘画一向很拘谨，很严格，这也让我发觉他对自我是有一定的要求的。当他们的作业“画风”突变时，我就会注意观察他们的其他表现，并进行适当的谈话。

以上的经历带给我很多启示。在之后的导师工作中，我将充分运用课程带来的优势，对学生展开深度观察，通过细节了解学生的道德思想，兴趣爱好。

同时，我也会加强和同年级老师沟通，全面了解学生的学习情况、个性特点和生活环境。既然被学生选择，那么就不能辜负学生的信任。所以我要负起责任，了解学生，关注学生，爱护学生，然后根据实际问题有条理地、科学系统地给学生提供帮助，增强他们的自尊心和自信心，鼓励他们要自爱，自强，使他们在今后的学习生活中，各个方面都能蓬勃地持续发展。

鲁啸坤

六、润物耕心，教育无痕

我的导师经历从 2018 年开始。2018 年 9 月，刚进入初二年级的郭雨（化名）和陈芊（化名）同学选择我做她们的导师。

导师工作对于我是一个全新的课题。我本不是这些孩子的授课教师，平时不怎么见面，对她们的了解仅来源于与她们的交流和向班主任了解的情况。在这种情况下如何为她们的学习乃至未来的生活提供更大的帮助，成了我主要思考的问题。

我发现两个女孩选择我主要是因为她们对语文学科比较感兴趣，所以我把目标定位于帮助她们在语文学科上获得更多的乐趣。

【育人故事】

有一次，陈芊同学向我提出了一个关于辩论技巧的问题。如何向初二的学生解释这件事呢？我思忖一番，想到那个阶段她们课上正好在讲《论语》，我就向她介绍了孔子的一个“胆大妄为”的弟子——宰我。

听说讲《论语》，孩子显然没什么兴致。我接着说：《论语》里经常跟孔子顶嘴的有两个门生，一个是子路，另一个就是宰我。这两人风格就像今天青春期的你们——都非常叛逆。听说孔子的弟子也叛逆，两个女孩儿顿时提起了精神。但两人又不同，子路是张飞、李逵式的性格，鲁莽有余而智谋不足，所以跟孔子吵架时，他很快就被孔子驳回，辩论水平很一般。然而宰我却不好对付，他属于优秀辩手。孔门弟子“四科十哲”里面说道：“言语：宰我，子贡。”也就是说，在夫子的七十二个优等生里，口才最好的有两个，排第一的便是这个宰我了。

我拿出《论语译著》，在《雍也》中找到这一章：“宰我问曰：‘仁者虽告之曰井有仁焉，其从之也？’子曰：‘何为其然也？君子可逝也，不可陷也。’说的是有一次宰我问老师：老师常说要跟随仁者，假如有一个仁者掉进井里去了，我也要跟着他跳进去吗？或者理解成有一个仁者掉进井里了，我要跳下去救他吗？你看，他给老师出了一个两难的命题：按照他的逻辑，去救吧，自己也会被淹死；见死不救吧，显然不符合‘仁’的要求。”讲到这里，我发现两个女生听得津津有味，我顿了顿，继续说："你们要是老师，会怎么回答这个刁钻的问题呢?"她们面面相觑，陷入思考。

一会儿，陈芊说："可以用绳子救啊，不用自己跳下去。"

"太好了！跳出对手设计的逻辑陷阱，思考问题本身，答案自然就有了。"我笑了。两个女孩也一下子高兴起来。

"不过，如果你们现在是老师，该如何回答学生的这个陷阱问题呢?"

这个问题显然超出了她们的能力范围，对于如何做老师，她们自然不会想那么多。那么就看看夫子是如何回答这个问题的。"何为其然也？君子可逝也，不可陷也。"老师一针见血地指出：你就不应该这样问！君子可以无所畏惧，杀身成仁，但君子不是迂腐不通的傻子，不可以因求仁而落入别人的陷阱。这个回答大概包含了两层意思：一是，追求仁德与学会变通保护自己的生命并不矛盾。君子可以为大义牺牲生命，但生命的代价应该是有价值的，面对考验仁义的陷阱当然是要避开的。所以，君子在追求仁义的同时也必须是有智慧的。二是，作为学生这样提问是不对的。夫子的回答不但进一步明确了君子的品质，更直指问题，给学生成仁以明确的引导。

"果然是万世师!"两个女孩由衷地感叹。

"这个宰我，给别人设陷阱问题，果然是辩论高手呢!"陈芊没有忘记她的问题。

"当然，孔门第一辩才不是随便吹出来的，"我接上她的话，"但辩论并不是给人设陷阱，辩论高手最重要的素质是——有独立的思考能力。"

"老师，还有宰我辩论的故事吗?"

"有啊，《论语·阳货》中还有他和老师关于'三年之丧'的讨论，你们回去看看吧。看完了随时可以来找我交流看法。"

两个女生挺高兴，带着"作业"离开了。

过了好一段时间没见她们再来，我以为她们没有去看书，不会就这个问题来找我了。没想到，有一天中午两个女孩又来了，一见面就说，我们现在中午的空闲时间很少，所以一直没机会过来。接着就急急地说，那个"三年之丧"，我们觉得根本就是孔子太迂腐了，守丧三年，什么都不能做，那也太耽误事儿了。

"孔子为什么那么坚持要有这个'三年之丧'呢?"看两个女孩的语言很犀利，我笑着问。

"没想明白，是啊，这是为什么呢?"

“恢复周礼，礼通人和是孔子的政治理想啊。人人守礼，社会井然有序，国泰民安自然就实现了……”我说。

“那……守丧的时间也太长了，这事儿它也太不合乎情理了吧？”女孩还坚持自己的观点。

“嗯，这还真是个历史问题呢……”我故意不说完。

“哦……老师……对了，时代不同了啊。”

“现代节奏快，耽误一两天就会耽误很多事情，可是古代不一样，人们的生活简单，守丧就是对自己要求严格，又没耽误什么大事。”

你们领悟得还真快！

“问题放到相应的时代中去思考，会得到更合理的答案呢。”

“这么说，宰我还是很先进的。”

“‘守丧三年’这个礼俗在中国封建社会延续了千年，到了宋元明时期，官员的父母去世，还是必须要离开官场回家守丧的，这个就叫作‘丁忧’。很多著名的历史人物在这个问题上都留下许多耐人寻味的故事，你们也可以去找找相关的资料看看。”

我又给她们布置了一项作业。

“我们回去一定查资料。”两个孩子的兴致来了。

【导师心得】

那一年我带高三毕业班，能和两个女孩交流的时间大概也就限于中午午休那一个小时。但几次见面她们俩都会带着问题来，这让我觉得非常欣慰，能帮她们解决学科学习中的问题，能交流一些学习中的思维方法，甚至可以为她们未来的发展播下几颗种子，这就是我最大的收获了。

在和她们的交流中我也体会到：初中的孩子虽然思想还不成熟，但她们已经有了一些自己的思考，这正是进行引导的最好时期。对于自己，对于社会，对于人生，恰当的引导正是她们需要的。

这两个初二的孩子是“闺蜜”，一个是“超级学霸”，年级的第一名；一个是有些大大咧咧的“乐天派”。她们两个在我面前时而相互谦让，时而相互吹捧，乐在其中。我总情不自禁地提醒她们去珍惜，珍惜时间，珍惜友情，珍惜经历。更多地去学习，更多地去尝试，在喜怒哀乐中慢慢体会，慢慢成长。

带了她们一年了，和她们思想交锋时瞬间产生的火花让我在高三的紧张繁忙中感到心情格外的舒畅。没有了成绩的压力，当孩子们进入她们真正有需求的情景，语文的魅力就显现出来了。而在这样情景中的习得不但成就了学生，更成就了教师的价值。和她们交往也让我真正体会到了什么叫“大语文”。真正帮孩子们完成一些事情，学生们在这个过程中的收获不也正是我们孜孜以求的“真金”吗？但现实教学中，我们的战场毕竟在课堂，那么如何把这样的想法带进课堂，这是我今后要思考的问题，也是我在做导师的过程中对语文教学认知的最大收获。

导师做的是引导工作，正因为不是任课教师，不是班主任，和孩子们交流时才会更放松，更接近真实状态。抓住他们问题关键的可能性也就越大，从这个角度来说，这其实是班主任工作的一个补充。每个孩子都会有自己的导师，这对孩子们来说是另一种交流，他们可以探讨学习上的问题，也可以交流生活中的困惑，这样的交流是他们学校生活的另一种收获。

通过这一年的导师体验，我最终把目标定位于引导两个女孩拥有积极向上的学习态度；在学科学习中给予她们方法上的指导，帮助引导她们解决生活中的困惑，为她们种下平凡却乐观向上的种子。在过程中通过多种渠道尽量多地了解学生的具体情况，在交流过程中尽量细致地把握她们的信息细节，提建议的时候尽量周全，尽量具体。做有质量的交流，每一次关注一些反馈。这样为孩子们提供更多的帮助。

王　锐

七、一切为了孩子

在很多学校，班主任是育人的骨干力量，非班主任的任课教师的工作重点则是教学工作。但现实是，现在的学生出现的问题涵盖面更广，如学习焦虑、网络成瘾、青春期逆反、精神抑郁、早恋等，教育的难度也就更大了。这就使教育学生的工作量加大，仅靠班主任工作，不足以应对。实施全员导师制，使“教”与“育”有效结合，弥补了传统班级管理模式的不足，有助于提高学校德育工作的针对性和实效性，进而促进学生的健康全面发展。

在学校实施全员导师制以来，我已先后做过 9 位学生的导师。我认为导师工作和自己以前所做的教师和班主任工作是不同的：首先，它要求教师要有促进学生发展的使命感，愿意去做导师工作；其次要了解学生，用平等和真诚去打动学生，成为带导学生的朋友，让学生愿意接受你的指导；此外，要有开展科学指导的策略与方法等。一路走来，从最初接受这份工作的忐忑，到现在通过工作和学习形成经验，提升了水平后积累起自信，这真是一个在工作中学习，在学习中成长的过程。

导师在了解学生的基础上，要与受导学生建立相互理解、相互信任的关系，根据学生的需求，在思想、学业、心理、生活等方面对学生进行指导，当好学生成长的引路人。

【育人故事 1】

帮助学生选择中考和高考科目

我先后带过的 9 位学生，有 3 位是初三时开始带导的，还有 6 位是在他们的高一下半学期开始带导的。无论是初三还是高一的学生都面临着选科问题，这对孩子们来讲是件大事，我的体会是指导学生选科应以学生为中心，尊重学生的基础背景(如潜质、个性、能力等)和发展需求(兴趣、目标)，帮助与引导学生选择，促进学生更好地发展。

我带导的初三的孩子都是做事认真的乖女孩，让我这个没养过女儿的母亲时常觉得有“小棉袄”真好。我是她们的化学老师，她们选我当导师的一个重要因素就是她们都喜欢化学，中考想要选生化，根据她们的兴趣和成绩，结合将来高中的选科及未来想从事的职业，我帮助她们定下了其他选考科目。以后的交流中除了讨论她们的生活、学习成绩和方法，也会探讨对化学的学习。三个孩子上了高中后，时常还会向我汇报自己的高中生活以及在高中仍然不错的化学成绩。

我带导的高中学生，在高一即将结束时就面临着选科，这种抉择挺难的。第一，高一阶段要从史地政理化生 6 科中选择 3 科，高一各科教学普遍难度较低，学生常担心进入高二，自己的学习是否顺利，是否能保持学习优势；第二，多数学生在 6 科中都有 4 科学得还不错，纠结于到底选什么对自己更有利；第三，把科目选择与将来高考报志愿直至与自己未来的职业挂钩，对高一的多数学生来说，资料积累较少，选择较难。导师在这个问题上可与学生反复沟通，帮助他们做出合适的选择。比如我带导的王轩(化名)同学想当医生，可又喜欢偏理的科目，确定了必选物理、化学，可是在选考生物还是地理上，他举棋不定，因为生物原来是高二开，现在高一开课，没有有机化学的铺垫，他感觉学起来比较困难，而且医学专业对生物并不要求必考。我们讨论时认为医学与生物联系紧密，想学医学专业，生物必须学好，接着我建议他再与生物老师协商。最后他选择了理化生三科。

【育人故事 2】

帮助感到孤独的学生走出困境

谭雪(化名)是我带导的正在读高三的女孩儿，是我一直都很欣赏的孩子。她做事认真，善解人意，学习努力，成绩较好，在我带导的三个高三学生中，她表现最好。带导的过程中，我经常用她的认真和勤奋教育另外两个男生，比如放寒假暑假，她会认真列出详细的学习计划，并能按照计划去做。还有一点她做得特别好——平时基本不用手机，因为她怕影响学习。由此可以看出她的自律性很强。

有一天她找到我，说有重要的事要跟我谈，还说不是学习方面的事情。我很担心，和她约在放学后谈话。因为关系相处得很融洽，她就开门见山地提出了困扰自己很久的问题。她觉得自己比较孤独，没什么朋友，想与更多的同学成为朋友。可是女同学们谈论的话题比如歌星、影星等，她都不感兴趣，又不知道自己该怎么办。我耐心地听完她的话，问她：“你认为自己把大部分时间都放在努力学习上好吗?”她觉得自己想升入一所好的大学，自己智力不算好，只有多付出，同时她也认为追星比较无聊。我立刻夸赞她说：“我认为你比你的很多同学的认知水平都高，头脑清醒，目标明确，知道自己最该做什么，看到同学追星，没有盲从，没有因为某人是我喜欢的明星，就认为他(她)一切都好，而是可以客观地去评价一个人哪个方面好，这是理性的表现。多数人在做的事情未必就是对的，遇事学会分析也是我们通过读书要具备的能力。”她听到我的话很开心。

可是孩子肯定要有同龄的小伙伴，需要与小伙伴玩耍，需要与小伙伴交流生活的感受。谭雪同样渴望友情，并应该拥有友情。怎么解决这个问题呢？我让她从班里的女生中选择认知交集比较大的，放低姿态，主动交往，寻找共同话题，慢慢融入，相信自己的能力。之后，谭雪尝试着与同学主动交往，我也在之后的交流中多次关心她与同学相处的情况，并进行指导。此后，谭雪终于找到了朋友，也变得越来越阳光。

【育人故事 3】

帮助学生告别做事拖拉的自己

王小小(化名)是我自己班的学生，文文静静的，脾气很好，听课和作业都很认真，物理科代表当得也是有模有样，是物理老师的好帮手，我对她印象很好，认为这样的学生近乎完美，没什么要操心的。深入交流后才发现，这孩子干事拖拉，晚上写作业磨磨蹭蹭，每天都睡得比较晚。她自己也知道这样做不好，可是管不住自己。后来，我与她母亲通过微信交流证实了这件事，还了解到因为这件事，母女会有冲突，关系比较紧张。王小小的母亲特别诚挚地表达了想让我帮帮孩子的愿望，我答应试试。我在思考，采用什么方法才能有效。这么多年从事教育、教学工作，深知孩子从小习惯养成不好，后期进行矫正有多难，遇到过很多次教育无效或收效甚微，只能用“静待花开”来安慰自己的结局。我找王小小谈话，期待达成共识。我先表扬了她的若干优点，并指出按照她的表现，她应该在这个年级位于优秀学生的行列，可现在她的成绩不理想，是因为干事拖拉，每天的课余时间基本都用来完成作业，没有时间复习整理，更谈不上拿出时间来补弱势学科。交流后她表示愿意改正。我俩商量对策，最后决定用微信沟通，每天她完成作业后都会发微信告诉我，我会为她点赞，先坚持一个月，这是好习惯形成的最短时间。完成作业后如果有剩余时间她再自主安排。此后，王小小学习效率逐步提升，渐渐地有时间复习整理，有时间查漏补缺了，她的成绩也进步了。尝到甜头的王小小，学习越发积极。王小小的妈妈看到孩子的进步也非常高兴。现在的王小小已是不用人操心的写作业快手了。

【导师心得】

每个学生都是一个鲜活的个体，都有自己的特点，所以，要提高导师工作的实效性，就必须根据学生的特征和需求制定指导方案。这就要求导师做到以下几点：第一，导师要充分了解学生的性格、行为习惯等，在此基础上准备教育材料；第二，和学生交流时，导师可以少讲，多倾听，鼓励学生说出自己的感受，老师将自己的知识、经验、经历和学生共享，让学生在讨论中明白道理；第三，谈话要有针对性，不要泛泛而谈。导师可以通过与受导学生的沟通交流，发现学生的问题，为学生的问题解决提供指导和督促。本文的三个情境都是根据学生的需要实施的。

学生在中学阶段面临着诸多决策性的重大选择，其中包括选科与升学、兴趣与学业、专业与职业、理想与现实等各种抉择。教育必须为高中学生直面现状与关注未来发展提供全方位的支持和帮助。而实行导师制可以促进每个学生的个性形成和自主发展，中学导师制也是顺势而生。但学生的某些问题属于心理问题，甚至心理疾病。要解决这些问题，教师如果不具备一定的专业知识，只是说服教育，处理效果肯定不佳。比如学生的考试紧张问题，需要具体的操作方法来矫正。学校应对导师进行专业技能培训，同时导师制应构建完整的体系，比如有不能处理的心理问题可以求助心理老师，心理咨询室应有固定的开放时间，导师制与心理咨询结合才能更有利于学生的成长。

张红梅

八、走近你，只为目送你远去

孩子，我靠近你，渴望走进你的心灵世界，想带给你温暖和力量。可我清楚地知道，有一天，你终将远去，去很远的地方，去实现自己的梦想。那一刻，我只愿目送你远去。请答应我，一定要幸福！

【育人故事】

有个初二的女孩儿选了化学、生物作为自己的中考科目，于是选择身为生物教师的我作为她的导师。

孩子的成绩中等偏上。在第一次见面的时候我就详细地询问了她的中考意向，当得知她特别希望去 A 学校后，我便拿她的成绩条逐项分析她的优势和劣势，并根据这几年 A 学校的录取分数线定了一个大致的目标分数，让她自己找到具体哪一门有差距，差距在哪里，能提高几分等。当时她的数学、英语、语文均有提升空间，但数学的计算、英语的阅读、语文的作文都是难点和弱点，需要有针对性地进行训练。所以我俩就怎么复习、如何复习、找谁辅导等问题制订了详细的计划，并约定开学摸底考试的时候预计提高的位次。

在之后的多次接触中，孩子成绩有所反复，总体来说没有特别显著的改变。到了一模的时候，成绩还是距离 A 学校差了十多分，而且我明显感觉到她缺乏应有的自信，对父母的一些做法也颇有微词。我意识到事态的严重性，便及时与她进行了深入的沟通。经过详细的交谈，我得知她的父母希望她能报考 B 校，并要求她在客厅学习，以便能够随时监管她的学习情况。但父母却在她做作业的时候看电视、说话干扰她，她想回自己屋学习又不被允许。通过这次谈话，我发现两点问题：首先就是她的父母和她的目标有差别，并且由于谁都没有说服谁而造成孩子对自己的未来有些迷茫；其次就是她能认识到自己存在惰性，内心希望有人监督，可因为与父母理念不合，进而觉得父母做什么事情都是干扰她，所以有了逆反情绪，导致心情烦躁，更加不想学习。而这两点直接让即将处于中考的她的心思更为沉重，无法适应。

鉴于以上问题，我认为主要原因在于家长与孩子的沟通有问题。我决定去孩子的家里进行家访。但我并没有跟孩子说，而是直接与家长进行了联系，选择了一个周六的下午，孩子去上课外班还有 1 个小时回家这个时间段。这样做的好处有四点：第一是能够在孩子不在的时候与家长开诚布公地详谈，指出家长的问题且不会让家长没有面子；第二是了解家长的想法并把孩子的想法反馈给他们；第三是家长与老师之间先初步达成共识，一会儿孩子回来以后统一战线一起与孩子沟通；第四是可以在孩子回家以后，三方共同磋商，及时将信息汇总，找出正确方法，真正快速有效地解决问题。

周六下午，我与孩子父母见了面。我先了解了一下家长对孩子的看法，以及他们平时都是如何要求孩子的，孩子最近的表现如何。谈完之后我认识到家长的出发点是好的，希望给孩子定一个更高的目标，促使她进步，平时也经常要求孩子好好学习。而父亲与孩子的关系会更好一些，要求也与母亲不太一致，所以夫妻二人偶尔会发生一些争吵，但总体来说比较和谐。同时也了解了一些孩子的爱好特长，比如孩子从小就喜欢生物，有爱心，爱好广泛，家里养了一只黑白花猫，喜欢看侦探小说等。之后我把孩子对家长的看法和我的理解跟他们说了，说到了孩子在客厅里做作业，父母看电视、听音响影响她学习的事，也说了她更喜欢 A 学校而不想上 B 学校的抵触心理，并告诉他们，我们在与孩子进行沟通的时候一定要注意把他们当作成年人来看，要对他们讲道理，而不是去硬性规定必须做什么，因为她已不是小学生，而是即将步入高中的女孩子，思想处于青春期，硬性规定只会让她逆反。我们在要求孩子做事情的时候应该告诉她我们后续会有怎样的措施进行检查，而不只是嘴上说，你要好好学习，却并没有提出具体让她怎样好好学习。她可能会对家长的话厌烦，对自己不能踏实下来学习的状态厌烦，但却并不知道如何改进，家长的检查有助于孩子认识自我、改进自我。我还肯定了家长好的做法，并跟他们约定了不确定的事情一定私下先沟通好然后再一致对孩子进行要求等一系列解决方式。

孩子回家了，刚进家门看到我特别吃惊，有些不知所措，我随即跟她聊她家的猫，让她放松下来，然后用刚刚跟家长谈话的时候父母对她的表扬和肯定让她意识到家长还是很肯定并关心她的，并不会像她想象的那样认为她一无是处。之后我们又谈了如何学习，怎么按时打卡，还一起将 B 学校和 A 学校的特点进行了对比。家长和孩子双方各抒己见，把自己为何选择这所学校的原因说了出来，双方也都在一定程度上认可了对方的想法，不再固执己见。前前后后两个多小时的谈话让孩子确立了自己努力的方向，确定了学习方法，也让家长知晓了自己的错误教育方式，改正了一些教育理念。

之后的每个星期，孩子的母亲都会按约定给我发孩子额外进行的练习作业，并表示孩子学习的劲头比以前足了很多，在之后B学校的开放日里，孩子还主动提出要去看一看，家长十分欣喜。

这次的家访是有效果的，可以看出捋顺了孩子的心思可以很好地激发她的内在学习动力，让她投入学习中去。在后来的中考中，她的成绩不错，但确实距离B学校统一招生录取分数线有一定差距，孩子有些沮丧，不敢跟我说她的分数。我及时跟她母亲联系，让她把A学校报在“校额到校”的第一志愿，然后下面依次再报别的学校，看看有没有机会。最终，好消息传来，她真的被A学校录取，进入了梦寐以求的高中学府。

【导师心得】

在我看来导师制最大的特点就是可以让师生关系更加密切，导师不仅要针对学生的个性差异因材施教，指导他们的学习，还要指导他们的生活，培养他们的兴趣，帮助他们确立良好品质。这种制度要求在教师和学生之间建立一种“导学”关系，可以更好地贯彻“全员育人、全程育人、全方位育人”的现代教育理念，更好地适应素质教育的要求和人才培养目标的转变。

我们学校的全员育人导师制是打乱班级，把学生群体分散成个体，学校有教师资格证的教师都参与育人，都担任导师。教师要参与学生从入学至毕业的整个教育过程，从学习、生活到德育的各个环节去关注学生，对学生的教育要有整体性和一贯性的观念，自始至终都不放松对学生的教育和指导。

而我认为，所谓导师，就要在学生人生道路的关键处对其进行指引，虽然不能时时刻刻像对待自己的孩子一样去关怀他们，却也能够让他们在迷茫的时候感受到一丝温暖，这种温暖可能不同于班主任的严厉、不同于家长的慈祥、不同于同学的友谊，而是一种人生中别样的珍贵财富，让学生能向着正确的道路继续前行。

所以，虽然顺利地把这个孩子送出去了，但我并没有觉得工作就此结束。我在朋友圈看到她的信息的时候，会经常跟她互动，询问她的情况。她也会回学校来看看我，问我有关生物竞赛和考试的相关信息。可以看出，她仍然葆有学习的热情，对生物也依然爱得深沉。

我想，导师大抵就是一个陪伴在导生生命中某一阶段的与众不同的人吧。

赵　岳

九、孩子，你可以更出色

在我看来，担任导师的首要任务就是托举孩子，让他(她)更出色。

【育人故事】

贾靖(化名)，男，在初二至初三阶段，我承担了他的导师工作。他性格趋于外向，在同学中间比较活泼，在老师面前比较腼腆，不爱说话。热爱打篮球到近乎痴迷的程度。非常爱玩游戏，几乎天天都打游戏。但是学习成绩不理想，英语分数很低，数学也基本在65分左右徘徊，到初三时，有时还会有不及格的情况出现。成绩基本处于年级中下游程度。他是家中独子，家庭生活条件优越，从小娇生惯养，家长对其管教并不得力。

我是因为学校工作的安排，在初二的时候开始教贾靖所在的班级的数学。最开始的时候，我注意到他很爱玩，上课有走神的现象，回答问题也不积极，即使点他回答问题，声音也比较小。但是只要老师提醒到他，他还是比较听话的，在课堂上也能记笔记，他与那些调皮捣蛋的孩子还是有所区别的。换句话说，就是爱玩，但不出圈。随后，我发现他学数学比较吃力，有些内容听不懂。所以在每次改错、上课提问等环节上，我对他的关注也会多一些。因为这个孩子在我这儿比较安静，不招人讨厌，所以与他沟通的时候我也比较心平气和，能耐心地给他多做分析，同时也会多给他一些鼓励和帮助。久而久之，我发现他上课能集中注意力了，确实是在努力地去听，即使有同伴上课想跟他说话，招惹他，他也能尽量控制自己不走神。因此成绩也有上升的趋势。每次出成绩，我都会给他写一两句评语，或是当面和他沟通，我发现他能够听进去我的话了。有一次开家长会，贾靖的家长主动找到我，说孩子很愿意上我的课，想努力考好，开始对数学成绩在乎了，没有考好时心里会懊恼，会觉得对不起老师，这种态度是从来没有过的。后来，在学校开展初二年级导师工作时，他就选择了我作为导师。

自导师制活动开展以来，我与贾靖不断地进行交流沟通。再加上本身我又是他的数学老师，所以接触起来比较方便。在几次指导后我发现他存在以下几个问题：

首先学习态度不积极，对自己未来没有目标。据了解，贾靖在小学阶段成绩就不太理想，他每天只在意什么时候可以玩篮球、玩游戏。至于学习成绩总觉得无所谓，所以他的各科成绩都很不好，对此，他也无所谓。到了初中阶段，学习深度和难度都进一步加大，他一旦听不懂就更不爱学了，所以对于学习就更不放在心上，对于未来他也没有长远的目标，有一种听天由命的感觉。

其次，作业质量不高，明显地应付。从他的作业来看，问题非常多，经常是空着很多题不写，正确率不高，而且字迹很乱，甚至是胡乱瞎写，还有一些学科经常不交作业。

再次，没有自己的主见，爱人云亦云。他总是和他们班比较闹的几个孩子玩，别人干什么他就干什么，自己不会去判断这件事该做还是不该做。经常是中午 1 点铃声响起，他和他的那群小伙伴因为迟到被罚站在教室外面，久而久之他也变得疲沓了。上课也是如此，据任课老师反映，他会和其他同学一起在课堂上闹，影响上课秩序。如果问他是怎么回事，他肯定说是别人逗他，他才回应。

此外，对所学知识接受起来比较吃力。贾靖在我的课上虽然要好一些，但是他学习数学的确有些吃力，理解知识的速度比较慢，但是因为课容量的原因，我不可能停下来等他，所以长期下去，他的问题就像滚雪球一样越滚越多。

学生在校时间比较长，对于导师来说，这个年龄段的学生，光引导是不够的，辅导加监督也是不可缺少的。基于以上对小贾的分析，我了解到他的自觉性比较弱，家长在引导以及监督方面也不具有持续性。

我们的每次沟通都是在一个阶段考试结束后进行的。因此，我们根据成绩共同商议制定一个阶段目标和短期目标。短期目标以周为单位，阶段目标以下一次阶段考试的成绩为目标。

例如：短期目标(2018 年 3 月第二周)：

(1)课堂上认真记笔记，周五由朱老师抽查笔记；

(2)语、数、外作业不能出现空题，必须认真改错，周五检查；

(3)英语课堂听写至少有一次达到 80 分；

(4)不能出现违纪现象。

长期目标：下次阶段性测试，语文 70 分以上，数学 75 分以上，英语 30 分以上，物理 45 分以上，历史 75 分以上，生物 50 分以上，政治 70 分以上，地理 60 分以上。

通过这种密集式的管控，他在自我约束方面明显有了改观。即使有几次他并没有达到我们的目标，我也会在一定程度上先分析，指明问题，让他服气，然后采取一定的奖惩措施。我与家长配合起来，将他周末玩的时间缩短，以示惩戒。如果做得好，也会有奖励。这样，孩子有了学习习惯的改善，他的学习状态才会变好，学习成绩才会逐步提高。

到了初三以后，他几次都表达出想好好学习的愿望，但是因为他周围都是爱说话的淘气的孩子，他自控能力又差，所以实在无法集中注意力听讲。基于这种情况，在与班主任吕老师和贾靖的家长沟通后，我决定将孩子的座位进行调整。将他安排在讲台边上，周围没有人打扰他，同时也能得到更多老师们的关注。经过一段时间的观察，他的听讲情况有了明显的好转，学习态度也更积极了。

他爱打篮球，这本身是一件强身健体的好事，但是因为过于着迷，所以对学习就产生了一定的影响。因为与同学相约打篮球经常上课迟到，中午老师想约他辅导功课，他总是跑得无影无踪。而主要原因有两点：一方面是自身不爱学习，总是有想玩的念头；另一方面，也是因为朋友的带动。为了让他远离那个爱玩的圈子，我和他约好，在周二、周三、周五的中午第四节课和午饭之间的时间里，我给他辅导数学，或是检查他背诵英文单词。我们在初三一年坚持了很长时间，他的数学成绩有了明显的提高，到初三第一学期期末，他考到了班里第 10 名的位置，而他的英语，也在班主任吕老师的倾心辅导下，有了长足的进步。孩子自己很高兴，对中考充满了信心。家长也对老师们的辛苦付出表达了自己的感激之情。

【导师心得】

每个孩子在成长的道路上，都会与预定的轨道有一定偏差。不同的是偏离的程度有大有小。对于贾靖同学来说，他的经历是很多初中男生都有的。而且他只是一个贪玩、不爱学习的孩子，需要老师不断地关注，甚至采用“盯”的战术进行教育。对于这样的孩子，是属于“亲其师信其道”的，只要你让他感受到更多的关注，那么，他就会不断地纠正自己的言行，重视自己的未来，反思自己的行为，并不断进行改正，最后，孩子在中考中尽自己的力量，考到了一个较好的学校。回想起来，如果在初三这一年我们没有特别关注他，也许这个孩子早早就放弃了自己。所以，作为导师，我在不断摸索中寻找自己的指导方向。只有因势利导，因材施教，我们才能让每一个孩子取得自己的进步。

朱京春

第五章

横看成岭侧成峰

一、导师论“导”

助力学生全面发展

中学导师制，是应“全面培养高素质人才”的要求而出现的教育新形式。导师工作不涉及讲课任务，但其作用不可小觑，它能够针对学生的个性差异进行指导，因材施教，更好地贯彻落实全程育人的教育理念和素质教育的要求。

导师工作具有很强的综合性，导师指导是一种综合性的指导，包括思想引导、学业辅导、心理疏导等内容。

1. 帮助学生树立并坚定远大的人生目标

目标如同人生的指路灯，远大的理想和明确的目标是一个人为之努力的方向，也能给人以激励和前进的动力。中学生正处在人生观、价值观形成的关键期，也是品德发展、理想形成至关重要的阶段，可以说，中学阶段在很大程度上影响着一个人此后人生发展的轨迹。一个中学生如果能够在中学阶段受到良好的教育，德智体全面发展，健康快乐地成长，在学习和掌握了科学文化知识及各项技能后，必定能成为国家的栋梁之材，进而为社会和国家做出应有的贡献。

中学生往往都对自己的未来充满了信心和期待，但是有相当一部分学生却缺乏明确而远大的人生目标，仅将目光锁定在完成眼前的学习任务或者考取某高中、某大学上。远大的目标固然需要一个个小目标的完成作为积累，但人生的大目标却不可缺失，一旦缺失，就会变得目光短浅，失去为理想而奋斗的持久动力，甚至会在人生的旅途中颓废、跌跤。因此，导师应与学生共同探讨对未来人生的期待，学生在导师指导下制定出明确的目标，这将对学生的未来发展产生极其重要的影响，而且，学生对于当前的学习任务也会更有动力。目标的制定既是对教育者的要求，也是学生成长的自身需求。因此我在指导学生时就将帮助学生树立远大的人生目标作为首要工作。

我在和一名学生交流的过程中，发现他很喜欢理科，也很在乎自己的学习成绩和年级排名，但他当前只想考一所重点高中，以后能上一所好大学，对未来并没有更多想法，更谈不上人生的远大目标。于是我告诉他，提高自己的学习成绩没有错，将来考好高中、好大学也没有错，但必须明确学习目的，我们学习不仅仅是为了自己的前途，更是为了推动国家的发展和进步，青年兴则国家兴，当前国家建设和发展需要大量知识型人才，要向着这个方向去努力。在我的启发下，他经过认真思考，规划出自己的远景目标——学好理科，以后上大学学经济，将来在经济领域为国家做贡献，从此这名学生的学习劲头更足了。

2. 加强学业辅导，夯实学业基础

中学生学习任务繁重，面临着中、高考的升学压力。如何提升自己的学习成绩是学生最为关心和关注的问题。作为导师，帮助学生在课堂之外取得学业上的进步是一项重要而艰巨的工作。学生学业成绩不理想的因素有很多，比如学习态度不端正、目标不明确、不了解自身的优势、学习方法不正确等。导师在对学生进行学业指导时需要精准"诊断"出学生成绩不理想的根本原因。

以我自己指导的一名初三学生为例，她自认为学得很努力，但英语成绩总是上不来，每逢大考，拉低整体分数的无一例外都是英语。在交流中，我能感受到她复杂的心情：一方面其他学科成绩都还不错，每次总在英语上"翻船"，导致总分提不上去，心里很是着急；另一方面，她似乎已认定英语是自己的"死穴"，无论怎么努力都学不好，自信心严重不足。针对这种情况，我劝她先别盖棺定论认为自己学不好英语，先分析一下问题出在哪儿——为什么英语成绩总是不理想？她认为是词汇量不够，单词记完就忘，所以做阅读题常常出现读不懂文章的情况。既然知道自己词汇量不足，那么有没有多花些时间、采用一些好方法记背单词呢？她的回答是如果完成作业比较早，有时间的话就会集中背一下。了解了情况，我帮她分析了英语单词总是记不住的原因：第一，不能保证每天学习。学习贵在坚持不懈，特别是对于薄弱点来说，更要多下功夫，每天坚持，才能看到进步。如果记忆单词不能够每天保证一定的量，只是有时间才背一背，没时间就置之不理，如何取得进步呢？第二，没有选择好的时间段记忆单词。每天完成作业至少也要到晚上九点，经过一天的学习，很疲惫，头脑也不够清醒，这时记忆单词一定不会有好的效果。而且对于背单词来说，与其拿出整块时间集中记忆，不如"化整为零"地把时间分散开来，利用零散时间记忆，这样效果会更好。第三，缺乏整体和每天的计划安排。没有明确计划一天要完成多少单词量的记忆，也没有一阶段需要背完的单词数量，这样自然心中没数，时间一长就会发现自己的单词量几乎不会有什么变化。听完我的分析后，这名学生也认为自己确实存在这些问题，对之前的学习方法进行了反思。最后，我还建议她多与英语老师进行交流，尽快找到适合自己的英语学习方法，以便提高成绩，并鼓励她只要找对方法、下够功夫，一定可以在英语学科上逆袭。

在指导学生学业问题的过程中，我发现，虽然导师可以调动自己学生时期的某些学习经验，更加具体地指导学生，但仍然无法给予学生其他科目的专业指导，涉及某一学科的具体学习方法，学生还是需要向任课老师寻求帮助，但是我认为我可以给予学生一些基本学习策略的指导，因为初中阶段基本的学习方法各学科是相通的，而且实践证明这些基本方法也是极其有效的。譬如：新课提前预习法、课后复习巩固法、理解记忆法、重复记忆法、查漏补缺法等。

导师工作最重要的其实还是在“引导”二字。通过与学生交流学业上的问题和困惑，引导学生客观正确地认识自己，比如，哪些是自身的优势，哪些是自己的弱项，优势如何保持，弱项怎样弥补，特别要找准并分析自身存在的问题，帮助学生重新建立起学业进步的信心，而对于一些共性的问题，比如指导学生端正学习态度、学会安排时间、学会规划自己的学习进程、激发学习动力等多个方面，导师的指导会对学生的学业产生很大的影响。

3. 及时心理疏导，走进学生的内心世界

教育是心与心的交流，导师与学生的平等交流是对学生的莫大尊重。在承担导师工作的最初阶段，我更多的是就他们的学习状况加以指导。但随着学生进入初三，我慢慢发现学生对于心理疏导的需求比学业指导方面的需求更加强烈。特别是中学生处在心理巨变的时期，而由于年龄较小，他们自身处理和解决心理问题的能力还不够，所以在这一过程中，导师就必须肩负起疏导学生心理的责任，使他们获得心理上的有力支持。所以，我的指导工作也从原来的一上来就帮助他们分析成绩转变成先让他们谈谈自己的近况，谈一谈自己在最近一段学习中的所感所想。有时倾诉本身也是一种心理释放。

记得一次我指导的一名一直被视为“乖乖女”的学生因为学习中遇到了挫折准备消极应对，在和孩子妈妈进行了短暂的交流后，我把自己上学时遇到的挫折和后来努力克服挫折的过程讲给她听。孩子本身并非没有目标，在听了我的经历后她仿佛找到了共鸣。我告诉她，在每一个人生的关键时刻，都会有特别大的压力，但是只要能挺过来就会发现面前是一片豁然开朗的新天地，风雨过后才能见彩虹。经过一段时间的导师工作，我深刻感受到，导师不但要关心学生的学业进步，更要关注学生的心理健康，促进学生身心的和谐发展。针对不同学生的性格特点，敞开心扉与学生进行心与心的对话，这样当学生情绪低落时，才能有针对性地进行疏导；当学生遇到挫折时，才能帮助他们勇敢地面对；当学生学习遇到困难时，才能帮他们及时解决。

总之，通过承担导师工作，我深刻体会到中学导师制的必要性与优势所在，导师是学生成长之路上思想的引导者、学业的辅导和心理的疏导者，是学生的良师益友，推动着每一名学生走上更加全面、健康的发展道路！

王丽丽

新高考背景下的导师工作方法初探

选我做导师的学生有很多都希望在英语学习上得到帮助。而我认为，我可以做得更多。

当然，作为导师，与学生谈话是重要的一项任务，我与带导的学生大多数的谈话都是在中午午休的时间进行，但是中午我带导的学生有的要去找老师问问题、有的要打球锻炼，我不想占用学生过多的时间。所以我总是把自己看到的问题摆出来，或批评或表扬，然后提出我的建议。这样看似效率比较高，但是后来我发现自己带导的一个学生和我谈话时只有几句话："嗯""好""知道了"，全程我都不知道这个学生的想法是什么，他有没有自己的意见。而且对于这个学生每次谈话的效果也并不好。

除此之外，在高考制度改革的背景下，学生与教师都面临"新生事物"，即必考＋选考模式以及等级赋分制这两项变化，基于以上变化，以及我与学生接触过程中的思考，我找到了如下应对的方法：

方法一：针对等级赋分制的导师工作方法实践

所谓等级赋分，指的是按照所有考生成绩从高到低，按照百分制去排位次，前3％就代表只被3％的考生超过，前50％就代表被一半的人超过，以此类推。高考是一种选拔性考试，它的目的是在一群水平不同的人中间选出优秀的人才，单纯的分数对高考来说其实没有多大的意义，所以，等级排名才更加符合高考的初衷。但是只有百分等级也不行，因为最后成绩出来了，告诉你物理成绩是5％，这很奇怪，统计成绩和录取等也会不方便。所以，还要将百分等级再转化为具体分数。此时的分数就与最开始的卷面分数完全不同了，因为已经通过排名给标准化了，各个科目之间也可以直接比较与相加了。了解了等级赋分制度就可以在指导学生选科的时候更加客观地帮学生分析成绩，找出学生的优势科目。

作为导师首先要深入了解等级，了解赋分制度，只有了解了等级赋分制度才可以在指导学生选科的时候更加客观地帮学生分析成绩，找出学生的优势科目。如果学生两个科目的成绩差不多，不能只看这个学生平时哪科成绩好，就建议其选哪一科，真正理解了赋分制的话就应该更关注排名，而不是单纯关注分数的绝对值。在学生多次形成性的测试中了解各科的排名，然后帮助学生绘制一个曲线图，这样才能更客观、更直观地找出他们的优势，从而更好地帮他们挖掘潜力。

针对学生提高成绩的需求，我开展了如下工作：

首先，建立起一个导师的微信群，这样才便于我督促和发布任务，另一方面三位同学可以互相督促、互相学习。

其次，利用期中和期末的集中指导时间给每个学生做个性化的指导，给学生出主意、帮学生想办法，让学生有努力方向、有学习方法。

最后，通过家长会和其他形式与家长联系，让家长了解孩子的学习情况，给家长提出一些可行的建议，让家长和教师配合，共同督促学生，帮助学生提高成绩。通常家长愿意配合老师，只是苦于学生不爱听家长的指挥，如果在老师的指导下，家长能有效地提出建议并适度地督促而不是一味唠叨，这样对学生的进步会更有帮助。

方法二：针对必考＋选考模式的导师工作方法实践

2017届学生在高一时最棘手的问题就是学生改变了以往选择文理科的方法而是选择自己想选考的三个科目，打破了文理科的界限。我的一个学生就在选科前咨询我，家长和我探讨了一个多小时，我当时只是觉得分数是第一位的，只要选择分数高的科目就可以了，所以我当时的指导都是围绕分数来的。

但是后来我才发现其实选科和选文理还是有所不同的。首先以前我们鼓励对于物理、化学没有太大学习困难的学生选择理科，因为录取理科生的大学更多，因此录取机会也就更大。而现在每个大学根据专业的不同，要求选考的科目就不同。这就要求学生在选科的时候要关注自己的优势科目，同时也要关注自己的兴趣、今后的专业和就业。

从新高考试点地区浙江、上海来看，因为难度高，物理被很多学生打进“冷宫”，结果去年高考更容易被重点大学和好专业录取的恰巧是那些选了物理并发挥不错的考生。另外选考科目与大学的专业也有重要的关系，例如物理学与信息技术、新材料技术、新能源技术、航空航天技术、生物技术等有紧密联系，想在未来从事上述相关行业，就必须学好物理。同时化学已成为生命科学、材料科学、环境科学、能源科学、信息科学等领域的重要基础。其次，考生面临20种选考科目的组合，学生应最大限度地发挥特长取得高考的成功。例如，历史＋政治＋地理，这种组合会导致专业选择严重受限。因为不少高校专业和学院的要求是必须要选一门理科，所以一门理科都不搭的纯文科组合在专业上就受到很大限制。物理＋化学＋历史，这种组合竞争太激烈，而且是一种偏理科的选择，是很多学生愿意选的组合，但也是所有20种选择里难度最大的一种组合。学生如果对这些选考科目的组合有比较深入的了解，可以减少因为选科不当而造成的失误。

当初作为高一学生导师的我被问到如何选科的时候，我除了“成绩好就选”，基本想不出其他的指导思路，后来通过各种途径的学习，我发现其实选科的门道还真不少。所以要想帮助学生，作为导师首先要了解大学录取时对于选科的一些大致要求和相关政策，而且随着时间的推移，大学会做出一些改变，对于这些改变，如果导师能够及时了解，在指导学生选科时就会更客观。其次，帮助学生选择选考科目其实也就是帮助学生进行科学的生涯规划。既然是对生涯进行规划，了解学生的兴趣、优势和性格特点是很重要的。我在指导学生的过程中就一再告诫学生，选科会影响今后的就业，如果有特别喜欢的学科并愿意为之加倍努力，且能力又允许，那么选这个科目也是可以的，即便这科的成绩可能目前并不理想。

为了使导师与学生的谈话更有效，我采取了如下方法：

首先，我先发现学生的问题，改变提问的方式，引导学生自己说出问题所在，自己想出解决的方法，我再提出建议。以前我总是说“你应该……”后来我这样问：“你近段时间上课时总是不专心听讲是什么原因？”“你对老师讲的课有什么听不懂的吗？”“你在学习上有什么困难吗？”让学生多表达自己的想法，学生自己发现自己的问题对于解决问题可能更有好处。

其次，丰富原来谈话的内容。原来我认为既然学生想提高英语的成绩，那我就要告诉学生怎么学习英语。后来发现只谈英语的问题，开始学生还有新鲜感，以后就没有什么兴趣了，积极性也随之下降了。于是我又加入了一些其他内容，比如鼓励学生在其他科目上进步；表扬学生对班级做出的贡献；表扬学生乐于助人；等等。我发现孩子听到表扬和鼓励之后都挺高兴的，因为他们觉得导师是关注他们的，对他们是满意的。这样反而倒让学生有好好表现的愿望。

王丽艳

团体辅导促成长

——发挥导师的引领作用，促进学生间的相互交流

学校开展跨年级的全员导师制已近五年。每一年，总是有同一年级的多名学生选我做导师，这些学生情况各异，彼此间的关系有近有远，为了避免在谈及成绩、交友、师生关系等话题时由于有其他同学在场而出现相关同学不愿意进行深入交流的情况，同时我也希望学生感受到老师对于自己的关心与交流是独一无二的，所以我始终注重对带导学生进行个性化指导，尽量创造条件与学生进行一对一的谈话与辅导，由此取得了较好的效果。

但是经过一段时间的实践，我发现这样的带导方式存在着一定的不足和局限，例如，没有充分发挥导师跨年级带导的优势，没有发挥出学长制的作用，没有充分利用导师制促进学生同伴间的相互教育。因此，随后我在保证一定时间的一对一交流的同时，开始有意地开展团体辅导，取得了较好的效果。具体方式总结如下：

经验一：发挥学长制优势，跨年级交流分享

本学期开学初，我邀请之前带导的一位已上大二的学生回学校与现在带导的高中学生开展了一次交流活动，这次活动很受学生们的欢迎，特别是高三的学生，其中一名学生当天回家以后就把这次交流的要点做了详尽的笔记，贴在自己的书桌前时刻提醒自己。虽然学校通常也会邀请一些优秀的毕业生回来给学生们介绍经验，但那毕竟是针对全年级的讲座，不是每一个学生都有机会提出自己个性化的问题，更不可能进行深入的一对一的交流，而这种小范围的由导师组织的交流活动可以很好地弥补这一缺憾。在人员的选择上，我觉得请大二的学生回来讲最为合适，因为他们对于自己的专业及大学生活已经有了一定程度的了解，同时，经过一段时间的沉淀，对于自己的高中学习和生活也有了更加理性的认识和分析。在时间的选择上，有几个时间节点可以考虑，如：十月——升入高三后的学习方法与适应；高考前——考前冲刺与心理调适；高考后——专业介绍与志愿填报。

我本次邀请的这名大二学生 H 学习优秀、上进，热爱阅读，充满了正能量，当初在校时就多次在年级学生会上给本年级的同学介绍过学习经验，请她来分享经验非常合适。由于时间有限(只有一个午休的时间)，为了提高效率，我提前让高二、高三的学生准备好想要请教的问题，我自己也准备了几个问

题，提前发给受邀人，请她稍做准备。我把这次交流的地点定在机房，这里环境安静，无人打扰，我给学生们准备了简单的饮料，特意营造出轻松、愉快的交流氛围。简短的自我介绍以后，大家很快熟悉起来，H从自己就读的大学和专业开始介绍。针对高中学生的提问，她从是“应该选择自己喜欢的专业”，还是“不怎么喜欢但成绩比较好的专业”等方面谈了自己的体会。并且把自己身边要好的同学所选的院校、所学专业的情况也做了分享。接下来，问题转向了更加迫切的现阶段的在校学习。从高三每天学习的时间不够用怎么办，如何跟任课教师交流，课外阅读的好处，课外辅导班的选择……到与同学交往不顺利怎么办，再到各个学科更加具体的学习方法，等等。一转眼，午休很快就要结束了，学生们都意犹未尽，于是我们建立了一个微信群，便于今后进一步沟通。

这次的交流活动让我们师生都很获益，其中两位高三的学生觉得这种方法非常好，在后来的一次导师见面时她们还主动提出是否能请到一位物理比较好的学长介绍一下物理的学习经验(她俩都选修物理，并且当时都遇到了一些学习上的困难)。结合她俩的需求，我想到了一名我曾经带导的现大一学生，他在高中时曾经到外地借读过两年，他曾经跟我说过在那两年中，他遇到了一位对他产生深刻影响的物理老师，这位老师教给他的方法十分有效。于是我赶紧把学生们的问题发给了他，请他给我讲一讲那位物理老师传授给他的“秘籍”。这名学生结合我的问题和他自己的学习经验，分享给我一些物理学科的学习方法。我把这些方法整理后打印出来，第一时间转给了高三的两名学生，供她们学习、参考。

除了邀请毕业生分享经验外，我也会创造机会让不同年级的学生进行交流：邀请高二的学生给初三的学生介绍初三复习、备考的经验，介绍自己的高中母校，让初三的学生对于涉及的几所高中从毕业生的角度有一个初步的认识和了解，为将来填报高中志愿提前做些准备；邀请初三的学生给初二的同学介绍生物、地理的备考经验；等等。这些活动也都受到了学生们的欢迎，取得了较好的效果。

经验二：同年级学生间的相互帮助

在团体辅导过程中我发现，我带导的两名高三学生中小A由于种种原因与本班同学的关系不融洽。而另一名学生小B为人正直、热情，充满了正能量。两人原本并不熟悉，但我发现经过几次共同辅导，她俩交流得很愉快。于是在之后的活动中，我有意让这两名学生多交流，希望小B可以以自己的正能量影响小 A 同学，同时也缓解小 A 与本班同学关系紧张所带来的同伴交往方面的压力。这样的安排取得了较好的效果。

我带导的三名初三的学生从学习成绩上看，小 C 比较优秀，小 P 是中等生，小 E 是学习有一定困难的学生。同时小 C 性格很外向、爱表达。因此，我在后面针对初三学生的团体交流中主动引导小 C 分享自己各科的学习方法，从如何使用错题本，用好错题本，到英语听说考前如何复习，如何有针对性地背单词，再到如何安排日常学习时间，上课时犯困了怎么办等。在她讲述的过程中，小 D 和小 E 会结合自己的情况向她提问，她再结合自己的经验进行解答。这次活动三名学生交流得非常愉快，小 D 和小 E 收获很大，而小 C 也在这个过程中梳理了自己的学习方法和经验，相信对她今后更好地安排自己的学习也有一定的帮助。

经验三：师生共读，相互促进

除了日常的导师见面交流以外，我一直在有意识地找一些师生可以共同参与的活动，希望可以跟学生们在活动中开展不同形式的交流和沟通，同时也促进学生间的交流，但由于疫情的原因，很多线下的活动无法开展。一个偶然的机会，我读到了一本名为《成为学习高手》的书，这本书中介绍了一些很实用的学习方法，并且这本书内容不多，章节清晰，简单好读，读一节大约只需要五六分钟的时间，我觉得这本书很适合推荐给高中的学生，于是我决定开展一次师生共读的线上活动。我把书送给高二和高三的同学每人一本，结合两个年级学生的实际情况做了不同的安排：高三的学生学习时间紧张，所以让他们自己安排时间进行阅读；高二的学生学习任务相对没那么重，和我以每天一节的速度进行共读。具体的方法是我和高二的三名学生每天花几分钟的时间共读一节的内容，将自己的收获、体会或是对自己有启发的章节题目、重点句子写下来，发到微信群中进行交流，高三的学生根据自己的实际情况观看、交流。全书一共 19 节，我们用不到一个月的时间即可读完。读完后学生从中选择任意一种学习方法进行尝试，等到期末放假前再就实践以后的心得体会进行交流。这种线上交流的方式方便、易行，同时促进了学生们有意识地以科学的学习方法提升成绩，而不仅仅是基于个体经验的尝试摸索。

经过一学期的尝试，我体会到作为导师对学生进行辅导与作为教师进行课堂教学是一样的，应该时刻提醒自己教育真正的主体是学生，导师应该充分发挥引领作用，开动脑筋，努力创造条件，设计符合学生实际情况的交流活动，促进学生间的充分交流，这种同辈间的交流往往能起到更好的效果，同时也充分体现出学校跨年级带导的优势，挖掘学长制给不同年级学生带来的益处。在活动时可以充分利用各种技术手段，线上与线下相结合，形式灵活多样。当然，团体辅导与个体一对一的辅导两种方式各有特点，应结合实际情况，灵活应用，使两种方式发挥各自的优点，更好地为学生服务。

冉娟娟

助力学生自我提升的方法

庄子曰："吾生也有涯，而知也无涯。以有涯随无涯，殆已!"在当今多元的社会环境下，学生该如何将有限的知识学以致用？这就很有必要事先制定生涯规划，有目标地学习自己所需的知识与技能。当学生在生涯探索、规划和决策上遇到种种困惑时，就需要导师从旁辅助，及时答疑解惑，帮助学生提升对自我的认知。

如果中学生能尽早对自己的兴趣、爱好、个性和能力有所了解，知道自己适合从事什么职业，并对这一职业所涉及的专业进行一些探索和研究，那么他们在高考选择专业和毕业择业的时候就会有比较清晰的方向。

中学生导师提供的教育，是站在中学生心理健康的视野下，有序、有效地展开个体生涯规划指导，促进中学生身心的健康成长，其根本任务是建构完整的人格，以帮助学生有效地适应社会，其终极目标是助力学生的自我实现。作为导师，我在带导学生的过程中，通过加强沟通交流、合理规划时间、优化学习策略、整合多方力量等方法，切实落实导师计划，充分发挥导师的引导作用，助力学生健康成长。

1. 加强沟通交流，体现导师关怀

中学生导师是学生成长的引路人，学生是生涯教育的主体。在生涯教育过程中，导师扮演着极其重要的角色，加强和学生的沟通交流，不仅能起到紧密联系师生关系的作用，还能让学生体会到被关注和被关爱的温暖。

我在与学生的交流过程中，从最初的刚刚接触，到中期的逐渐熟悉，再到后期的相互信任，沟通交流的频率很关键。沟通是交流的基础，只有加强沟通，才能深入地了解学生，建立起学生与导师之间的信任。

导师作为成人，要想和学生之间逐步加强沟通交流，就要有意识地去发现学生身上的特长、兴趣、爱好等，摸索出可以相互交流讨论的主题，再进一步挖掘学生的个性。

在学校，每个月，我都会预留出充足的时间和所带导生专门进行面对面的沟通交流。如果有需要，我还会增加辅导次数，比如重大考试前及放假前。此外，借助即时通信工具，我还会每周和学生沟通近期的学习计划，讨论学习中遇到的问题；了解学生的课余生活，关注学生现实生活中发生的事情。

以我辅导的某初二女生为例，从最初她对我不了解、不信任，每次见面谈话只说几句，到现在一个学期下来，她愿意打开心扉，和我聊聊学校中遇到的问题，生活中发生的事情。有时候我们还会交流近期有哪些展览和电影值得关注。每次考前或者过节，我也会及时通过微信送去导师的鼓励和祝福。一次次的学校面谈，一段段的微信文字，一张张的生动表情，将导师与导生之间的时空距离拉近了，将心与心之间的距离拉近了。

只有对学生付出浓浓的爱，才能赢得学生深深的情，学生才会有意外的转变和显著的提高。在日常学习和生活中，我一点一滴地积累与学生沟通交流的经验，尝试以诚待人，推心置腹地交谈，以达到教育和引导的目的。提升与导生打交道的效率和能力，让学生真切体会到被关注的温暖，这也是导师进一步开展其他工作的基础和前提。

2. 合理规划时间，激发学习兴趣

中学生正慢慢步入认知发展的高速路，因此，帮助学生养成良好的学习习惯，合理规划学习时间，优化精力分配就显得尤为重要。从小学到初中，学生从仅仅需要面对语、数、外三门专业课到道德与法治、历史、地理、生物、物理、化学等多门学科与三门主科一起涌现，他们急需调整自己的学习计划。

我会帮助学生制订学习和生活计划。按照学校制定的作息时间，再制订一份个人学习计划，然后给学生安排学习任务，让其自己挑选喜欢的科目。每次布置作业，我也会特别布置一些相对简单的，学生能完成的作业，一步步提高学生的学习兴趣。

以一名初二男生为例，他在数学、物理等理科方面比较出色，但是语文和英语比较薄弱。因此，我为他制定了语文及英语的学科时间规划。根据他的个性及特点，为他制订了每日清晨的 10 分钟晨读和每日睡前的单词复习计划，以巩固这两大学科的基础知识。经过半个多学期的努力，他的古诗词背诵成绩和英语单词的记忆效果都有了显著的提升，也慢慢建立起了对于薄弱学科的自信。

导师通过分析受导学生的学习状况，加强学习动机、学习兴趣、学习方法、学习习惯的辅导，能帮助受导学生排除不良学习情绪，树立学习信心，锻炼学习意志，提高学习能力；按照因材施教的原则，对受导学生实施匹配策略，进行多重辅导方式，提高受导学生学习的效率，让学生想学、愿学、能学、学会以及会学。为了促使学生立志，养成良好的生活习惯，我还会经常推荐一些名人的成长故事书籍，促使学生逐渐意识到自己擅长的方面。

关心学生的日常生活、帮助学生应对紧张繁忙的初中生活，引导学生形成良好的生活习惯和生活方式，帮助学生建立有益于身心健康、学习进步的生活作息制度，指导学生自己的事情自己做，帮助家长做力所能及的家务，促进学生建立合理的生活规范，学会过有意义的生活。当然，监督计划执行情况也是必不可少的，经常需要对其进行必要的督促，以帮助学生逐步地在学习过程中落实各项任务和计划安排。

3. 优化学习策略，提升学习效率

要想真正帮助学生提升学习成绩，除了帮他们合理规划时间、分配精力之外，优化学习策略，提升学习效率也是一个至关重要的环节。学生对于学习中每一点小小的进步，都有切实感受。因此，作为导师，要有的放矢，指导学生在学习方式、方法上进一步优化，不断提升学习效率，帮助他们获得学习上的成就感，感受自身的价值，体验成功的愉快。同时，这样也有助于学生改正缺点，健康成长。

对于学科的具体策略，我将目前初中的9门学科分为四组，分别是语言组（语文和英语）、数理组（数学和物理）、生化组（生物和化学）、文科组（历史、地理和道德与法治）。针对不同学生的学习风格，我采取了定制学习策略的办法。

以我带的某初二男生为例，在初一下学期的期末考试中，他的英语成绩很好，但语文基础相对薄弱；地理成绩很好，但历史和道德与法治成绩不理想；其他学科均为中等以上水平。在和该学生深入沟通、交流后，我们初步探讨了注重语文和历史及道法的学习策略。

在语言类的学科中，我建议他借鉴自己学习英文的方法，将语文也列为背诵默写的重点科目，不仅要会背诵课本要求的文段和诗词，同时也要能将每篇课文的梗概和要义复述出来，概括在笔记本上。一开始，这名男生存在畏难情绪，比较懒，不爱写字，于是我通过微信监督他，让他把每课的概括笔记发给我，我修改后再发给他。渐渐地，他养成了课后总结、梳理的习惯，同时他在整理思路、下笔概括、词语积累等方面的能力都有了一定的提升，连带作文成绩也有了提高。

在文科组学科中，由于对文史知识和道法内容兴趣不大，一开始很多计划都没能得到落实。一个偶然的机会，该生提到自己很喜欢看纪录片。于是，我便抓住这个契机，给他推荐了一些关于历史的优秀纪录片和相关的节目。因为每天娱乐休闲的时间有限，我就和他一同制订观看计划。几个月下来，他看完了百集历史纪录片《中国通史》，对中国历史发展的脉络有了一定的了解。

同时，我还为他推荐了一些爱国主义教育名篇，将历史与道法联系起来，让他从更立体的视角看待学科间的关系，从而提升学习效率。在期中考试中，这名同学的语文、历史和道法成绩都有了不同幅度的提升。我还记得，出成绩的那天，他给我发了一条微信："王老师，我觉得自己又行了!"这几个字让我知道他渐渐找回了学习上的自信。

中学阶段是学生世界观、人生观和价值观形成的关键期，也是学生选择未来人生发展方向的关键期。在这个关键期，要充分发挥中学导师作为引路人的作用，把导师制与日常教育、教学有机结合。

首先，导师要与学生加强沟通交流，体现导师关怀。多找学生沟通交流、聊天谈心。导师应尽量拉近自己与学生的距离，消除沟通障碍，慢慢让导师这一角色融入学生的生活，让学生感受到被关注的温暖，愿意对导师打开心扉，把导师当作自己的良师益友，从而为下一步指导学生打好基础，做好铺垫。

其次，导师要帮助学生合理地规划学习时间，激发其学习兴趣。中学生导师要帮助学生度过学科骤然增多的"不适期"，探索出一套符合学生特点的时间作息表。同时，也要鼓励学生多学习、多涉猎，丰富课余生活，激发学习兴趣，让兴趣成为学生最好的老师。

此外，导师还要因材施教，帮助学生优化学习策略，提升学习效率。针对不同学生、不同学习风格，制定适宜的学习策略，帮助学生建立学习的自信，树立起对学习的信心。

开展导师制度是对中学生生涯规划教育的重要体现，能促使学生全面而有个性地发展，是实施素质教育的重要组成部分。相信通过师生不懈的努力，学生一定能学会与人沟通交流，学会合理规划时间，学会制定学习策略，体会学习的乐趣，重树自信，发挥潜能。

王翰婷

导师如何获得学生的信任

有科学实验表明，人们的智力水平是符合正态分布的，即大多数人的智力水平相差无几。但两个智力水平相当的学生，在学业表现上却可能有较大的差距。

为了知道背后是什么因素影响着学生的学习成绩，墨尔本大学的John Hattie教授用了15年的时间收集数据，通过分析全球2.4亿学生的样本，终于提炼出了150个学业成就影响因素，并按照影响效果的好坏进行排序。

其中导师的可信赖程度以及学生面临导师教导时的态度，都排在影响学业成就因素的前五位。可见导师对学生所起的作用是非常大的。而全员导师制作为北京市第一五六中学的教育特色，在学校学生教育过程中起着相当重要的作用。而我作为9个孩子的导师，可以算目前为止全校带导学生较多的导师之一。在这两年的导师工作中我也积累了一些心得：

我做教师工作二十几年，感触最深的就是要建立起学生对教师的信赖。导师也一样，如果学生信任一个导师，那么导师对他们提出学业上的建议，他们便会更容易听从。而成为导师以后那些并不熟悉甚至原本不教的学生找到我时，如何在短时间内建立起他们对我的信任就成了我导师工作的当务之急。

很多导师会觉得，要学生信赖自己，等同于要让学生喜欢自己。其实“可信赖”不等于“喜欢”，有的学生也许会喜欢风度翩翩的导师，但不代表这个导师就能取得他们的信任，学生就能与之坦诚交流自己的学习情况。

为了得到学生的信任，我主要从以下几个方面着手开展导师工作：

1. 建立信任的第一印象

心理学上有一种效应叫“首因效应”，即对一个人的第一印象会影响和这个人往后的交往。导师们可以抓住第一次和学生“打交道”的时机，精心设计一些活动来拉近和学生的距离。如果第一印象不好，后面就需要花很大力气来扭转，费时费力。比如我在见第一位初三带导学生之前，先咨询了年级主任，对他的情况有了一定的了解，当得知他也很喜欢历史时，我就在第一次见面时与他谈了关于兴趣爱好的话题，还一起分享了我们的历史兴趣点，就他感兴趣的二战史进行了交流。我们谈了对丘吉尔的认识，谈了法国在二战中的政策。而这些都成为后面我和他交流过程中产生共情的材料。再后来，当他“管不住自己”时，我就会用“法国的抵抗决心不足”来提醒他；当他不能坚持时，我就会用丘吉尔有关“不断战斗”的名言来鼓舞他。由此，我们有了良好的互动。虽然作为一个孩子，他依然很调皮，但我们的关系却融洽了很多，我的建议他也乐于接受。

2. 向学生解释“为什么”要这么做

为了促进带导学生学习，我一般在进行思想工作时都会向学生详细解释所做事情背后的原因。面对已经逐渐明白事理的高中生，这样做的效果尤为显著。人一旦被道理说服，他就会更乐意去践行这种道理。例如在和导生谈学习的重要性，或让学生进行某项活动时，我都会解释一下背后的原因。比如我想让学生制作自己的错题本，不会只下达一个指令，而是要说明错题本能给学生带来哪些好处及价值，做与不做的差别和意义，让学生觉得自己的导师是一位“深思熟虑”的教师，也就愿意去完成了。尤其是高中学生，他们虽然有时还会控制不住自己的行为，但当他们懂了道理并愿意践行之后，一旦他们自己因为贪玩或其他原因没有完成任务，就会感到惭愧，并在很大程度上愿意弥补。这样不但让学生完成了学业水平的提升，也间接地让他们学会反思与慎独。

3. 让孩子感受到你具有渊博的学识

导师自己有丰富的知识还不够，重点是要让孩子能够感受到你有渊博的学识。一般和我接触的孩子都会感到我的学识比较丰富。我想这是和我自己一直对知识葆有极大的热情与好奇心正相关的。其实我觉得，在现阶段，孩子一般对知识都有好奇和渴望。而且我坚信，知识自有其无尽的魅力，作为导师，不需要教导学生热爱知识，只需要在接触的过程中将知识的美好传递、渗透给学生即可。因此在和带导学生交流的过程中，我也总是喜欢发现他们的兴趣点，并借此和他们交流。在我的导生中有一位文学爱好者，我常常与她就文学作品进行对话。很多作品，尤其是经典作品有常读常新之效，和孩子的交流也促进了我对作品的理解，而孩子也会因和我的交流而更亲近并信任我。

有研究发现，有的教师存在“专家盲点效应”的问题，如果教师对知识掌握程度过高，自己的思考方式、教学方式就可能与学生目前的接受程度产生巨大差距。这一点在与导生交流的过程中会很明显。学生一般将其归为代沟，但是如果处理不好，确实会对与学生的交流产生不利影响。因此我也要求自己，一事当前要多站在学生的角度思考，体会他们会如何理解，这样学生会觉得与老师容易沟通，从而信赖老师。

4. 面对学生要勇于承认自身不足和错误

在当今这个信息爆炸的时代，教师在某一领域掌握的资讯不及学生是非常正常的。如果有自己不知道的问题，要勇于承认，不要不知强以为知。比如在动漫和游戏领域，我从来都坦承不如学生知识丰富，这样的态度反而更能拉近与学生的距离，让学生觉得老师平易近人，不耻下问，因此更愿意和我交流。尤其是在自己说错话或办错事时，教师更需要有承认错误的勇气。我始终坚信：强者的道歉是宽宏大量。有一次我和带导的学生谈考试成绩，说到他上课的表现，因为事情过去了很久，我的陈述令他感到很委屈，他急于辩解，声音越来越大，最后几乎和我咆哮起来。我立即反思，当即承认了错误，向他道歉。事后他也找到我，向我承认了错误，并和我进行了坦率的沟通，以前他一直觉得我对他存有偏见，在我道歉后，他觉得我是个有原则的人，因此增加了对我的好感。这件事也改善了我们的关系。作为导师，只有和学生坦诚相待，学生才会更信任你。

5. 以理解学生的姿态沟通

在和学生交流时平等的态度非常重要，甚至有时学生对平等的要求会超越建议本身。尤其是对于在青春期的学生，导师如果用“我是为你好”的姿态，强行要求学生按照自己的方式行事，往往会起反作用。学生很可能无法感受到导师的好意，反而影响对导师的信赖度。因此导师要尽量了解学生的想法，并根据他们的想法来做沟通。有时看似随意的态度倒可以拉近两人的距离，制造平等的效果。因此我在和导生谈话时经常会和他们开玩笑，以此来缓解气氛。有一次我和一位导生谈话，她非常紧张，在原地转来转去，我对她说：“赶紧搬个凳子坐下，你转得我都快晕厥过去了。”她不好意思地笑了，但是也渐渐放松了下来。就这样，我营造了良好的交流氛围，赢得了学生的信任。

6. 要做学生的倾听者

有时导生和导师交流并不是希望及时解决问题，只是希望能够倾诉或得到理解。俗话说“清官难断家务事”，我觉得有时候导师并不能解决学生的所有问题，但至少可以做一个温柔的倾听者，让学生感觉到这个世界的善意。如我有一个导生，和家长的关系很紧张，觉得家长偏心，其间还纠缠着复杂的家庭关系、父母之间的矛盾。一开始我束手无策，觉得很难帮助他解决这些问题，但后来我发现，他和我倾诉只是因为在家里没有宣泄的渠道，每次说完这些烦心事，他的心情就会平复很多。我这才明白，其实只做一个倾听者有时也会有改变的力量。

7. 有技巧地对待学生的错误

学生是否能认识错误，也是影响学生学业成就的重要指标。而同样一句导师的评语，信赖导师的学生有可能将其看作是改正的方向；而不信赖导师的学生则有可能把它看作是批评，带来负面情绪。而这两者带来的后果全然不同。为了让学生能够正确接受我的意见，我力求做到以下几点：日常评价中，弱化“错误”带给学生的负面感受，用更委婉的方法指出学生的问题；多使用一些过程性的评价方式，注重思维提升的过程，不要过于“结果导向”，过分强调结果；帮助学生重新认识“错误”，让学生知道错误不一定代表要被惩罚，还可能是修正和进步的大好机会，进而营造一个允许犯错误，鼓励认识错误的氛围。在交流中当学生出现错误时，我会鼓励他们表达自己的想法。我在和学生交流的过程中，还会动态地评估学生的压力程度，并做出相应的调整。

如何取得学生的信任是一个需要导师全方位综合考量的问题。深挖下去，有太多值得我们思考的地方。但是我相信一个导师只要有热情、善思考、将真正的爱倾注于学生身上，就一定会得到学生的认可和信赖。

冯　靖

论导师的三重角色

从第一年带导同年级的 2 个学生到第二年带导 4 个年级的学生，经历与不同学生的接触，我对导师制有了深入的认识，也对不同年龄的学生的教育方法有了更深的感悟。下面我从“做好学生成长道路上的引路人”“做好青春期学生的心理疏导员”“做好学生学业的辅导员”三个方面进行总结。

1. 做好学生成长道路上的引路人

第一次带导，我缺乏经验，对导师制的认识也比较肤浅。在没有经验的情况下，带导效果尚可。第二个学年，我带导的学生是从初二至高二，四个年级的学生。有稚气未脱、单纯调皮的“小朋友”，也有比较成熟稳重、有思想的大孩子。“世界上没有两片完全相同的树叶”，每个学生由于成长环境的差异，行为习惯、思维方式、学习动机等很多方面都存在差异。我带导的 7 个学生就存在很大差异。我认为，无论初中生，还是高中生，都处在长身体、形成正确人生观的黄金时期。作为教师、导师，理应尽力引导学生向着正确的方向发展。做好学生成长道路上的引路人——是我当导师所秉承的职责。

我带导的一名初三学生，行为习惯不太好：上课不听讲，总是跟周围同学打闹、交头接耳；平时经常不完成作业，考试打小抄；不服从管理、不遵守纪律。只要是教过他的老师提起他，都会皱眉头。还有一名高一的学生，虽然没有严重的纪律问题，但学习没有明确的目标、得过且过，“做一天和尚撞一天钟”，因此，学习成绩总是徘徊在年级末尾。我认为这两名学生的问题主要集中在思想方面，他们都存在“即使不学习，对自己也没有什么影响”“我挺聪明的，平时不用努力，考前一使劲儿成绩就能上去”“及时行乐，才算对得起自己”等思想上的误区。如果不从思想根源上解决他们“为什么学习”“为谁学习”的问题，这些孩子不会有很强的学习动力。除了学校安排的固定的带导时间外，我会利用一切机会找学生谈话，积极了解他们的思想动态。比如，一个初三的学生课堂纪律差，经常被老师批评。每当他出现问题，我都会及时找他谈话，给他分析、指出他思想上的认知误区。一点点帮他认识到纪律、约束的重要性。人不能我行我素，放纵自己几年，未来要用十几年甚至几十年的时间来偿还。根据高一的一名学生“比较懒，对自己没有高要求”的特点，我及时找班主任了解他听讲、完成作业的情况。一经发现问题，我总是第一时间找他谈心，解决他的思想问题。比如，这名学生说因为身体不舒服没有完成作业，我就会具体了解他不舒服的程度，然后酌情帮他制定措施，如：下次遇到类似情况可以先完成一部分作业而不能完全不做。如果他出现“作业完成质量低”“马虎”等不认真的情况，我就给他举例说明做事不认真可能带来的危害。为了让学生充分认识自己的问题和可能带来的危害，我总是举各种事例，不厌其烦地教育学生。做好学生成长道路上的“引路人”，使不谙世事的孩子不走、少走弯路，是导师的重要责任。

2. 做好青春期学生的心理疏导员

青春期的孩子敏感、脆弱、情绪波动大。家庭和学校的一些小事都能引起孩子们情绪的波动，甚至影响到孩子们的日常生活和学习。现在的孩子每天都可能受网络等各种传播途径的影响。而由于孩子们好奇心强、模仿能力强，但年龄小、阅历少、社会经验缺乏，所以没有很强的辨别是非的能力，容易被一些不良现象误导。学校的学习生活相对单调、枯燥，学习动机不强的孩子容易产生厌学的情绪。我带导的学生都处在 14～16 岁这个年龄段，情绪波动比较大。其中女生比男生更容易受环境影响。比如，一次月考成绩不理想，孩子们就会出现自我否定、悲观的情绪。而且现在无论家长、学生本人总愿意拿自己跟别人去比较，特别是用自己的短板跟别人的长处去比。这样就越发地没有自信。久而久之，家长的情绪也比较焦虑，孩子的进取心也严重受挫。我带导的学生中就有比较自卑的孩子。我会尽可能抽出时间找这样的孩子谈心，让他们多倾诉内心的苦闷、焦虑，给孩子一个诉说、发泄的渠道。同时，站在旁观者的角度摆事实，让孩子看到自己的优势。并帮助他们分析如何把自己的优势转化为强势、如何扬长避短，使自己的优势最大限度地弥补自己的不足。久而久之，自卑的孩子渐渐减轻了思想包袱、能冷静客观地看待自己的优点与不足，不再一味地羡慕别人，而更能想办法激发自身的能量，以奔跑的姿态迎接每一天的生活、学习。

孩子们正处于青春期，普遍对异性好奇、有好感，有些孩子还会主动接近异性，表达好感。这本是人之常情，但这种情况有可能会影响到学生的学习。因为这个年龄的孩子，自制力不强，太容易分心，把心思花在取悦异性上，使得本来就不太强的学习能力被削弱。一段时间后，成绩有可能下滑。我在带导时，会特别关注这类学生，经常向班主任了解情况，遇到学生有这方面的思想苗头，就马上进一步了解情况，找学生谈话，给学生深入浅出地举实例、分析可能带来的正反面的影响。在推心置腹的交流中，学生会信任我，也能认真地考虑自己的言行及可能带来的利弊，从而认真思考自己的前途。

3. 做好学生学业的辅导员

担任导师期间，我除了关心学生身心健康成长，还利用自己所学、所教授的学科专业知识为学生答疑解惑、进行学科指导及学业规划。中学期间，学习知识是学生最重要的任务。中学时期也是学生奠定终身学习能力的黄金时期。所以导师的另一工作重心就是关注和助力学生的学习。学生的基础良莠不齐，甚至差别较大，往往导致学生的学习能力、学习成绩差别较大。我在本职工作之余，尽量多关心学生在学习方面有无困难，是否需要答疑解惑，尽量在本学科方面多给予学生帮助。我带导的一名初三的学生，学习基础较差、学习习惯也不好。由于我所教的化学课程在初三是起始课，我便适时鼓励这名学生从起始就把化学课的基础打牢，少留漏洞。并经常督促他上课认真听讲、认真完成作业。我还经常利用课余时间检查这名学生对化学基础知识的掌握情况，一旦发现漏洞就马上帮他补上；发现他能力上不足就马上采取措施弥补，最大限度地防止他掉队。由此，这个孩子的化学成绩还不错，他也找到了自信。无独有偶，我带导的一名高二学生选学了化学。该生学习化学的兴趣浓厚、学习能力较强、基础也是不错的，化学成绩一直较好且较稳定。但是升入高二后，所学学科知识难度增大、学习方法需要进行调整。而恰在此阶段，该生认为自己化学成绩不错，出现了掉以轻心的心理。一段时间后，该生成绩出现滑坡，他自己也感觉手足无措、自信心受到较大打击，情绪低落。这名学生跟我诉说了心中的苦恼和恐慌。我看到孩子受到打击，也很着急。经过与任课教师及该生沟通，我精心制订了帮教计划，从学习态度、阶段性学科知识、学习方法的异同及调整策略等具体内容，帮助他进行分析。使得他从心理上认清自己问题的症结，并明白了学习要持之以恒、不能"吃老本"，否则只能停步不前。随后，我又帮助该生制订详细的学习规划，使他学会合理安排时间、高效利用时间。并向他具体讲解化学知识点，为他答疑解惑。经过两三个月的调整和"追赶"，该生终于又恢复了学好化学的自信，并且在几次大考中取得了优异的成绩。

经过两年的导师实践，我与带导的学生相处融洽，交流顺畅，在为学生的身心健康保驾护航方面取得了良好效果。我也感恩学生对我的信任，学生能对我敞开心扉，帮助我收获了教师生涯中有益的育人经验。在未来的日子里，我要继续积累带导经验、热情关心带导学生的成长，尽自己的最大能力为学生的健康成长保驾护航。

李艳如

走进孩子的心灵世界

作为导师，我们每一个教育工作者都应树立这样一种理念：每一个学生都是重要的，班主任和授课教师要对每一个学生的发展负责。即使这个学生身上存在这样或那样的问题，作为班主任和授课教师也不能轻易放弃。每一个学生对于一个班级来说，或许只是1/40；对于一个学校来说，或许只是1/1000；但对于孩子的家庭来说，这个孩子就是100%。教育学生绝不只是班主任的事情，学校积极推行的导师制，就是要让教师人人做学生的成长导师，让学生人人受到应有的关爱。

1. 学生背景描述

(1)个案背景

李同学是一个品行端正、学习勤奋、内敛秀气的男孩子。然而一旦在测试中发挥失常，没能达到自己定下的目标时，他就会变得非常焦虑、沮丧，有时还会偷偷地哭，甚至变得很焦躁。记得有一次英语单词测验后，他抱怨道：我都复习这么多遍了，还没合格，其实错的这些词在家默的时候都没错过，怎么考试就不行了呢？

(2)问题分析

通过观察与了解，我发现：李同学的抗挫能力很差，缺乏自信心，自我心理失调，经常感到压抑。他还告诉我，放学回到家，爸爸妈妈和他交流最多的就是学习成绩。他父母经常问：考试了吗？你考了多少分？班里最高分是多少分？考好了还好，考得不好，家长就脸一沉，说别人能考好，你为什么不能？考差了，我都害怕和他们说实话。这种心理状态的形成，主要有两方面的原因：

A. 家长的期望值过高。和家长联系后，我了解到李同学的父母是老来得子，而且二人文化水平都比较高，是那种特别传统的家庭，家庭条件也不错，因此他们对孩子的期望值也很高，希望他能在最好的学校里接受最好的教育。希望他成绩优异，出人头地。这一切使得李同学的心理负担过重，他有时就念叨着：考不好怎么办？怎么跟爸爸妈妈交代？久而久之，他才形成压抑心理。通过观察，我发现李同学在学习上其实比一般同学更用心。别的同学在操场上活动，玩得汗流浃背；而他则静静地坐在教室里看书、写作业。有时体育课、音乐课他也不想去上，老用身体不适当借口。用他的话说：学习至上。他的精神长期处于紧张状态，而他的父母却很少顾及孩子的感受与心理。由此，他才会产生心理焦虑。

B. 不能很快适应新的环境。我了解到，文质彬彬的李同学在小学时很受老师宠爱，是大家眼里的乖宝宝。可是，升入初中，一切都变了。同学是陌生的(班中没有小学时的同学)；老师是陌生的(不像小学的老师是爸妈的熟人)。再说，班里有一些学习能力强、脑瓜灵光的孩子优势比较明显，小学时出类拔萃的他在中学就不是拔尖的孩子了。心理落差导致其情绪波动加大，再加上他父母亲经常唠叨他：阳阳，你要好好读书啊！爸爸妈妈辛辛苦苦上班供你读书，你要有文化才能成大事！懂事的他听了这些话内心更加不安，说“读不好书简直对不起爸妈的辛苦付出和家人的期望”。他十分惶恐，由此才会不自信，感到压抑。

2. 案例描述

(1)施导措施

A. 与家长沟通。通过家访，一方面，我告诉其父母李同学考试焦虑程度严重，抗挫能力差。不加以关注和调整势必影响其今后的学习。另一方面，与家长交换意见，共同探讨教育孩子的方式方法，希望家长能与孩子多交流。我还告诉他们：健康美好的心灵是父母给孩子最宝贵的财富。心灵的成长和身体的成长一样需要营养，关注孩子的成长要从关注孩子的心灵开始。不能只注重孩子的学习分数，要学会关注孩子学习的具体过程。要学着给孩子减压，还给孩子一片自由发展的天空。更要克服“不拿高分就没有出息”的思想，学着和孩子交流思想，多给孩子鼓鼓劲儿，不要总对孩子说谁考了多少；谁又是班里的第一名。要少挑剔、多赏识自己的孩子。不妨把心中对孩子的爱用语言表达出来。我努力让他们明白：家人间的温情有利于孩子树立自信心，有利于孩子正确面对成功与失败。

B. 抓住契机，及时准确施教。这是我采用的基本疗法。在具体的施导过程中，个体的努力其实很重要。因此，我激励他展现自己，培养自信。为了帮助李同学建立自信心，使他学会欣赏自己。我除了定期找他谈思想外，有时还会和他聊读书，说说故事蕴含的哲理。谈生活，倾听他的理解。我充分地肯定他，让他感到在老师眼里，他是个很不错的聊友。有时我也会找一些名言给他读。如爱默生的“自信是成功的第一秘诀”，马尔腾的“自信心是比金钱、努力、家世、亲友更有效的条件，它是可靠的资本，能使人努力克服困难，排除障碍去争取胜利，对事业成功，它比什么都更有效”。

为了帮助他建立自信，我还有意识地给他创造了一些锻炼能力、提升自信的机会。我让他做电教科代表。他非常认真地向电教老师学习，每次班里上课出现电教设备运转异常的突发事件，同学们条件反射般地叫“李同学，上”的时候，我都能感觉到他有特别强烈的存在感，因为他在为班级服务，因为他被大家需要。学校对电教设备不能及时关闭产生资源浪费的现象有过多次提示，我就把每天关闭所有电源的任务交给他。结果他把工作做得非常出色，我也及时给予他鼓励和表扬，增强他的自信。培养他建立自信的过程也是他自我教育的过程，我希望他能以此激励自己。

C. 引导学生正视挫折，做好心理准备。我从理论学习和生活经验上对李同学加以引导，使他认识到，现实生活中，不可能事事如愿，谁都会遇到挫折，这是一种普遍的现象，它是不以人的主观意识为转移的。我告诉他：人小时候学走路，肯定会遇到摔跤的挫折，但要是因为怕摔跤而不去练习走路，那就永远学不会走路；学游泳的人，肯定会呛水，如果因害怕呛水而不下到水中去练习，那就永远学不会游泳。并跟他讲述名人、伟人正确对待挫折的故事，让他懂得：理想是美好的，但实现理想的过程却是充满艰辛的，必须付出劳动。同时有意识地设置一些挫折情境，来培养他的抗挫折能力。比如他的体能、体质不是很好，体育课上跑步总坚持不下来，但是运动会上我也给了他一个跑步的名额，虽然没有拿到名次，但是他能够为了班级荣誉而战，坚持跑完了全程，这对他来说已经是很大的突破了。

（2）施导效果

进行了大概一个学期的心理辅导后，李同学的学习自信心有所提高，性格也比以前开朗多了。课下他不再是形单影只，而是跟同学一起说说笑笑，探讨问题，而且再也没有发生因考试不理想掉眼泪的事情。他还高兴地对我说爸爸妈妈对自己的态度也好多了，经常关心、鼓励他继续努力。我记得在初三毕业典礼后的那天，他特意走到我面前，说："老师，我特别感谢您对我的教导，我以后会经常回到学校看您的。"说着，他送给我一封感谢信。我当时特别激动和欣慰，因为我知道他平常并不是一个善于表达的孩子。

（3）案例分析及反思

"亲其师，信其道。"教师只有让学生走近自己，才能得到学生的信任，才能更完全真实地把握学生。所以在工作之余，我们还要走出办公室和学生在一起，让学生感到亲近，缩短与学生的心理距离。李同学的变化使我深知心理辅导这项工作任重而道远。放眼望去，现在的孩子尽管衣食无忧，但有一些人却压力重重，身心疲惫，一脸的不快乐。在导师制活动中，导师不再是"居高临下"的说教者，而是学生的朋友、参谋，与他们平等相处，坦诚以待。作为一名导师，我们应该真正走入学生的内心世界去指导他们、带领他们，用我们的爱心去拥抱所有孩子，去理解、信任他们，去增强、培养他们的自信心、自尊心，让每个学生的心理症结得到及时的疏导，充分挖掘潜能生的潜能，深入实施素质教育、促进学生的人格健康成长，让每一个孩子都能健康地面对自己灿烂的人生！

学校实行的导师制在教育、教学中发挥着极其重要的作用，对教育、教学工作有莫大的帮助。导师帮助分担了班主任的部分工作，使得每一个学生都能得到足够的关注，感受到来自教师的对自己思想上的引领。导师深入学生的生活实际和学习过程，关注学生心理状态，做好心理健康教育与指导工作。学校安排我们对带导的学生每月至少谈话一次，谈话后学生写出感想，便于教师及时掌握学生情况。导师制拉近了师生间的距离，调动了学生的学习积极性，完善了班级管理制度，使各项教育、教学工作进展顺利。

王　夷

我的导师工作"四法"

在导师工作实践中，我将自己的工作经验总结为导师"四法"：导而会赞、导而适时、导而互助、导而有行。

1. 导而会赞

心理学上的晕轮效应启示我们：一个人如果被标明是好的，他就会被一种积极肯定的光环所笼罩，并被赋予一切美好的品质。所以反复表扬学生的优点，强化他的好品质，久而久之，他会在心理上认为自己就是如此优秀。在导师工作中我时刻注意运用晕轮效应，相信要塑造一个人，就得经常表扬他。

我带导的学生小明(化名)，数学成绩不太好。我经常督促他到数学老师那儿去补习，并且告诉他："数学老师说了，你非常聪明，只要学，及格是没有任何问题的。"我还鼓励他说："一个热爱阅读的孩子，一定是有头脑、有素养、有追求、有毅力的。"我肯定他是热爱读书的学生，一定有能力把功课学好。在小明和老师们的共同努力下，他的数学成绩不断提高，高考成功地考进了理想的大学。

会批评，不如会赞美。反复批评会毁掉一个人，经常赞美会成就一个人。小军(化名)的成绩非常优秀，能考进年级前十名。我巡视的时候发现他听课特别认真。那是下午的第一节物理课，他精力充沛，眼睛死死盯着黑板，边看黑板边记笔记，还频频点头，课堂效率极高。见面时，我立刻表扬他："全校数你听课最认真，边听，边写，边思考，效率最高，棒棒哒!"他也自豪地说："我每节课都是这样的。"小军的英语口语比较弱。英语老师用微信跟我说："每天晚上小军都会朗读一段英文发给我，很努力。你可以鼓励小军朗读你给他找的高考范文。"我回复英语老师说："没想到小军这么上进，这么拼下去一定能够考上一流的大学。是我运气好遇到了这么好的学生！是他运气好遇到了您！辛苦啦!"我把这段话截屏给小军看，给这位英语口语特别弱的孩子正在为口语满分而努力拼搏点赞！做一名会赞美的导师其实很容易，所以我毫不吝惜赞美之辞。我一直相信赞美的力量，坚信强化优点，及时鼓励可以改变人生。

2. 导而适时

(1)适时导家长

在导师工作中我深深感到，作为一名导师，不仅仅是疏导学生，也要学会疏导家长。一天，小华(化名)的妈妈打来电话说自己很苦恼，被小华气病了。

小华在学校的表现很不理想：晚自习去得晚，常在阅览室看杂志，听课状态也不好，有时还睡觉。我安慰她："去得晚，他也没有在操场打篮球，现在一定是在老师那儿忙着补课。看杂志有什么不好的呢？可以扩大知识面，提高素养，有利于迎战新高考。孩子虽然物理成绩不理想，但文科学得非常好，利用好校内时间，课外抓紧补习，选科之后，一定会有一个新的飞跃。"她说到孩子不愿意和她交流，她不知道自己该怎样做才能让孩子满意。我把散文《目送》转发给她，并与她交流我感同身受的地方，把我儿子高中时让我崩溃的种种言行及教训同她一起分析，告诉她：对于上高中的孩子，不要事无巨细，不唠叨、指责，孩子需要的时候适时地给予建议，态度平和，控制情绪，理智沟通，保持距离。

此后，我会将小华在学校表现好的情况告诉小华的妈妈，把他参加公益劳动的照片、读书的照片、诵读的视频转给她。另外，朋友圈或私信看到家长分享孩子的信息，只要是正能量的我会及时点赞或回复。教育不能重来，要把带导的孩子当成自己的"二胎"来助力他们成长，适时给家长以信心，给孩子以激励。作为导师，不是和家长一起失望，甚至绝望，而应该适时疏导家长，和家长一起帮助孩子解决问题，不断前行。

(2)适时导学生

公益劳动的那天下午，我带导的两个学生的班级正好分在我的小组劳动。劳动结束后，我们一起吃西瓜聊天。我经常把中午餐厅发的水果留给他们吃。这里说明一下，小伟(化名)同学不是我带导的学生，但是每次导师辅导时，他都会跟着我带导的两个学生一起来，小伟称我为"副导"。作为一名教育工作者，我乐于当好这个"副导"。那几天我正在看《果壳帮你选专业》这本书，他们三人对我桌子上的这本书很感兴趣。因为面临选科问题，我适时把话题转向了选科。我对他们说："高考所选的专业，和现在的选科关系密切。现在的形势下，本科教育只是通识教育，在大学期间提升自己，发现自己的兴趣特长，在研究生阶段可以进一步做到学有所长。如果是这样的话，高考志愿是选一个自己喜欢且就业前景又好的专业，还是选择一个自己相对擅长的基础学科为将来进一步深造留有余地，要在选科前想好这个问题。所以选科要考虑高考考什么，先解决高考问题，上一个好大学，还是直接考喜欢的专业，这就决定你所选的科目。先保证高考成绩，还是直接保证报考专业，选科前必须做好决定。"当然，我只能进行选科的指导，而不是决定他们选什么。最终选什么还需要他们自己做决定。随后我适时地聊到了人生规划、职业生涯和未来生活的规划。

作为导师，帮助学生建立初心，树立三观，努力拼搏，让他们牢记幸福是规划出来的，更是奋斗出来的。

另外，我还适时地运用歌曲激励学生。例如，考试前我会给他们转发一首《相信自己》；如果考试成绩不理想，我就发一首《从头再来》；如果学生遇到家庭变故，我会发一首《明天还要继续》等。歌词和乐曲的鼓舞教育比起单一的说教沟通更令学生愉悦，效果也更明显。带导学生也很喜欢我发的励志歌曲。

3. 导而互助

在导师工作中，生生互助，家校互助，保持和谐的节奏，共同进步是非常必要的。

(1)生生互助

2019 年 5 月 8 日的导师辅导就是一次“生生互助、生生互为导师”的辅导。那次期中考试，小军的数学、历史考得非常出色。小明的地理、英语考得很突出。于是我让他们互相介绍经验，互相学习。小军介绍他的数学学得好的原因是上课认真听讲，记好笔记，尤其是老师重点强调的地方必须记下来。课前认真预习，课后做会每一道习题，认真分析错因、修改错题，归类复习。小明介绍了地理学习的方法：认真听课，反复记忆知识点，做好练习册上的每一道习题，看旅游书籍等。这种互为导师的形式比我口头教导的效果要好很多。我是小伟的副导师，小伟的诵读很好，常帮助我给小军和小明做示范，指导诵读的动作和语调也非常到位。生生互助，众人拾柴火焰高。

有时我给高中的同学做导师辅导，初中的小星(化名)就帮我组织学生阅读。我参加诵读比赛、宣讲活动，我带导的学生都会提出宝贵的意见。导师工作不仅需要师生互助，还有生生互助。

(2)家校互助

导师工作需要经常和家长沟通合作，互相配合，共同努力。例如关于暑假中小明的手机使用时间的控制问题，我和小明的妈妈共同商议好他的手机使用时间，然后分别与小明谈话定下暑假使用标准，以免小明暑假把过多的时间浪费在看手机上。再如，小星有一段时间迷恋网络小说，控制不好使用手机的时间。家长和我交流后，认为孩子最听班主任的话，最好由班主任统一规定使用手机的时间，孩子也一定会按照老师的要求去做。我马上和班主任沟通。班主任强调后，果真有了很好的效果。小星的数学成绩非常出色。上学期期中考试时，小星有一道两分题失误了，家长批评了他。他有了情绪，不愿再复习后面的科目。家长联系我后，我马上安慰、鼓励说：“只要没有考完最后一科就分不出胜负。”家长也调整态度，反复劝说，孩子后面的考试才得以顺利进行，结果总成绩很优异。导师工作需要及时交流，讲究技法，以柔克刚。

4. 导而有行

在导师工作中，我深深感到导师的示范引领能在潜移默化中感染、影响学生。这里，我重点说说“导而有行”的诗歌美育教育。

我喜欢阅读诗歌、创作诗歌。办公桌上常常放着诗集。我常常把我的《改文成诗》作品诵读给自己带导的学生们听，用声音再现画面，传递情感，引导学生感受诗歌的形象美、音乐美、节奏美。

我指导学生演诵《将进酒》时说：“诵读要有高低起伏，抑扬顿挫。不能从头到尾都激情四射，到处都是激情，就没有激情了。”我先做示范朗诵，再和读得最好的学生一同示范合诵，让另外两位同学相信他们也能行。将唱、诵、演相结合，凭借创意和特色。后来这三位学生在“阅读北京”全市诵读大赛中荣获了三等奖。

适时导读经典诗歌，并在诗歌诵读中和学生一起倾听自然的声音、心灵的声音，带给他们最佳的审美体验。例如，向带导学生推荐我喜欢的诗歌《汪国真诗精编》，用“没有比人更高的山，没有比脚更长的路”鼓励他们无惧困难，奋勇前行。再如，我带导的小杨同学创作了很多诗歌，我认真指导他进行修改加工，偶尔和他进行同题写作，互相学习。并在诗歌创作会、诵读会上为大家诵读他的诗歌，激发他的创作热情。小杨同学的诗歌作品《影子》里面写道：“我的生命/伴着你/伴着你的美梦和一生/这也许会变成河流/慢慢汇入点滴的岁月里。”作为导师，我愿意做如阳光般的影子，温暖学生的青春岁月！

以上初步探究了导师工作“四法”。导师工作需要践行化、示范化、细节化、生活化、个性化，今后我将在导师工作中进一步探索。

王正立

关注学生的整体成长

全员育人导师制突出了“以人为本”的教育理念，强调了个性化、亲情化、渐进性、实效性原则，它以学生为本，因人而异、尊重个性、面向全体。这对于学生的整体成长发展，不同学生的多样化发展都起到了重要的作用，并使每一位学生的个性都得到发展，享受到成功的快乐。

我在导师工作中接触到一些不同年级和班级的同学，与他们的交流过程中我触摸到的是一颗颗纯真而美好的心灵，他们让我感动，也引发了我对导师工作的一些思考。

1.“尊重”能够提高师生间的有效沟通交流，是实施进一步教育行为的基础

高中生普遍渴望得到别人的尊重，希望别人把他当成独立的个体看待，让自己享受与成人相同的权利。实际上他们往往还要依附于家庭和父母，二者必定会产生矛盾。如果这时父母或成人还把他们当小孩看待，他们便会产生不满和抵触情绪，认为这是大人对他们的束缚和监视。正因为如此，青春期的少年常与父母、老师“对着干”，往往故意表现出反抗情绪和疏远意图。这个时候，他们更需要关爱，老师的一个关爱的眼神，一次关切的询问，一个关怀的手势往往都会在他们的心里激起波澜，使他们向你敞开心扉，诉说苦恼，畅谈未来。

所以，导师与学生的第一次交流沟通很重要，上来就谈学习，很容易让学生与老师疏远。应尽可能地避免“晕轮效应”的负面作用，尊重与理解孩子，可以先从学生的思想、生活入手，多倾听，少教导，营造出轻松愉快的交流气氛，让学生忘记我们是教师和学生的关系，感受到交流过程中的平等。在谈话中他们自然会流露出一些真实的想法和观点。例如：对生活中、班集体中一些事情的看法，在学习上哪些科目进度快，教学方法有待改进等。了解到这些情况再有针对性地进行正确的引导才更容易帮助学生产生学习的动力。

2. 抓住教学周期中有关“关键期”的规律有助于导师工作的开展

身体素质包括速度、力量、耐力，灵敏性、协调性等几个方面。在人的成长发育过程中，身体素质的发展不是匀速的。在不同的年龄阶段，各项素质增长的速度不同，身体素质增长速度快的“关键时期”叫作“身体素质发育敏感期”。在身体素质发展的敏感期，进行有针对性的锻炼，对于青少年运动技能的学习和提高，提高运动能力，减少运动损伤，延长运动寿命均有良好作用。

导师在指导学生的工作中，也有几个“关键期”需要注意。导师工作不在于每一星期要去和指导学生谈多少次话，也不在于次数越多效果越好。最重要的是应该抓住每学年或每学期的“关键期”开展工作，这样教育学生才会取得较好效果。

第一个关键时期：每学期刚入学的前两个星期。这时是学生思想不太安定，精力不集中，纪律等各方面最差的时候，应增加工作的次数和力度。

第二个关键时期：考试前后一周。这段时间学生思想波动很大。考试前，

学生焦虑，要给予学习指导、心理辅导。考试后，不乏大喜大悲者，要给予安抚和关注。

第三个关键时期：放假前一周。这段日子是学生最容易彻底放松的时刻，复习效率不高，要帮助学生及时做好心理调适和必要的学法指导。

在这些特殊的关键时期，我们若能给予及时的关注和引导，排遣学生的烦恼，调整他们的状态，对于学生的全面发展是非常有益的。

3. 重视“成长记录”中的书面交流

当学生第一次按时把《学生成长记录》交上来时，我开始根据学生平时的情况写评语，在写评语时我能了解到一些平时不容易发现的情况，这使我对成长记录的作用有了新的认识。它可以使导师及时发现问题。

有一名高一女生，她在书面交流中提及自己因为中考发挥失常才来到本校并因此耿耿于怀，以致高一期末考试时成绩大幅下降。了解到这种情况，我和她进行了一次深入的交流——人生有不同的发展阶段，过去的成绩再优秀也已经成为历史，沉醉在对以往的回忆中只能原地踏步，甚至后退。意识到这一点后，学生逐渐沉下心来努力学习，新学期中孩子的学习状态有了较大的改变，成绩也有所提高。

4. 采取教育补救措施帮助学困生

“学习困难”指学习进行过程中的某一阶段的状态，而不是依据最终阶段的结果所做的判断。既包括学生自己意识到的也包括教师反馈的“教授困难”。这种学习困难在一定的教育补救条件下是可逆的。随着教育界认识的变化，“学困生”目前更多地被认为是“潜能生”。“学困生”的问题一般来自错误的学习方法或心理因素的影响。这一规律同样适用于体育学科的身体锻炼。采取补救性的教育措施，教给学生锻炼的方法，并时时督促、强调会促进他们良好运动习惯的养成。

我指导的初一学生中有一名同学长跑成绩比较差。我分析了她的情况，得出结论：体重较大，意志力也比较薄弱，经常逃避锻炼，这一切导致她的力量、耐力和心肺功能都比较差。结合她的现状，根据循序渐进和超量恢复的原则，我给她制订了一个比较详细的锻炼计划，在体育课和“体活课”上由老师和长跑成绩比较好的同学陪伴，督促她进行锻炼。由走跑交替开始，逐渐过渡到计时重复跑。循序渐进地提高跑步速度。一个学期下来，孩子基本养成了坚持锻炼的习惯，长跑能力和意志力也有了明显的提高。

5. 教育的首要功能是促进个体发展，包括个体的社会化和个性化

实现这一点需要学校、家庭和社会共同配合。也有不少参与辅导的学生师

生沟通交流有限，难以走进孩子的内心，导师指导的作用有限。这里有导师个人魅力的原因，也有学生个体的心理状态和家庭配合的影响。这一点在疫情期间居家隔离时与学生的交流过程中体现得尤为明显。

全员育人导师制使教师教书和育人的双重职责得到了更进一步的体现。它让各学科教师“全员育人”“全程育人”“全方位育人”更好地成为现实。也让我们的教育行为更加丰满，让师生感情更加生动，让心与心的交流更加真诚。从思想上引导、心理上疏导、生活上指导、学习上辅导，导师责无旁贷。只有这样才能使我们无愧于“导师”这个光荣的称谓。

薛　岩

为学生架起沟通的桥梁

随着新课改的推进，导师制逐步走进了中学校园，中学导师制是针对传统的班级授课制下班主任工作缺陷的补充，从中学生的心理特征和学习特点出发，让所有任课教师都参与管理和指导学生的一种机制，促进师生、师师、生生、家校之间的积极互动合作，从而形成全员合作育人的校园文化氛围。

学校推进导师制后，我连续三年担任导师。从最初的茫然到现在逐步进入角色，我对导师工作也有了更多、更深刻的了解和认识，导师制就是为进一步发挥教师在新课程中的指导和教育作用，营造全员育人的教育氛围，推动师生之间积极平等的充分互动、教书育人的和谐统一，做到“教师人人是导师，学生个个受关爱”，从而促进每一位学生的全面健康成长。

我认为作为中学生的导师，应做到以下几点：

首先要对学生的思想有引领作用，帮助学生确立人生目标。第一次当导师的时候，正好有初二学生即将进入初三，他们是新中考的第一拨学生，如何选科，是当时让学生、家长最纠结的事情，我根据多年带高三的经验，从高中阶段的知识特点到大学志愿填报，给了他们一些建议，又利用毕业生返校看老师的机会，把初二的同学找来，让他们与师哥、师姐们聊聊大学生活，他们高中文理分科时的经验和纠结，毕业后的就业问题。初中的同学虽然听着这些信息还有些懵懂，但也获得了一些超前思考，如何从兴趣爱好出发而不是仅局限于某一两科成绩的好坏。让孩子们学会遵从本心，明确目标，力争做出正确的、适合自己的选择，最后从他们中考成绩看，孩子们当初的决定是成功的。

其次，要对学生及时进行心理疏导，走进学生的内心世界。进入高中阶段，学生心理都会发生很大变化，他们既对新事物充满渴望，愿意幻想，愿意尝试和探索，但有时又很情绪化，叛逆、厌学等情况也时有发生，所以导师必须充分了解学生的心理特点，让学生认可你，接受你，愿意向你敞开心扉，平时多和学生交流，通过微信等关注学生状态，积极互动，发现问题及时与孩子、家长、班主任沟通，起到各方桥梁和润滑剂的作用，把问题解决在萌芽中。

最后，导师还要关注学生的成绩，指导学生掌握学习方法，提高学习效率，指导学生学会合理安排时间，培养学生发现问题、分析问题、解决问题的能力，激发学生的学习兴趣，帮助学生确立终身学习的态度，在这些方面我都尝试使用了学长制的方法。

我指导过一个高二的男生，他是一位典型的理科男，文科的英语、语文是他的软肋，而文科功底又不可能用一两天时间补上来，所以，我先和他制订了英语背单词的计划，每天让他向我打卡，以此督促单词的积累。但每次的打卡计划都坚持不到半个月，因为他从心里就抵触英语学习，也没什么学习兴趣。此时正好赶上高三英语听力高考，文科学生天天念叨着英语，而大多数文科孩子的英语是长项，这时就该发挥学长的影响力了。于是我就利用中午时间，把“理科男”叫到高三文科班，找来两名英语听力获得满分的学生，现身说法，从英语积累的重要性到如何看美剧、听欧美歌曲、练听力和口语、怎么刷题练阅读……师姐说得头头是道，没有说教和强制，每一条经验都是她们切身感悟出来的。我在旁边观察，在师姐的鼓动下，师弟情绪高涨，跃跃欲试，恨不得把美剧剧名、刷题的参考书名都一一记录下来，我又趁热打铁，督促他继续打卡背单词。随后，兴趣学习让孩子逐步克服了厌学英语的心理障碍，从学习中慢慢感受到英语学习的乐趣。后来我又和他的英语老师及时沟通，从课堂到课下，一起督促他学习，到了期末考试，他的英语成绩确实有了明显提高，也建立了学好英语的信心。通过这件事，我真正体会到了当导师的快乐。

通过几年来担任导师的工作，我不断摸索“学长制”的实施路径，认识到这的确是一个双赢的好方法：学长们要努力成为榜样，学弟、学妹们感觉学长的经验方法对自己确有帮助。在导师纽带的帮助下，双方真诚沟通交流，又都乐于和导师分享他们的成功与困惑，师生关系更加紧密，导师对学生的帮助也更有针对性，让学生更能体会到来自老师和同学间的温暖和关怀，从而找到自信、希望和寄托，作为导师，我们任重道远。

张　兵

将良师益友进行到底

当一名教师是我儿时的梦想，青春的理想，也是我此时坚守的初心。我庆幸自己所从事的职业就是我的热爱，这让我可以始终拥有从教的幸福感；我感谢岁月对我的馈赠，因为从懵懂少年到不惑中年，经历的不仅是年轮，更有对师者身份的不断认识和成长。作为从教二十多年的教师，担任过十几年的年级组长，而今我执着而笃定地认为我的职业无关乎分数，无关乎成绩，只关乎生命的成长，只关乎理性的成熟。这种认识伴随着我导师身份的出现愈发清晰，愈发深刻。

导师，重在传递师者智慧，那就是教会学生自觉地完成生命成长。导师，贵在引导学生思考，那就是培养学生拥有成熟的理性光辉。导师、任课教师，虽然同为教师，但显然有差异性。在做任课教师时，我们难免陷在学科的学习与成绩中，我们更关注学生的学习态度、学习方法和学习效果。但是作为导师，我们不会陷于某科学习的状态与成绩中，我们更关注学生的心态、学习困惑和未来规划。导师，让我们心态更为平和，让我们更容易远离围绕学生成绩形成的焦点，我们会自觉地将眼光放到学生的成长上。我们会愿意且自然地成为学生的朋友，我们在与学生的相处上会更加平等、友善、包容、耐心。于是，在这样的心态与相处中，教育回归本真，导师展示了更多的情怀和境界，师者意义彰显。在导师的意义中，我以为最重要的是教会学生自觉地完成生命成长。

首先，导师应该帮助学生构建强大的内心世界。面对纷繁复杂的大千世界，面对人生的各种境遇，人最重要的应对条件就是强大的内心世界，抗压，有承受力，拥有乐观、平和的心态。导师在与学生的交流中可以把学生学习生活中的困难、困惑、阻碍都视为一种历练过程，不要急于解决问题，而应注意引导学生面对问题时的心态及思考能力。2021 届毕业的高三学生中有三位导生，在高三期间学生 A 经常面对弱势科目的起伏不定、始终不理想的局面，自己对学习越来越丧失自信，我总是告诉她："学习之路永无止境，永远没有最好的终点，只能在更好的路上。每个人在某一方面都有可能表现出能力有限，只要竭尽所能，就可以无怨无悔，笑对结果。"在一次次聊天中，她接受了自己的不完美，全力以赴去进取，平和地悦纳自己，从而拥有了更强韧的心灵世界。

其次，导师应该帮助学生合理规划人生。人的成长中应该包含对自己、对生活葆有的前瞻性、规划性。鼠目寸光、及时行乐、碌碌无为都会降低生命的价值。始终保持对生活、生命的前瞻性思考，长远合理的规划，是一种能力，更是一种智慧。在与导生的相处中，对初中生，我经常会问“对未来的高中有何想法？理想的高中是哪一所学校？觉得自己距离理想还需怎样努力?”对高中生，我会要求他们“想想哪所大学是自己的理想学校，还需要突破多少分数才可以实现目标，理想的职业是什么”。然后和学生聊聊职业前景及特点。人生很多时候看似就是最后临门一脚的发挥，但是临门前的运球规划、路线、技术运用远比射门重要。有规划意识，就会促进思考，促进解决问题，鲜少虚度时光，让生命价值最大化。

最后，导师应该引领学生建立良好的生活习惯。好的习惯会成为一种自觉的意识与行为，在潜移默化中影响人，改变人，更会收获一种必然的成功。比如：读书的习惯、自我反思的习惯、与人沟通的习惯，等等。在和导生的接触中，我会建议他们读一本书，写读书笔记，与他人聊聊书中的内容，分享他人的人生智慧。我也会阶段性地让他们思考得失之间的领悟，更会像朋友一样和他们聊心事，让他们感受到真诚倾诉与聆听是愉悦的交流方式。有了强大的内心世界，懂得规划自己的人生，还有好习惯保驾护航，就能成长，更会不断遇到更好的自己。这样的成长才弥足珍贵。

导师，在陪伴导生成长中也能收获成长。在我看来，人的成长是不能停止的，是一辈子的事情，停止成长是我们有意识生命的结束。教育世界有无数值得探究、思考和改变的内容。作为教师，随着教龄的增加，随着年龄的增大，我非但没有从教的轻松感，对教育的敬畏感反而与日俱增，这种敬畏感让我不敢懈怠，不敢草率，不敢经验主义，不敢停止成长。这种成长也包括学生的给予，所谓教学相长，彼此促进。导师与学生之间相处更为亲切、平等、平和，这注定了师生能共同成长。

首先，导师会收获真挚的情谊。这种情感不是简单的师生情，更趋向朋友情或亲人情。从 2021 届毕业的导生那里，我收获了一份特殊的亲情。三年时光，我是她的语文老师，更是她的导师。我们随时沟通，我清楚她的每一次情绪变化，懂得她的性格和感受，彼此建立了信任、依靠的关系。每一次考试前我都会关注她的情绪和心态，紧张了给疏导，茫然了给安慰，烦躁了给温暖。看到她的每一次情绪变化，我都及时询问，不错过她的每一个心理起伏。慢慢地，我们建立了亲人般的感情。孩子妈妈说，她又多了一个妈妈。高考第一天，面对难度增大的高考试题，她的心态崩溃了，状态很糟。家长第一时间给我打电话，让我帮着开导解决，我在及时跟进的同时也意识到了导师的意义，除了教授与指导，还有温暖的情谊，还有信任与依赖。这是超越普通师生关系的更宝贵的真情财富，值得永远珍藏和守护。

其次，导师会收获特别的成长。作为成年人，我们有成熟的优势，作为从教多年的老师，我们有更多的经验，但是我们缺少学生的朝气、活力和青春的视角，导生恰恰弥补了我们的不足。我经常在与学生的交流中感受到对待问题不同的想法和认知，体会到不同时代、不同年龄的人不同的感知。这些不同可以让我不断全面地看问题，发展地看问题，让我避免故步自封，避免自以为是，让我始终与时俱进，让我保持头脑清醒。甚至我还会被学生震惊，被学生教育。2020 年一个高三的导生在和我聊到未来职业规划时，说她看了一些书，对职业的选择和契合度有了更深认识。说到有些职业是和人天生契合，职业会给人带来极大的幸福感；有些职业只是为了生存需要，幸福感少，但需要基本责任感；有些职业是勉强为之，没有幸福感，会有更多情绪和埋怨。然后她将这一理论一一和学校某些老师进行了对应，并说要珍惜与教师职业契合度很高的老师，因为遇到她们是幸运。她对职业认识的深入让我感到意外，我震惊于她对学校老师的评价一针见血，甚至佩服她的精准判断，完全被她折服！她的话教育我认真对待自己的职业，怎样给学生树立榜样，还要不断超越自我，不断成为更好的自己。这样的成长是导生的促进，是在交流探讨中的别样收获。也让我倍加珍惜自己的导师身份，倍加珍爱自己的导生弟子。

总之，几年的导生工作，让我给予的同时也在收获，让我在思考中不断成长，让我享受回归教育本真的幸福。我会以良师益友的导师身份将带导工作进行到底。

娄　艳

做一个“最熟悉的陌生人”

做导师工作已经有几年了，这些年中，导师工作的思路逐渐清晰。其中的困惑曾像迷雾一样，让我感觉好像见不到太阳，个中沮丧也只能冷暖自知。

说到导师，大家并不陌生，但是，恰恰这个工作并不像我们想的那样简单。因为我们所做的工作并不像传统意义上的导师，也不像大学中的学术导师，更不像家庭中的父母。我认为导师要了解学生，需要亲近才能有所作为。但是我发现一个奇怪的现象，越是自己教的学生越会保留着各自的底线，学生不会轻易暴露他的困难，他的迷茫，他的焦虑……因为，他害怕被“出卖”。后来，我发现学生毕业后反而会更没有保留地向我倾诉。因为毕业后，我和他们之间已经没有了“管理者”与“被管理者”的界定，因此在“没有关系”中，关系反而更加紧密。突然，我也意识到了，为什么有人会对心理咨询师敞开心扉，那是因为心理咨询师对于咨询者而言是一个“最熟悉的陌生人”，在心理师面前，人们通常会放松警惕，更愿意把心底的秘密拿出来分享，从而释放心理的压力，并从中受到启发。后来，我再做导师的时候，就会努力做一个“最熟悉的陌生人”。

因为要“疏远”学生，给他一个安全距离，所以我做导师时始终是一个“被动”者，每次的沟通，我都是一个客观的第三方，谈话过程中，我的“冷眼旁观”，让学生放松了警惕，我们的谈话所经历的风雨与彩虹，只有我和学生双方在见证，绝不会告诉第三人，我相信，我的辅导已经可以让学生收获应该有的新视角。

有一次，当学生在子夜一点的微信中小心翼翼地问：“老师，在吗?”我突然意识到，那个时刻应该是他的至暗时刻，所以我主动启用了视频方式和他对话，他讲起小时候父母常常吵架，然后故作轻松地说：“我无所谓，没受什么影响。”但我认真地说一句：“你从小就要被迫做出选择，是选爸爸，还是妈妈，但其实你两个都想要啊!”那一刻，他忽然落下泪来。也就是在那一刻，他放松下来，敞开了心扉……

随着做导师的时间越长，我越会发现导师的工作并不是关于快乐，而是关于力量。在微信聊天中或者楼道里的一幕一幕看似是普通的谈话，却是心灵一次又一次在痛苦中跋涉历险。导师的温暖陪伴，鼓励着学生在艰难时踏过沼泽，越过山丘。这是一个人重新被养育的过程，我想，导师的工作就是如此，给学生一点力量，帮助学生走上自我发现之旅，成为更好的自己……

然后，我会退出，成为观察者。很有意思的是，我会发现学生的故事里处处有自己的影子。因为我也在同样的生命难题前驻足、徘徊，寻求出路。我深知一个“最熟悉的陌生人”的重要。

导师，就是这样一种角色，这个角色需要提供给对方最难得的安全感。如此，才可以让人依靠而又安心，成为他们深夜里的灯塔。

邢维维

导师制使我与学生共成长

导师制是对传统育人方式的创新，不仅是针对传统的班级授课制下班主任制的补充，而且是符合中学生进行心理和学习特点的指导，更是对学生们的健康成长和全面发展的协助。我积极参与其中并深有感悟。

1. 导师制促进师生共同成长

北京市第一五六中学的导师制不同于过去，一位教师只对自己所教班级的学生进行心理指导和学业辅导，而是面向全校学生，一位导师会“承包”几个初中生和高中生，在学习、生活、品德和心理等方面为各自的学生提供全方位、个性化的指导和帮助。由于要跨年级指导甚至跨学段指导，所以导师会面临很多新的教育问题和困难。虽然我是一名有着三十多年教育、教学经验的老教师，但我更愿意紧跟时代，乐于在教育和教学上探索和尝试更为有效的方式和方法。跨年级指导的全员导师制让我更加关注时事，不断学习各方面的知识和信息，只有这样，导师才能和带导的学生有更多的共同语言。

我带导的学生有擅长历史的，也有非常喜欢生物和天文的，还有喜欢诗歌和绘画的。在了解到这些情况之后，我就格外重视对相关知识的了解和学习。这一举措拉近了我和学生的关系，一方面丰富了我和学生沟通交流的内容，另一方面也为学生选学、选考甚至选择大学专业做好准备。此外，我经常与同事交流导师工作经验，当我将这些收获与学生分享时，学生会感到很惊喜，此时学生更加愿意向我敞开心扉，从而为深入交流、有效指导创造了更为有利的条件，以便更好地促进学生健康发展。

2. 导师的桥梁作用

导师要通过个性的引导、个别的教育、个案的研究，对学生进行充分的主体性教育。确定指导关系后，我会了解每个学生的基本信息及家庭背景，之后再与学生家长建立联系。通过与家长交流、再与班主任老师和任课教师沟通，充分、全面地了解学生的过往，包括学习成绩、在校表现、居家状况等。

在指导过程中，要注意保护孩子的隐私，怎么和家长反映、如何得到班主任或任课教师的理解和协助，话要怎么说、事要怎么办，都要经过全面考量，要三思而后行。我的导生甲被老师反映课上睡觉，详细了解情况后我得知其居住条件不好，晚上只能和老人睡在客厅，再加上用的睡眠眼罩质量不好，让孩子感到闷热难受，所以他睡眠没有保证，课上就会犯困。于是我就给学生甲买了一款透气性好的睡眠眼罩，并鼓励他充分利用晚自习和公共图书馆坚持学习，晚上早点睡觉，之后他上课睡觉的现象有所缓解。导生乙被某科老师误解，在和任课老师了解情况后，我领着该生和老师一起谈心、化解误会。导生丙因父母吵架感到十分痛苦，了解情况后我从侧面和其父母谈心。导生丁向我诉苦说和班里某位同学关系处理不好，经过了解那位同学有个人问题，和很多同学都有矛盾，于是我教授丁如何与自己不喜欢但又不得不在一起学习的同学相处。

学生导师，身上肩负着对学生个性化指导的责任，要全方位、全过程为带导学生提供学习、生活、心理、选科和生涯规划的帮助与指导，帮助他们解决学习、成长中的困惑与矛盾，引导学生主动、持续、和谐地发展。

3. 抓住时机进行指导

我们需要在指定的“导师见面日”与学生见面，跟进学生的学习、活动及心理等情况，并进行记录。此外，我平时很注重对导生的指导。中午有时我会进教室看看带导的学生，如遇天气突变会去关心他们的冷暖，偶尔会给他们发点小零食，往往这个时候孩子们都会向其他同学炫耀：自己的导师专门来看自己了，当然有时孩子们也会给我带点好吃的。如果工作比较忙，我会通过微信与学生保持联系，经常根据学生的不同兴趣爱好，分享视频和音频，鼓励学生发表自己的看法。

我也会关注导生的英语学习，只要是导生提出英语学习方面的问题我都可以随时微信答疑解惑。在选科及大学填报志愿等特殊阶段，我会主动为学生提供指导，在对学生学习、生活、兴趣及志向了解的基础上，提供选课的建设性意见，建议高二年级学生家长提前进入状态，积极参加高三志愿辅导的年级会，并为家长提供学校的高考志愿辅导资料。为了保证工作更加有效，在填报志愿前，我会向负责填报志愿工作的同事学习取经，帮助导生制订申请计划，鼓励他们遵从内心想法，最后完成申请程序，并对录取情况进行跟进。

学校在教书育人上积极推进导师制，为学生和学校的教育、教学的全面发展和提升搭建了一个平台，鼓励教师成长，更让学生获益。

车丽红

在导师工作中与学生共成长

北京市第一五六中学跨年级指导的全员导师制是新一轮教育改革中对育人方式的创新，导师工作不仅使学生更好地实现个性化发展，而且也促使教师更好地成长。

自从学校实行导师制以来，我便多了几位特殊的学生。这些学生中，有的是我教的，有的不是我教的，所教的学生每天都能见到，不教的学生定期会见面，一般是平均一个月见两次。而我也因此多了一个身份——导师。我对导师的定位是介于任课教师和班主任之间的角色，但也有所不同。与任课教师相比，导师既可以对学生进行具体的学科指导，又能够对学生整个学习生活、生涯规划给出建设性的意见；与班主任相比，导师既要关注学生的思想状况，又要对学生进行个性化指导，促进学生更好地个性化发展。

1. 为学生答疑解惑

每个选择我作为导师的学生，我都会问他们一个问题：为什么选择我作为导师？而他们的回答大多是：希望我能够帮助他们提高物理成绩。于是每天找我答疑的学生不再仅限于我任教年级的学生，还有我带导的学生，不了解的学生还疑惑地问我到底教哪个年级。有时我忙不过来，会让学生之间互相讲解，高年级的给低年级讲，会的给不会的讲，而我在一旁认真听，随时纠正思路上的错误、对讲解方法进行总结。我发现这种方法的效果很好，无论是讲的学生，还是听的学生都有所收获。我不禁想起，这不就是学习金字塔理论中的主动学习吗？这种小组讨论、讲给别人听的方式就是高效的自主学习。实际上，这种模式恰恰就是我校创想的学长制的重要组成部分，不同年级的学生和老师在一起，相互讨论，彼此促进，共同成长！

2. 对学生进行学法指导

我是物理教师，当学生在学习上遇到困惑时，我经常对学生进行学法上的指导，用自身多年的学习经历和教学经验来帮助他们。每次考试后，学生都会来找导师帮着分析成绩、查找不足。我带导的林同学在学习上的一个严重的问题就是偏科，他的英语成绩一直不理想，每次考试几乎都是班里最差的，但他在数学、物理方面的优势非常明显。于是我和他商定后，制定的学习策略是，首先不能放弃英语，因为英语的学习需要长期的积累，要坚持背单词、读课文，尽量不要让自己的英语成绩落下太多，然后要努力考好优势科目，用自己在理科方面的优势来弥补英语上的弱势，最后经过三年的努力，他在高考中取得了满意的成绩。有时候，导师在面对学生时，就好像医生给病人看病一样，只有对症下药，才能有好的疗效，在学法指导中也是如此，首先要找准学生问题，其次要持续跟进地进行指导。

3. 与学生交流谈心

导师与学生交流时，不仅要做好指导者，还要做好倾听者，倾听学生的烦恼，让学生的情绪得以宣泄，烦恼得以摆脱。沈同学有段时间比较烦恼，因为她承担的学校和班级工作过多，导致学习受到了影响，可她又不方便和班主任交流，于是便来找我。其实她的能力很强，只是兼顾的事情太多，有点自顾不暇。于是我就扮演了一名倾听者，听她来诉说自己的烦恼，说着说着，她自己就梳理清楚了，只要放弃一两件无关紧要的事情，她的问题就能解决了。在与学生的交流中，我对学生的年龄特点有了全面的认识，能够做到更好地教书育人。

师生之间的交往是一种相互促进、彼此成长，因此，我尤为热爱这份工作，将其视为一生的事业砥砺前行。我要感谢我的学生，是他们让我进一步了解作为一名教育者承担的责任，体会到了教育工作的快乐，这种教学相长将促使我继续努力！

周建明

我的导师工作

身为导师，既要能够帮助学生解决生活、心理等方面的困惑，又要对学生学习进行个性化的指导；身为导师，要与学生建立民主、平等的师生关系、充分地尊重学生，言传身教，用自己的言行去感染学生；身为导师，站位要高，要能站在学生的立场思考和解决问题，要做到真正关心学生、爱护学生，只有师生彼此之间建立充分的信任，学生才愿意和导师沟通，才愿意吐露内心的真实想法；身为导师，眼界要宽，要不断学习，要与时俱进，这样才能在学生遇到困难时，提供正确的帮助、合理的建议，最终为学生指明努力的方向。

学校实施全员导师制以来，我先后带导了十余名学生，为加强与学生的沟通、增进对学生的了解，我建立了“陈老师导师微信群”。在和孩子们平时相处的过程中，我了解了他们青春期的困惑，理解了他们学习上的苦恼，目睹了他们跌倒又爬起的过程，同时也分享了他们成功的喜悦。

1. 导师是学生终身的朋友

导师是什么？导师是路灯，当你迷茫看不清方向时，导师帮你照亮前进的方向。胡同学是一个阳光帅气的男孩，情商很高，学习中等偏上，喜欢英语，有自己的目标，初中三年各方面表现都很不错，很乐意听取我的意见。就是这样的一个孩子中考发挥失常，只能去一个很不理想的普通高中，孩子心里憋屈，很失落，不知道该何去何从。我很认真地和孩子说，中考只是人生中很小的一件事，失败了又能怎样？一辈子很长，你精彩的人生还在后面，只要你永远向上，相信我，更要相信你自己！我鼓励他：你的英语很好，要充分发挥你的特长，也许这里才是你起飞的起点。教师节，孩子回来了，不仅适应了新高中的生活，而且认识了新的同学，同时就高中选考咨询了我的意见，很显然，他已经走出了阴影。导师制为我和导生之间架了一座桥，使我们彼此之间成了朋友，这种友谊将伴随我们一生！

2. 导师进行学科指导

导师是什么？导师是拐杖，当你累了，想要放弃时，导师支撑着你继续前行。李同学是一个喜欢文学的女孩，比较偏科，数学是她的弱项，这也正是她选我做导师的原因。初三第一学期，数学难点比较多，她接连三次考试都很不理想，情绪和学习状态都很糟糕，几乎丧失学习数学的信心，一度想要放弃数学。作为导师，我发现她的变化后主动找她，听她倾诉，终于找到了问题。之后我和她一起分析每道错题，耐心地给她讲解。我对她说，现在你只是遇到了瓶颈，越过去就好了，不拼到最后你怎么知道自己不行呢？放心，我陪着你一起拼。中考成绩出来了，孩子告诉我数学考了 88 分，她终于能去重点高中了。

3. 导师教育学生为人处世

导师是什么？导师是观众，当你成功时，导师会在台下注视着你，为你鼓掌、喝彩。孔同学是一个乖乖的男生，不善言谈，有点内向。一天中午孔同学走进了我的办公室，和我倾诉了困惑他已久的苦恼。原来他不知道该如何拒绝朋友的要求，哪怕是不合理的过分的要求，因为他怕因此和朋友关系决裂。可每次答应了朋友的要求，自己的心里又很不舒服，久而久之，这事成了他的心病。在成人眼里的一件小事，却给孩子带来了这么大的困扰。我知道，对此，我必须要重视起来。那天中午，我们聊了一个多小时，我和他主要说了三点：学会拒绝不合理的要求也是一种成长；如果因为拒绝了对方的不合理要求而失去友谊，这样的朋友不要也罢；男孩子做事情要大气、要敢于表达自己，不要太在意别人的眼光，遵从善的本心就好。孩子听进去了，也勇敢地迈出了他的第一步。事后，他说，原来说“不”没有想象中那么难，友谊也没有那么脆弱。再后来，孩子参加竞选、主动上台讲题、作为小组代表汇报……导师工作使得该生成功迈出了一步又一步。

导师是孩子们心灵的净化师，是孩子们学业上的引路人，是孩子们生活中的良师益友。尽管导师工作往往是微小的，小到一次谈话，一句鼓励，但是导师工作又是重大的，大到孩子能终身受益。身为导师，不敢怠慢，唯有潜心前行。

陈艳仿

导师工作的收获感想

北京市第一五六中学实施的全员导师制，旨在促进学生全面个性成长。作为一名导师，我认为导师工作应该着眼于学生的整体成长发展。导师应该全面了解学生的内心动态，主动关注其不同时期的成长变化，在遵循因材施教原则的基础上，努力发现学生的潜能，因势利导，使其发挥特长。

1. 建立平等关系，进行针对指导

要保证导师工作有效，导师需要和学生建立平等的朋友式的关系，在全面了解学生的前提下，导师才能有的放矢，进行有针对性的指导。和学生进行良好沟通是建立平等关系的前提。心理学家威廉·詹姆斯有一句名言：“人性最深刻的原则就是希望别人对自己加以赏识。”作为导师，和学生接触最好是从其爱好、思想、生活入手，在赏识、肯定中不断沟通并加深了解。不要上来直接就谈学习，这样很容易激起其抵触情绪。

所以和学生的每次谈话，我基本都是从生活中的话题谈起，此时学生的心态比较放松，谈话气氛也相对轻松。我努力让学生忘记我们是教师和学生的关系，让他们畅所欲言，在谈话中他们会自然地流露出一些真实的想法和观点。在了解他们的真实想法后，我再针对性地进行引导，效果更佳。例如：班级同学的关系，对某些人、事的看法，比较喜欢哪些科目，印象最深的一节课……这些信息是非常重要的，我会及时把这些信息反馈给班主任、任课教师，进行协调，为下次进一步指导做铺垫。

2. 遵循发展规律，渐进分段指导

做好导师工作，要严格遵循学生的发展规律，尊重他们的心理特征，分阶段、循序渐进地开展指导工作。根据学校的导师工作安排，我对导生的指导都是定期进行的，在此过程中，我发现导师对学生的指导不是次数越多效果就越好，而是要抓住关键时期及时开展工作。同时，我一般会在学期开始制订相关工作计划，以使得导师工作更加有序可行。

开学伊始，学生比较懒散，精力不集中，各方面都处于需要尽快适应的阶段，此时应及时了解他们的生活、学习状况，同时帮助他们制定好本学期的目标，尽快帮助他们稳定学习成绩，这样学生才会以比较平稳的心态开展一学期的学习。期中考试前后是学生思想波动最大的阶段，考试前，学生往往比较焦虑，导师要给予学生相应的学法指导以及心理辅导，考试后，不乏大喜大悲者，导师要给予安抚和关注，做好考试分析，为后期学习做好准备。期末考试前后，学生容易焦虑，有的学生压力大、有的学生过于放松，这种情况下复习效率会打折扣，此时，导师要随时鼓励导生保持平静、踏实学习，坚持就是胜利，用目标来激励学生。放假前，导师要组织学生分析、总结一学期的得失，同时制订假期计划，使学生既能感受假期生活的丰富多彩，又能在能力方面获得成长。

3. 结合学生实际，适时调整方法

对学生的观察应从审微开始，审清其微，才能辨明其心，从而对学生进行有针对性的指导。作为导师，平时要勤于观察，多与班主任、任课教师、家长沟通，才能充分了解学生不同阶段的情况。在指导过程中，导师要遵循因材施教的原则，用发展的眼光看学生，适时调整策略和方法，指导学生采用相应的方法应对困难和自己的不足，因为导生非常信任导师，所以乐于接受导师的建议和指导，因此导师制使得导师真正成为学生成长道路上的朋友和引导者。

导师，一个非常荣耀的称谓，常常鞭策我们不敢有愧于这个称谓。因此，作为导师，我们要在思想上引导学生，在心理上疏导学生，在生活上指导学生，在学习上还要辅导学生。导师工作让我们的教育行为更加丰满，让师生感情更加亲密，让心与心的交流更加真诚。希望在导师工作的道路上，自己能够保持育人初心，不断努力使得更多的学生能够更加全面、个性地发展。

王春英

随风潜入夜，润物细无声

杜甫诗云："好雨知时节，当春乃发生。随风潜入夜，润物细无声。"不入田野，就闻不到泥土的芳香；不深入每个学生的内心，就听不到那真实的声音。我在全员育人导师制工作中，触摸到的是一颗颗纯真又美好的心灵，也听到了一个个对未来充满希冀的声音。我想这也是每位导师深切感受到的。我校推行的"全员育人导师制"突出"以人为本"的现代教育管理理念，关注的是学生的精神生活质量与个性化学习需求，满足不同学生多样化发展的需要，使学生在新的教育管理模式下得到全面、和谐、可持续的发展。

作为一名语文老师，我有幸成为学生的导师。在陪伴学生成长和学习的过程中也收获了很多，下面谈谈我在导师工作中的感悟体会：

1. 用"细心"发掘学生的闪光点

心理学家威廉·詹姆斯有句名言："人性最深刻的原则就是希望别人对自己加以赏识。"他在研究中还发现，一个没受过激励的人仅能发挥其能力的百分之二十到百分之三十，而当他受到激励后，其能力可以发挥到百分之八十到百分之九十。即使表现再差的孩子，也会有他们的长处。作为语文老师兼导师，在平时生活中我细心地观察，努力捕捉孩子身上的闪光点，及时地给予肯定和表扬。即使是很小的进步，我也要及时鼓励，以此激发孩子的内驱力。

我积极主动地为学生营造一个适应未成年人，特别是学困生的身心健康发展的平等、和谐、友爱的氛围。为此，我时刻关注着他们的学习、心理、生活和思想动态。如针对导生李同学上课时爱接下茬、爱说话的毛病，我采用了常提醒和表扬相结合的办法。为了激励他，我通常上课适时地叫他回答一些简单问题并不失时机地表扬他，从而使他上课时注意力更集中，由此，他的学习兴趣提高了不少。有一次，学校召开家长会，我就顺便向家长把他在校的近况反馈了一下，指出了他的点滴进步，看得出来，家长十分高兴。课后，我和家长进行了一次长谈，详细分析了孩子的情况，建议家长平时要多关心孩子，在家里多和孩子聊聊学校里的事。同时向家长介绍了一些教育孩子的方法、经验，当发现孩子错误的时候，不要直接指出来，而是要引导孩子自己检查，这样可以养成孩子自觉检验的习惯。在生活和家务事上，希望家长不要太宠溺孩子，家长要鼓励孩子进行一些必要的锻炼。因为"缺少应有的生存能力和应急能力"会影响到孩子的将来。对于我的观点，家长非常认可。后来我们继续一起想办法，继续不断寻找闪光点适时鼓励李同学。过了一段时间后，我们发现李同学课上不仅不再接下茬了，而且爱主动回答问题了，学习成绩也在逐步提高，跟老师的关系也越来越亲近了。家长发现了孩子的变化，特别高兴，几次打电话向我表达谢意。家长情真意切，声音哽咽，非常激动。

2. 用“关心”激发热情

我带导的另一个学生是张同学，他很聪明，但就是爱玩游戏，不爱学习。在多次和他的谈话交流中，我发现他虽然幼稚，但有自己的理想。他希望自己将来能考上大学，做一个有用的人，能赚更多的钱，让父母过上更加幸福的日子。但是以他现在的成绩，这些愿望是根本不可能实现的。作为导师，我没有给他泼冷水，而是抓住这个契机，与他促膝谈心，提醒他现在应该把握好时机，彻底改变陋习，树立信心，埋头读书，持之以恒。只要学习成绩稳步提升，就一定能如己所愿实现理想。就这样，他逐渐缩短了玩游戏的时间，并逐步养成了良好的行为习惯，同时努力独立完成课后作业，学习成绩也有所提高。

3. 用“真心”换取信任

在这几年与导生不断地打交道的过程中，我深刻体会到，只有“亲其师”，才能“信其道”。于是我调整心态，对孩子们正确定位，多一些理解和体谅，少一些要求和奢望，多一些耐心和表扬，少一些生气和批评。没有爱生的意识，就不会对学生产生极大的热情，就不会去了解学生，更谈不上什么理解。只有装着一颗爱心，你才会去发现、寻找学生的闪光点，去鼓励他们上进，帮助他们克服困难，迎接挑战，才会拉近师生之间的距离，获得孩子们的信任。这样才会达到教学、生活中师生之间的和谐友爱，师生之间才能进行有效的沟通，这样才会产生最佳的教学意境和育人效果。基于这样的一种理念，作为导师才会发现他们是如此可爱，如此单纯。

全员育人导师制是落实教师教书和育人双重职责的有效举措。导师制的实施让教师全员参与、全方位育人更好地成为现实。导师——这是一个非常荣耀的称谓，我不敢有愧于这个称谓。所以，对于学生，在思想上我们要引导他们，在心理上要疏导他们，在生活上要指导他们，在学习上，还要辅导他们。

孟庆云

二、学生看“导”

我与导师鲁啸坤老师的故事

时间是一条河，永远向前。转眼间我就要毕业了。在学校的三年中，我收获了很多，也遇到了一位好的引路人——我的导师鲁老师。

初次见到鲁老师，是在美术课上。第一眼便不觉惊叹：哇！多么美丽、温柔的女老师！长发飘飘，总是笑眯眯地看着我们，一副和蔼可亲的样子。她上课的时候总是非常温柔、耐心地指导我们，为此，大家都很喜欢上她的课。后来选导师，我毫不犹豫地选择了鲁老师。在导师与学生的正式见面会上，我和另外两个同学都很拘谨。鲁老师可能也察觉到了我们的紧张。她微笑着说：“这就是一次愉快的闲聊，放轻松就好。”我们点了点头便坐下了，我的内心也稍微舒缓了一点。鲁老师又询问了我们的兴趣爱好，并认真地记在了小本本上。不知不觉，我们之间的距离被拉近了。她很尊重我们每个人的喜好，鼓励我们做自己喜欢的事情，但同时也提醒我们要好好完成学业。鲁老师还让我们一起交流各自的学习方法，互帮互助，共同进步。时间过得很快，第一次见导师的时间很快就结束了。走在回班的路上，我已经开始期待第二次见面了。

因为疫情，我们改为线上授课，鲁老师特意建了一个群，方便大家交流和沟通。她会经常在群里询问我们的学习和生活情况，让我们保护好自己，提醒我们出门记得戴口罩。还联系了家长了解我们居家学习的状况，我感受到了鲁老师对我们的关心。

恢复正常上课后，每次考试后，我都会与鲁老师见面。虽然鲁老师没有教给我们课本上的知识，但她会尽最大的努力帮助我们分析问题，让我们纠正错误、改正缺点。我很感谢她的指导，并在心中暗喜：我果然没有选错导师。

一位好老师，胜过万卷书。鲁老师认真、负责的工作态度，严谨、踏实的治学精神都让我深受感动。“及时当勉励，岁月不待人。”只有砥砺前行，努力学习，才能够报答师恩。初中生活中有鲁老师陪伴，真好！

2018 级（初三 2 班）　杜伊娃

我与导师章云朵老师的故事

江河把水推向浩瀚的大海，曙光给大地带来明媚的早晨。亲爱的导师，您把我们引向壮丽的人生，教会我们怎样做人，让我们懂得了更多的道理，立志为社会做更多的贡献。

当初在选导师时，我并没有特别中意的目标，习惯单打独斗的自己一向不喜欢有其他人指导，因此只是草草地选了一个。尽管我选导师没上心，但我的导师却对我尽心尽力。

她其貌不扬，圆圆的脸蛋，卷曲的头发，笑起来给人以和蔼的感觉。每次导师见面时，她总会仔细地询问我生活和学习中的问题。在看到我疏于学业时，总会用严厉的语气来提醒我，并指明我前进的方向。在知晓我最近总是学习到很晚，身体不适时，她眉头一皱，特意提醒我："你还在身体成长期呢，一定早点儿睡觉。"

她每次都会细致地指导我的弱项，即使是她不太擅长的科目也会建议我多去找相应科目的老师提问题。例如我的英语学科，每次都拖总成绩的后腿，我的导师每次都会提醒我在这门科目上多下些功夫，她还讲了自己中学时代的经历，以此来激励我学好英语，提升我学习英语的自信心。谆谆教诲，字字真诚，发自肺腑的关心与爱护感染了我。我开始逐渐与导师熟络起来，也会主动分享自己在学习上的压力，她也总是认真聆听并给我一些合理的建议。

我时常主动寻求导师帮助，听从导师建议主动找英语老师问问题，在课下主动背单词，做阅读锻炼技巧方法，与老师打好交道，自己的英语水平也逐步提升。因为有导师的指导，我开始主动寻求他人帮助，与同学不断交流，互相帮助扶持，因此在班里的人际关系还不错。我经常与老师主动交谈，解决学习上遇到的问题，改进学习方法，还主动与老师分享自己的感受，解决内心的困惑。在导师的指导下，我逐渐向正确的方向发展，不再独来独往，也学会了接受他人的帮助，我在努力使自己变得更好。

导师是益友，在你苦恼时，向你伸出双手；导师是园丁，呵护着幼苗；导师是大树，为我们撑起一片绿荫。我和导师的故事是那么真实，那么生动，那么温暖，让我受到启发，给我信心和勇气。我要把它珍藏起来，让它化成我记忆长空里的点点繁星，照亮我前行的路。

2018 级（初二 2 班）　彭诗悦

我与导师孙爱国老师的故事

三年的初中生活转瞬即逝，此刻的我回想过往的点点滴滴，内心百感交集。美丽的校园、可爱的同学，还有我最敬爱的导师，我舍不得你们！

夜晚，万籁俱寂，我安静地坐在写字台前，思绪回转。感觉我的初三时光充满艰辛。初二由于疫情居家，不自律的我成绩不停下滑，心态也急躁不安。厌倦了家长的唠叨，老师的叮咛，虽然知道他们都是为我好，但那时的我完全听不进去那些话，茫然且无助。

那段时间，孙老师为我操碎了心，他时常利用微信语音与我交流。有多少次，在我焦虑不安时，只要听到孙老师的声音，我的心情就会平静下来。他问我学习，问我生活，问我最近过得好不好。当感到我困惑、迷茫的时候，他会认真地听我述说，耐心地劝导我，给我讲道理，安抚我的情绪，鼓励我，给我树立信心。作为年级组长的孙老师日常的教学工作很繁重，但他总是对我说："有事就找我！给我打电话或发短信，我会尽力帮你的！"听到这样的话，我鼻头一酸，努力克制自己的情绪。

记得 2020 年 9 月重回校园的时候，见到亲切的老师和同学，我的心中充满喜悦。期中考试过后，我去找了孙老师，向他汇报了这次考试的情况。那是我头一回和导师相对而坐，促膝长谈。本以为孙老师一上来就会询问我的各科考试情况，可是他却鼓励我先说。在听我反思完自己的问题后他微笑点头，询问我的生活状况和人际关系。孙老师看着我的眼睛，温柔地为我讲如何处理和父母的关系，他说得直白，也很动容，对我帮助很大。我把他说的内容都记在了本子上。

最令人难忘的是中考前孙老师和我的一次促膝谈话。我们在食堂的餐桌边，像朋友一样面对面坐着。我低头搓着双手，难掩内心的忧虑。孙老师用古代将领攻城的故事告诉我要放手一搏，要勇敢，不能畏畏缩缩。他还说，人生的路很长，不要因为一次考试自乱阵脚。面对离别，也不要过于哀怨，不要将离别的愁绪代入考试，会影响自己发挥。他说我若之后还想找他聊天尽管给他打电话，关于未来职业的选择也可以向他咨询。听了这话我很感动，最后我带着不舍与老师道别。

现在我好想回到那段日子。有多少次，我在梦中惊醒，回忆着以前的点点滴滴，内心便会涌起一股勇气，它激励着我继续前行。往事一点点成了回忆，而我也在孙老师的关心中体会到了师生情。感恩之心常在，孙老师，谢谢您！

2017 级（初三 2 班）　王童锌

我与导师田文英老师的故事

我很幸运自己在初中阶段遇到了一位对我的人生影响深远的老师——田老师。一开始选田老师作为导师，只是因为她和我是同乡，刚从成都来的我渴望来自家乡的亲切感。从初二选完导师之后，我和导师的故事也正式拉开序幕。

初三，备考。重复的复习与考试让英语课变得无趣，我决定搞一些事情来活跃一下课堂气氛。于是，在一堂英语课上，我拿出了一张纸将它折成了纸飞机，先是抛给身后的同学，但又觉得不够刺激，越玩越上头，结果脑子一热，想都不想，便直接将飞机扔了出去，正好砸中了田老师……之后的事我就不用多说了。

等我冷静下来，心想：坏了，不会被老师告到朱主任那里去吧？以至于后面的历史课，我根本听不进去，心里想的全是这事。下课后我鼓起勇气找到田老师，向她承认了错误，本来怒气冲冲的田老师平静了下来，对我说："如果你再晚几秒钟我可就把这件事告诉朱主任了，既然你能主动承认错误，以后就要改正，咱们在一起上课的时间也不长了，你马上就要中考了，要好好听课，考出好成绩。我相信你一定能行的！"我赶忙说了声"谢谢"，内心充满了对导师的愧疚与感激。随后田老师将纸飞机递给我，然后转身向办公室走去。

望着老师的背影，我回忆起了这三年与老师"斗智斗勇"的经历，心中感慨万分。我暗想：以后可一定要好好听课，给初中画上圆满的句号。田老师虽然严厉，但是严厉的话语里面充满了她对学生的期望，回想一次次犯错误后，田老师那种恨铁不成钢的眼神，我似乎懂了，也许这就是她给学生的机会，教我们在不断犯错中吸取教训，教我们做人。

十年树木，百年树人。插柳之恩，终生难忘。我一定会珍惜师恩，砥砺前行。

2018 级（初三 2 班）　王为实

我与导师张宏老师的故事

晨昏交替，寒暑易节，三年的时光转瞬即逝，我们即将告别一五六中学这个大家庭，驶向人生的下一个港湾。离别之际，回忆往日的点点滴滴，惜别之情油然而生，其中最令我依依不舍的就是我的导师张宏老师。

这一次选择运气爆棚

一开始同学们选择导师时，考虑的因素五花八门。有些同学选择可以一起聊天的老师，有些同学选择教授自己薄弱科目的老师。我选择张老师作为自己的第一导师，主要是被她严谨而有逻辑的思维吸引，我喜欢地理这门课程，还希望在和她的交流中收获更多知识。

张宏老师作为地理教师，学识渊博，专业水平很高。她的课堂灵活生动，总能让我发现知识之间的关联，触类旁通，她会拓展很多有趣的高中地理知识，因此在地理课上我受益匪浅，同时也对地理这门学科产生了浓厚的兴趣。

在线上选择导师的时候，每位老师最多只能辅导本年级的三名学生，能不能抢到自己“心仪”的导师，只能靠运气。结果，我的运气爆棚，终于如愿以偿，张老师成了我的导师。

每一次谈心意犹未尽

每到中午与导师谈心的时候，我们都迫不及待地找张老师见面，张老师也总是在办公室门口翘首张望，就算教学再忙她也从未缺席。我们与张老师的谈心次数很多，话题涉及学校课程、学习感受、考试分析、学习建议、地理知识、未来理想等方方面面。

值得一提的是，有些同学与导师相处时的气氛略显凝重，但我们组见导师时气氛最为热烈，宛如一场小型辩论会，还总有其他同学加入辩论，甚至过来旁听。我们三个你一言我一语，争先恐后地表达自己的想法，张老师也总是非常平易近人地对我们提出中肯的建议。每次我们结束谈话时都感觉“倒光了”负能量，换上了积极向上的心情，收获颇丰，意犹未尽，但奈何上课铃响了，我们只得依依不舍地告别张老师，随后期待着下一次会面。

每一句教诲回荡耳畔

日月轮替，斗转星移，初中生活就要画上圆满的句号，但张老师的谆谆教诲仍回荡在我的耳畔。我还记得，她曾教给我们很多学习方法，其中之一是要收集错题、总结相似的错误，并在考试中倍加注意；她建议我们成立学习小组，在互相讲解的过程中发现新的问题，进而不断进步；她嘱咐我们考试时要沉着冷静，踏实稳定，调整心态，保证睡眠……

张老师的教导使我对地理产生了更加浓厚的兴趣，随后也在中考中取得了不错的成绩。她给予我鼓励，让我拥有前进的自信，她为迷途中的我指引方向，就像茫茫学海中的灯塔，巍峨书山间的向导，引领我，陪伴我，走向光明的未来，成为更好的自己。

2018 级（初三 2 班）　姚舜华

我与导师李蓓蕾老师的故事

光阴似箭，日月如梭，犹如白驹过隙，三年的学习时光转瞬即逝，回首来路，我的导师似那校园操场边挺立的大槐树，为我遮阳避雨。

我的导师是心理咨询师，她的个子不高，嗓音动听，不急不缓的语调使她显得随和。她的脸上总挂着淡淡的微笑，十分平易近人。当同学站起回答问题时，她会目不转睛地看着那位同学，同时认真地倾听对方的发言，那黑框眼镜后是温柔的目光，其中夹杂着鼓励与欣赏。

李老师为人善良友好，乐于帮助学生，并且十分关心学生的发展。第一次与她见面谈话时，在自我介绍后，她关切地询问我的学习和生活。我回答了她的问题，有些犹豫要不要针对最近学习中遇到的棘手的问题向她请教。这时，李老师看出了我的顾虑，便温柔地问：“最近学习上遇到什么问题了吗？”我回答后，她耐心地帮助我思考解决方法，并在过程中慢慢地、更进一步地了解我的情况，斟酌着选择最适合我的办法。

在一次谈话中我告诉她自己有较好的规划能力，可以制订好学习计划，但有时会面临行动力不足的问题，于是，最后的结果总是与计划相差些许。过程中她耐心地倾听着，待我讲完后，她顿了顿，认真思考后，缓缓开口道：“你可以尝试将大的计划细小化、简单化。比如，在计划中你确定了一个学期或者一个月的目标，这时，你可以再将它明确到一个星期、甚至每天需要做什么，这样可能会更容易完成制定的任务，也就是‘大事化小’，每天完成一点小目标、小任务，长期下来便可以更好地达到最终目标。”随后她向我简单讲述了自己上学时遇到类似问题的经历以及解决问题的经验和最终效果——这种以自己亲身经历为经验的分享在之后我们的见面谈话中也常常出现。我将老师的经验谨记在心，在那之后的学习和生活中开始尝试，最终也的确取得了不错的效果。

人生就像一列火车，我们在每一个站点都会遇到一些人，经历一些事。这让自己或多或少有所收获或者改变，然后背起行囊继续前行。然而，在这趟列车上也总会有些人在不知不觉中将人生珠玑赠予你，因为他们的出现，我人生的旅途洒满了阳光。

2018级(初三2班)　于梦媛

我与导师赵岳老师的故事

时光荏苒，如白驹过隙，美好的时光总是过得飞快。

我的三年高中学习生活已经结束，在即将奔向未来之际，学校的老师、同学三年间共同努力的点点滴滴不禁浮现于我的眼前。人生中，总有一些人、一些事会伴随你一生的成长，对于我而言，导师赵岳就是这样的人。

我仍然记得第一次在生物组办公室见到赵岳老师的情景，她那温暖的笑容，一下子就平复了我那忐忑不安的心情。我当时觉得自己有点儿“社恐”，赵老师的灿烂笑容治愈了我，我当时就认定赵老师是个可以交心的人。

随后的日子里，我也时不时地去办公室找她聊一聊。她很忙，其间总有学生会来找她答疑，她也总是很耐心地解答，给学生答疑的赵老师的样子很认真、很认真。赵老师不是我的任课老师，我本以为在高三的日子，赵老师不过是我生命中的过客，很快我就体会到了赵老师的认真和执着。

因为疫情，我们在线上上了一个学期的课，缺乏自觉性的我也在网课期间浑浑噩噩地度过了高二的第二个学期。等到了高三，我忽然发现我各科的学习都有漏洞。我开始心慌意乱，想努力补洞，但又跟不上任课老师讲课的节奏。高三上学期期末的成绩单出来后，“疲于奔命”的我更慌了，看着日历，我觉得自己的时间不够用了，可又不知道该怎么办……

再见到赵老师的时候，我捏着成绩条，表面风轻云淡，其实心里沮丧极了，别扭得像竖着刺的刺猬，想着：“您别问我为什么，我就是没学会；您也别问我怎么办，我就是不知道怎么办!”赵老师看着我，平静地说：“时间确实很紧张了，咱们一起定个各科复习的计划表吧。”我松了一口气，竖起的刺也慢慢收起来，静下心来听她讲。赵老师又继续给了我具体的建议，我觉得很有道理，同意回去拟定一个计划表。计划表很快定好了，我一边捧着“新鲜出炉”的计划表去找赵老师，一边想着自己总是“三分钟”热度，不知道计划表能否实施。赵老师认真地看了看计划表说：“就这样吧，按计划复习，向我报告进度，我要检查实施情况。”莫名地，我的心安稳了下来。

我就这么按照“计划表”紧张地度过了高三余下的日子，充实而有收获。现在回想起来，我还未向赵老师当面说一声“谢谢”，感谢她在我最焦虑的时候给予我的帮助！感谢她教会了我面对问题和困难永不放弃！谢谢您，亲爱的赵岳老师。

2018 级（高三 5 班）　冯嘉安

我与导师张亚宁老师的故事

张亚宁老师，您好吗？很感谢您三年来的陪伴，您的教诲我将铭记于心。

守　时

生命其实只是一段时间的旅程而已，如果一个人不能管理好自己的时间，他就不能管理好自己的生命。如果一个人屡次失去对于自己时间的控制，这个人距离全面失控也就不远了。

我渐渐明白守时其实并不麻烦，提前十五分钟到见面的地点就好。如果不能，就不要约。如果交通不便，可以提前一天住在第二天见面地点的附近。

收　拾

您常说秩序是给自己设定的。你的烂摊子，你不收拾，谁来收拾？让别人来收拾？写完字，画完画，喝完茶，吃完饭，其实，这一切都还没完。你有恢复一切如初相见的状态吗？如果不能，就赶快收拾。

阅　读

如果不尽量读，你怎么知道之前人类总结过什么经验？知之为知之，不知为不知，在骄横之时就显露了愚蠢之处，虚张声势，但是毫无自信。在走向盲目自信之前，在判断之前，先多读点儿书，世界上一定存在佞人，但是，一定也存在大家。要谦卑，直到你通过阅读认识他们。

运　动

记得每次谈话您都在强调身体健康的重要性。一病万事空。培养运动的习惯，持续做下去，人生就会有不同。

曾经看到过一种被媒体称为“亚洲最严”的体能测试标准：男性军校毕业生必须在14分钟内跑完3000米；2分钟的仰卧起坐满分80个，及格43个；2分钟的俯卧撑满分71个，及格51个。任何标准不一定有道理，但是，请先找一个标准并开始执行吧。

家　务

自己的事情自己做，不给别人添麻烦。成人的世界要有奉献，也要有取舍。把原本玩游戏的时间用来帮助家长打理房间并不困难。

张老师，您的教诲，如今已经成为我的日常习惯，再次感谢您一路以来的教诲。

2018级(高三1班)　裴　昱

我与导师车丽红老师的故事

一五六中学的导师制度，很独特！我不曾听外校同学说过类似情况，但每次向外校同学聊起本校的这项制度，都会引来羡慕的目光。

从小学到初中，从教室到英语老师办公室，位置和距离都大致相似，但高中前的九年，这是条我避之不及、一想起就心慌腿颤的路。进入一五六中学读高中后，从自己班到英语办公室，也就短短十几步路，但当我第一次走到尽头，推开那扇办公室的门……我的心态改变了。

英语组的车丽红老师的办公室就在顶层四楼。

我第一次鼓起勇气踏上这条路，不是两手空空，而是握着高中第一次英语考试47分的卷子，怀揣着之前九年来并不陌生的紧张情绪。推开门，我第一眼就看到车老师杨柳春风般的笑容，几句宽慰的轻声细语很快就消除了我的紧张。我们促膝长谈，老师与我说了很多从零开始的方法。具体的我也记太不清了，但我还是从内心油然生出感叹：原来英语老师是这么亲切啊！当时，学生和导师尚未开始认定，但在那一刻，我心里已对她深施了拜师礼。

其后，顺理成章地，我选择了车丽红老师做我的导师。

放假了，疫情出现了，现实中的教学变成了微信上的信息传递。因为担心在家期间我的英语水平会下滑，车老师主动用视频通话来为我补习英语。每天下午5点，我都会准备好练习和问题，车老师就用手机对着文章，一字一字地解释、一句一句地翻译。只要遇到我的知识漏洞，车老师便随口引出例句、例题，她的讲解通俗易懂，语调亲切平和，似乎比课堂教学更加亲切。甚至过年期间，伴随着窗外的欢声笑语，我们师生两人仍在为解读一篇文章在各自的屏幕前字斟句酌。

熟人都说我口齿不利落，中文表达尚且如此，何况英文？车老师更是不放心我的英语口语，她建议我每天读一段课文，并通过语音文件亲自为我指点。作业多的时候，我发录音文件时通常已经很晚了，我总是心情忐忑，但不一会儿，老师的指导意见就会准时在屏幕上跳出来。

车老师的教诲，鼓励多，批评少。她对我说的第一句话就是："孩子，很好。"然后再细细指出问题。正是导师的苦心，将我从几乎厌弃英语的悬崖边拉回，使我在学英语的道路上，重新树立信心、生出斗志。原本我觉得高中期间英语学习是一段荆棘苦旅，会让我感到压抑、透不过气来。但车老师使我在其中获得了极大的成就感和难得的乐趣。

话说回来，学习之路若说短也很短，它只需几十步路、几条微信；要说长也长，很长，很长，它需要我们一辈子践行。学习之路很苦，需要不懈坚持；也很甜，有可敬、可爱的师友扶持着我们砥砺前行。导师源于师，高于师。是超越知识层面的行为引导，是传道、解惑的授业良师。我的导师车丽红，教会了我如何克服恐惧，直面障碍，更教会了我对他人、对生活、对世界如何施予善意和爱心。

遇到车老师，是我的幸运。

2018 级（高三 1 班）　彭永淳

我与导师张宏老师的故事

韩愈的《师说》中说："师者，所以传道受业解惑也。"古往今来平凡而辛勤的教师奉传道、授业为天职，视答疑解惑为本业，兢兢业业的他们开启了智慧之门，教化人间，是美的耕耘者，是美的播种者。譬如朝露润育晨禾，似是春风暖洒人间。

我的导师张宏老师是一位秉性朴素而又充满智慧的人，她和蔼可亲、平易近人。我与导师相处亦师亦友。微风轻抚，摩挲脸颊，南行北往期遇知音，人生路口雨中徘徊。能在大千世界中遇到这样一位认真负责、温柔体贴的启蒙导师，是一种可遇而不可求的缘分。

对自己的志向和梦想，我始终很明确。而在我努力追逐梦想的过程中，张宏老师给予我充分的信任。在我不够自信时，她毫不吝啬地给予我鼓励；在我有些浮躁，状态不好时她又会及时提醒，助我奋力前行。老师是我无比信赖的人，是我愿意倾诉，真诚表达的对象，在张宏老师的陪伴下，我积极向上地度过了艰苦的高三阶段，且过得充实而有收获。

张宏老师的教学水平更是无比高超，她所教授的地理学科也受到许多同学的喜爱。在课堂上，她为我们拓展四海八方的知识，讲天涯海角的故事，让我们在学到知识的同时，既增长见识又逐渐增加了对地理的兴趣。课间或午休时，地理办公室门口的楼道总是被同学们围得水泄不通。这些人大多是找张宏老师答疑解惑。在她的指导下，我的地理成绩突飞猛进，更对地理产生了浓厚的兴趣。

生活中，当我迷茫困惑时，她总会拍拍我的肩膀告诉我要有自信，我的未来在更高的远方，要有更高的追求，不要被眼前的困难打倒；在我浮躁粗心时她也会严厉地提醒，警示我及时调整脚步稳步前行；当我心态不好，情绪化时，张宏老师即使是半夜也会与我通电话，为我及时解开心结，让我调整好心态，更好地专心学业，努力奋斗。

有道是良诲如茶，清水平淡，香淡皆如缘，缘起缘落驻心间。她的教诲，我一直牢记于心，也不时提醒自己，在“路漫漫其修远兮”的上下探索中，时刻做好自己。一个好的导师是人生智慧的启明星，让你受益匪浅、收获颇丰，享受成长的幸福与快乐。

2018 级（高三 1 班）　徐子棠

我与导师贺晓平的故事

三年时光恰如白驹过隙，倏忽即逝，转眼之间三年的学习时光即将结束。在这三年之中，我的导师——高中英语组的贺老师在我的学习、生活等方面都给予我许多的帮助。刚开始，我并不知道导师是做什么的，也从来没有与贺老师接触过。但在这三年与贺老师的接触和交流中，我明白了导师的含义。

贺老师十分敬业并且和蔼可亲。每次考完试，贺老师都会带领着我认真分析试卷。一科一科地从考试的成绩和排名的进退深入分析我在这段时间内的学习状态，与此同时贺老师会和我交流学习经验，将学哥、学姐们的学习方法和学习经验传授给我。除此之外，贺老师还会关心我的生活，每当我在学习和生活方面有问题和疑惑时，我都会向贺老师寻求帮助，贺老师也会耐心地给我答疑解惑。每次在与贺老师交流完后我都会有新的收获，学到新的知识。

英语一直是我的弱项。在这三年来，贺老师在英语学习方面给予了我许多帮助。词汇量多少是能否学好英语的关键性因素。在高二下半学期，贺老师为了增加我的英文词汇量，每天中午都会利用自己的午休时间无私地来检查我的英文单词记忆，并且会带着我练习口语。在贺老师的帮助下，我的英文词汇量和口语水平有了明显的提高。有时，贺老师还会拿出一些英文课外读物带领我阅读。她会将里面的好词好句和陌生的词汇圈出来让我记录下来，以此来增加我的作文素材储备量。在高三备战高考的冲刺阶段，贺老师更是牺牲了每天中午的休息时间来给我讲作文，带着我一处一处地修改文章，力求做到最好。

三年的相处，让我明白了导师不只是学习上的指导者，更是生活上的引路人。无论是学习方面出现的问题，还是生活方面产生的困惑，抑或是其他事情，我都可以向导师寻求帮助。导师永远在我需要帮助的时候，热情地、有耐心地为我答疑解惑。

在这三年中，我十分感谢我的导师——贺老师。感谢她每一次无私地利用自己的午休时间为我讲题，感谢她每一次传授的宝贵经验，感谢她每一次考试前的加油鼓励。贺老师三年的陪伴让我的高中生活更加有意义。

2018 级（高三 5 班）　张可薪

我与导师冉娟娟的故事

导师和教师有什么区别呢？导师更了解我们的个人情况、兴趣爱好、性格特点。我的导师并不是主课老师，所以在具体学习上没有给我太多指导，但最可贵的是帮我调整了心态。

记得高考前练习高考作文时，我总是为选择记叙文还是议论文而摇摆不定，我觉得记叙文更适合自己，但又怕写记叙文拿不到高分。和导师聊过以后，导师非常干脆，她认为二者并不冲突，要我继续积极地跟老师练习议论文，同时在考试中可以着手尝试写记叙文，再找老师批改，提升记叙文的写作水平，二者同时进步。这个令我纠结很久的问题就这样被导师轻易地解决了。

我期盼每次同导师的谈话，谈话氛围都很轻松，在高三紧张的氛围下冉老师每次都有效地帮助我调整状态。导师会真诚地根据她自己的亲身经历给出意见，并且提供给我一些解决问题的新思路，看问题的新角度，使我能够及时调整心态去面对学习和生活中的一些困扰。导师还会在我灰心时给予我鼓励，在我取得进步时表示祝贺。

我经常感叹于导师的自律。导师很有毅力，她会每天跑步，发朋友圈打卡；坚持读书，在朋友圈发读后感。她说这也是激励自己坚持做下去的一种手段。我听取她的建议，坚持每天写一些文字，记录一下每一天的生活，哪怕有时只有一句话。它让我发现其实每一天都不一样，每一天又都一样，就看我们如何看待这个世界，如何寻找属于自己的快乐。

学习之外我们也会互相安利，导师给我安利好书，比如《果壳帮你选专业》，帮助我早早做准备，我给老师安利综艺节目“乐队的夏天”，帮助导师了解年轻人的世界，接触一些新领域。我们会在朋友圈互动，发表感想，就像朋友一样。

导师的确让我学习到很多，小到对一件事情的看法，大到人生态度。我从冉老师身上学习的，远不止书本知识，更重要的是做人做事的方法。

2018 级（高三 1 班）　赵贝恩

我与导师胡晓峰老师的故事

古往今来，平凡而辛勤的教师奉传道、授业为天职，视答疑解惑为本业。兢兢业业的他们开启了智慧之门，教化人间根本；是美的耕耘者，是美的播种者。譬如朝露，润育晨禾；似是春风，暖洒人间。

我的导师胡晓峰急同学之所急，需同学之所需。在学习方面，胡老师传道、授课言语平实，易于理解；在育人方面，耳提面命，注重教育学生为自己的未来奋斗。漫步校园，经常能看到衣着简朴的胡老师，他总是短袖配长裤和运动鞋，如他本人一般质朴。这三年岁月里，给我印象最为深刻的是胡老师的“真性情”，这是所有熟悉他的人都认同的，更是我喜欢他、爱戴他的地方。在每次考试后，我找到胡老师分析考试情况，他总能对数学各个类型题目中的薄弱环节有针对性地讲解。在我对考试成绩不满意时，胡老师常会提起量的积累是质变的前提，无须过度担心，面对弱势科目，只要沉下心慢慢来，总有一天能看到成效，同时他也经常用学长、学姐的例子激励我，为我带来精神力量。

贯穿在我们的谈话中，还常伴有生涯规划指导和对未来的构想。在确定导师关系之初胡老师就曾问过我以后想要去哪所院校、从事什么职业，希望我以自己的目标为导向，时刻督促自己朝着梦想的方向前进。

胡老师的可爱之处还在于课堂上严肃认真的教学风格和课下温和亲切的指导方式，他乐于帮助一切肯学习、能下功夫的学生，也从不怕我们听不懂方法，会一遍一遍耐心讲解，直到我们听懂，他最担心的反而是我们没有求知的渴望和一颗好问之心。在大千世界中遇到这样一位启蒙导师是一种可遇而不可求的缘分。

不计辛勤一砚寒，桃熟流丹，李熟枝残，种花容易树人难。幽谷飞香不一般，诗满人间，画满人间，英才济济笑开颜。一曲《采桑子》道出了多少辛勤园丁的艰辛劳碌，无私奉献。言不尽鞠躬尽瘁、诲人不倦的丰功伟绩，愿老师的智慧之星永放光辉，长耀世间。

2018级(高三4班) 刘晨嘉

我与导师陈菁老师的故事

时光荏苒，岁月如梭。转眼间，我已在一五六中学度过了六年的时光。在这六年中，与我交流最多，感情最深的，便是我的导师陈菁老师。陈老师是我初中的导师，也是我高中的导师，更是我成长路上的见证人。

记得在初中的时候，我成功“抢”到了陈菁老师作为自己的导师。因为陈老师乐观开朗的性格，如她窗边的那缕阳光一样，总能带给人温暖与欢笑。而我也深深地被这缕阳光吸引，几乎每天都会去陈老师的办公室。即使没有什么想说的，去看一看陈老师，心里也是十分高兴的。到了高中，我再次选择了陈老师担任我的导师。我当天晚上便在微信上告知了陈老师，陈老师很快地回复了我，文字中流露出几分惊喜。这时，我情不自禁地扬起嘴角，心想：陈老师，我们很快又能见面了！

我与陈老师在很多方面都有过交流，但最多的还是学业上的。我经常和陈老师聊一些近期的学习上的收获或是心得体会，陈老师也会回忆起她求学时的经历，把她认为有效的学习方法分享给我。在她的帮助下，我能明确知道自己现阶段还有哪些不足，接下来应该再去弥补哪些方面的漏洞，逐渐调整自己的学习状态。即使成绩上并没有大幅度的提升，但于我自己而言，每一次都有不同的收获与进步。

在生活方面，我曾与陈老师聊过社会公益和志愿活动。在观看完《百分之二的爱》后，我深受这个节目的影响，没多久便去联系了相关的工作人员，成功预约了救助流浪动物的志愿服务工作。我把这个消息告诉了陈老师，还跟她讲述了几个我从节目中学到的救助知识。陈老师听后很是欣慰，并表示有机会的话也想参与其中。此外，我还与同学向陈老师请教过支教相关的问题，陈老师也耐心地与我们分享她支教期间的故事。

我与陈老师的见面不算频繁，因为我知道她身为班主任，大部分的时间和精力都是在她所在的班里。而我步入高三以后，空闲的时间也所剩无几。但即便如此，我也一定会抽空去看望陈老师。每次路过二层的那个拐角时，我都会朝着办公室的方向走去，期待着在门后的那扇窗边，温暖的阳光下有一张灿烂的笑脸。

我相信在多年之后，当我再次回到母校来看望老师时，在那扇熟悉的窗边等待着我的，依然是那缕灿烂而温暖的阳光。

2018 级（高三 3 班）　张琳丰

我与导师马艳杰老师的故事

我的导师是一位雷厉风行但又和蔼可亲的老师。

由于马老师不是我的任课老师，初次见面的我还有些腼腆。不过经过几次和导师的谈话交流，我们渐渐熟络起来。每次考完试见面的时候，马艳杰老师都会给我一个甜甜的微笑，然后询问我最近的情况，我搬着小凳子坐在她的旁边，她先拿着我的成绩条仔仔细细地看上几遍，然后指着我排名靠后的科目问：“这次是哪里出问题了？哪部分是你的薄弱点？”由于我的语文不好，所以她每次都会给我提不同的建议，比如日常要时刻关注时事和社会热点话题积累作文素材，平常做题的时候注意积累实词、虚词，等等。虽然她是物理老师，但是在其他科目方面给我的建议都很中肯。有时，她也会给我讲一些物理的学习方法。有一次教我的物理老师不在，我拿着题去问她，她先是声情并茂地把整个题的过程分析了一遍，然后教给了我这道题的解题方法，随后又解了一遍，整个过程逻辑十分清晰易懂，听后我的思路清晰了许多。之后，她又借此告诉我如何梳理整个章节的思路，还有许多做题的技巧，让我豁然开朗。

有时我会因为自己状态不好去找她。虽然马老师非常忙，常常跨年级教很多班，但是她在百忙之中，每次都会耐心地疏导并开解我。比如：有时候我会因为当下要做的事情太多，不知道怎样平衡班级事务和自己的学业，为不能平衡好时间安排而烦恼或焦虑时，她会耐心地教导我，让我从优先级入手，并且充分利用休息的时间，加快做事的效率等。另外，她还会劝我要以平常心看待身边的事物，不要被别人所左右，做好自己该做的事情。有时候我因考虑很多未来可能发生的事情而烦恼，马老师就会安慰我，并且告诉我只要做好该做的事情，不要去考虑其他的，专心致志于学习，就会有好的结果。我还记得在高三的后半段返校后，我对自己的状态有些焦虑，她告诉我先不要想别的，就是每天做题、答疑、改错，投入自己的学习中去。之后在家学习，我每天都能做好规划。

马老师给我的印象，就是做事十分有方法，十分果断，她给我的建议每次都十分中肯且可行。在学习和生活方面，她也帮了我很多，她教会了我为人处世的道理，使我受益匪浅。这一切，每每想起，都很怀念，她真的是我前进路上的一盏明灯，时刻为我照亮。我对她的感激，难以言表。

2017 级(高三 6 班)　苑　方

我与导师朱利老师的故事

转眼间，初中三年悄悄走过，不知不觉间已经到了毕业的时候。仿佛昨天我还是那个对新学校、新老师、新环境抱有强烈的好奇和期待的初一新生，而今天就已经要开始为毕业做准备。在这三年的学习中，我最大的收获便是有一位好的引路人——我的导师朱利校长。

初二的时候学校要求我们选择一名老师作为自己的导师，指导、规划自己未来的学习与生活，而我也是很有幸地选择了朱校长。此前我一直对自己的未来没有什么规划与想法，是朱校长引导我一步一步制定了合理的目标，才使我有了对未来的计划。

仍记得初二下学期的期中考试失利，那时的我因为死记硬背却并没有理解每个知识点，导致成绩不断下滑，而我在当时却并没有意识到这个问题，朱校长第一时间就指出了我学习方法的错误之处，并且言简意赅地以提问的方式讲出了如何去正确找到自己的学习方法。每次考试之后朱校长都会通过年级排名与分数的进退来分析我的学习情况，让我可以很清楚地认识到自己的现状，并加以改进。

每次走进朱校长办公室谈话时，总会遇见学校其他老师向朱校长询问学校的大事小情，有时这个老师走了，另外一个老师马上又来了。但朱校长即使在如此繁忙的工作环境之中，仍然细心地关怀着我们。她总会在闲暇时间利用网络来询问我们最近的学习状况，并常常提醒我们要时刻做好计划表，有效利用时间学习。

今年疫情暴发后，学校安排我们居家学习。线上学习两周之后朱校长询问我的状态，并针对我的情况提出了新的计划，同时也希望我坚持锻炼调整作息，使我在之后的学习中有了更好的身体条件与规划，也激发了我的动力。

“四度春风化绸缪，几番风雨洗鸿沟。黑发积霜织日月，粉笔无言写春秋。”朱校长对工作的认真负责，对同学们的悉心关照，对我学习的耐心指导都将深深地印刻在我的脑海里，成为我今后一笔宝贵的人生财富，成为我人生道路上的一盏明灯。谢谢您，朱校长！

2017 级（初三 3 班）　党宇煊

我与导师朱怡老师的故事

鲁迅遇到了藤野先生，魏巍不能忘怀蔡芸芝先生，达·芬奇感谢教他画蛋技巧的弗罗基俄……我还曾听闻一个来自远方的声音，那是戴维的声音：“我这一生中最大的发现是法拉第。”每个人或许都会在人生道路上遇到指引自己的明灯，我也不例外，她就是我的导师——朱怡老师。

初次相见是去美国游学时，她作为带队老师负责照顾我们。后来选导师时，我机缘巧合地选到了朱怡老师。她会在每次考试结束后帮我分析试卷，总结错因，并记录到本子上，及时鼓励我；会在我遇到瓶颈时积极帮我想办法，帮我渡过难关；她会约优秀的学长为我们讲学习方法，会在微信上为我提供各所大学的相关信息，供我们被带导的几位同学参考……

无论有多忙，每回的考后分析朱老师总是会抽出时间与我单独交流，并结合之前几次的成绩进行总结，找到提高的办法。她有时会与我分享其他同学的经验，再针对我的个人问题给出指导。犹记有一次我跟老师提到大学想选择心理学方面的专业，老师默默记下，没几天就告诉我说已帮我联系了正在学校实习的心理老师——北师大心理系的几位大学生，让我与他们聊一聊自己的想法，听听高中阶段的我应做哪些准备。这几位心理系的哥哥、姐姐热情地接待了我，他们告诉我大学心理系要学习的方向，具体的能力要求，需要提前看的资料等信息。虽然只有短短几十分钟，却令我受益匪浅，也坚定了我的大学求学目标。

朱老师也经常与我分享生活里的一些趣事，这使我与老师的距离进一步拉近了，我们之间与其说是师生，更像是朋友。朱老师的负责与热心令我十分感动，两年的相处，我与她从当初的拘谨变成了现在的无话不谈。

感谢朱老师总是鼓励着我，在我遇挫折时，始终殷切关注并陪伴着我。朱老师，我的高考成绩虽然没能突飞猛进，但您总能看到我的进步。在您的指引下我懂得了生活既能像一张纸一样轻薄，也可以像大海一样深邃，像天空一样辽阔。我想遨游，抑或飞翔，必须做出自己的努力和选择。老师，您就像黎明的破晓，在黑暗中为我带来一缕光亮；像沙漠中的绿洲，为我注入新的活力；像海上的灯塔，为我指引方向。虽然今天我已经毕业，但我与朱老师之间的点滴情谊是不会消散的。

无论未来如何，我都想告诉您："感谢您，我的人生导师。"

2017 级(高三 3 班) 张梦骞

我与导师王勇毅校长的故事

初选导师时，我没有什么很强的目的性。因为自己是美术生的缘故，对于能够辅导自己学习的导师反而没什么兴趣，所以我最后将目光放到了校长的身上。一来校长能够作为我学习成长过程中的全能型陪伴导师，二来可以帮助我对艺术道路进行规划。

第一次走进校长办公室，感觉异常闷热。屏风后是小小的会客厅，两排沙发对排摆放，窗台上有一盆很高的仙人掌。沙发上方的墙壁上有一幅毕业学生的摄影作品。校长坐在沙发上微笑着迎接我，他头发有些花白，笑容和蔼可亲。

一开始我们的谈话多少有些拘谨，至于谈话内容，一开始涉及学习的很少，校长问我读什么书，有什么爱好，天马行空。我们聊历史、聊文学，几次闲聊下来我惊喜地发现我俩都特别喜欢读人文社科类的书。渐渐地，随着学习的日渐紧张，这样的谈话减少了，不过到那时，我们已经成了忘年交。

除去在学校学习期间，课外，我们的联系也挺多。偶尔有一次说到我的身体。那时我的胃并不是很好，胃痛持续了一段时间，后来因为疫情，上网课期间，胃痛好了很多。偶然一个下午收到王校长的消息，是转载过来的，记录了养胃的秘方，我顿觉感动，赶忙谢过。点滴之间，显示出了校长对学生的深切关怀。

王校长对于我学习上指点不多但皆为金句，印象最深刻的就是他要求我“每天跟数学老师说一句话”。最初我不解其意，后来才渐渐明白，王校长是想让我打消顾虑，主动找老师提问。不知不觉间我的数学成绩稳步提升。他也经常警示我：“不要浮躁。”正所谓忠言逆耳，校长不管在学习上还是生活阅历上，都堪称一座宝库，在与他交流的过程中，我收获颇多。

虽然我和校长相处的时间相对短暂，但在那个有些闷热的校长办公室，我学到了很多处世之道，而且我也很清楚地知道，在与他的交流中，收获往往是不自知的。他对我潜移默化的教育，也改变了我很多，让我少走了弯路。

最后，想用校长经常跟我说的一句话作为结尾，这句话我在学习迷茫时经常拿来作为用以慰藉的良药——“只要过程不出错，结果总不会太差。”

2017 级(高三 1 班)　马嘉沂

我与导师王巍老师的故事

选导师的时候，我的鼠标在页面上游弋，突然看到王巍老师的名字，我手指微点，开启了我们之间的故事。

与王老师的见面从未让人感到紧张。几个女生和她一同围坐成一圈，用聊天的方式交流自己的心情。我们的心事、我们的苦恼和我们不确定的梦想，都在与老师的谈论中变成了前行的动力。

有一段时间，我成绩突然下滑。那段日子仿佛如何挣扎都是徒劳。我开始想放弃了，觉得也许慢慢变难的课程并不适合我。在我说出心声后，王老师拍了拍我的肩膀：“一直以来你在我眼里，都是个努力上进的好孩子。为什么不再去试试呢?”她的话让我找到了心的停靠点，也让我找到了新航向，我不再放弃努力，最终成绩回升。那期间我很辛苦，上课的时候我也会感到疲惫。王老师常对我们说，如果课上困，可以去她那里拿点咖啡。一个课间，我走进王老师的办公室，告诉她自己感觉学习效率低，很苦恼，她为我泡了咖啡。记忆中，那杯咖啡没有糖和牛奶，清冽的苦香却让我想起她——我的导师，她是温暖的，是最理解我的，她时刻在激励我。她像我的阳光，只要我愿意，她就会用教导和爱温暖我，照耀我的皮肤，给予我帮助。

一个假期后，王老师从土耳其旅游回来带了些糖果和手霜，分发给带导的几个学生。那时我们刚入初三，糖果纯粹的甜回荡在心间，宛若活泼的钢琴曲跳动着力量，我们享受着这份特别的美好。那手霜至今还躺在我的收藏架上，每每望去，我都觉得自己仿佛又回到了小小的办公室，在和王老师交谈诉说，纷落的阳光洒在身上，一如她给予我们的关心。

疫情突发，居家学习。即便是短暂的在校上课，由于分层教学，我也很少再见到她。我们的导师群不时冒出消息，那是她在叮咛我们面对中考应有良好的心态和学习方法。中考前的一个晚上，我翻看手机，看到她给我留了很长一段话，没有一句是说分数的，都是“好好休息”“好好吃饭”“不要紧张”这类琐碎的交代。她的信息让我一愣，一直以来我都在向着中考跌跌撞撞地奔跑，其间丢失了许多，却只知道不假思索地追逐。这条信息让我在终点线面前放稳了脚步。王老师的教导，在稳稳地推动着我。

中考结束，我取得了很好的成绩，但我也知道，我们再也不能每个月到办公室搬着椅子聊天、听她的教导了。语文课上，我也不能听她深情地诵读了。

很难说是什么让我如此怀念与我的导师相处的日子，固然不仅是那杯咖啡、那几块糖果，或是那管手霜。我们的交谈也平淡无奇，无非是与同学闹了什么矛盾、又心血来潮地规划了什么宏大梦想、学习过程中的焦躁不安，等等，但是每每提起我的导师，我的心都习惯性地澎湃起来，仿佛又一次被温暖。

王老师，您是我的阳光，在我的道路上照亮未知的前方；您是我的阳光，让我踏实地知道只要需要我随时都有依靠；您是我的阳光，推动我稳稳前行又不必太过慌张；您是我的阳光，在我身后微笑地注视着，从不多言。

这就是我与我的导师的故事，三年里被温暖的我，已经成为越来越好的自己。

2017 级（初三 3 班）　薛子佩

我与导师彭海燕老师的故事

天波易谢，寸暑难留。三年的时光如白驹过隙般转瞬即逝，回首来路，校园中的大槐树坚毅而挺拔地迎接着每一次日出日落，迎接每一轮四季回转，迎接每一个踏入校园的学子。大槐树承载着我们高中三年的回忆，陪我们走过风霜雨雪，赠予我们无价的珍宝——品格与阅历，大槐树亦是我们的导师们的写照。

春日的相逢，是这个故事的开端。高一第二学期开始的导师制开启了我们高中生涯的新篇章。有感于高一第一学期对于高中生活的初步认识及对各位老师的初步了解，我选择了将要陪我走完高中时光的导师——高中英语组的彭海燕老师。

相逢在春日。对于这个选择，我怀揣着期盼与期待，也有些许的紧张与忐忑。带着这样复杂的心情，我推开了那扇往后再踏入时满是回忆的门。初次见面谈话时的具体内容我已记不大清楚了，但依稀记得彭老师话语中流露的是鼓励与期待。往后的谈话里亦是满满的关怀与鼓励。春，万物生发的季节，大自然赠予万物生机，我的导师通过她的真情与鼓励赠予我前行的信心与希望。带着这份信心与希望，我走过了往后的高中时光。

夏日的叮咛，是良苦用心与殷殷期盼。夏日的炎热让人躁动不安，尤其是高考前的那个特别而漫长的夏日。由于新冠疫情的影响，假期延长，在校上课时间缩短，随着高考一天天的临近，躁动与焦虑令人感到煎熬。即使面临着诸多变数，彭老师对于教育和教学及导师工作依然兢兢业业、恪尽职守。居家学习期间，老师会定期联络我们，了解我们的学习备战情况、居家生活情况，并给予建议与鼓励。课堂上，无论是隔着屏幕网络授课还是戴着口罩在校讲课，老师都热情不减，提前完成各项备课任务，课堂上紧密而有序地进行教育教学。老师对于工作真可谓是兀兀穷年、用心良苦。老师编写的学案、笔记、讲义通俗易懂，实用性强，为我们的学习、备考提供了支持与帮助。高考前老师的叮嘱既令我们心安又充满力量，全力迎战高考。夏，蝉鸣声声的季节，大自然赠予世间枝繁叶茂，我的导师在一堂堂英语课上给予我们知识与能力，这些知识与能力不只可以用来备战即将来临的高考，往后的求学路上，我想，也是可受用的。

秋日的殷切，是默默的支持与帮助。彭老师既是我的导师，又是我的英语老师，还是我的班主任，还记得秋日里的一场场比赛，老师都会提出建议并参与规划与排练，与我们共同策划每次比赛的节目内容、形式等，面对服装和道具不足等棘手的问题时，老师常会亲力亲为，为我们做好必要的保障工作。一场演出，一个节目，一次活动的成功举行离不开班级每一位同学的付出，更离不开老师的支持与协助。秋，硕果累累的季节，大自然赠予人间花开花落，云卷云舒，稻谷金黄，瓜果飘香；我的导师给予我们坚实的支持。

冬日的温暖，是满满的关怀与关爱。人生浮沉，有时得意，有时失意。看到我的失意后，在导师谈话中老师常会流露出关怀之意。在我成绩不理想时或是不顺意时，老师会给予适当的关心，适时询问近况及问题，给予建议与解决措施，帮助我解决问题，取得更大进步。老师的关怀不只限于学习，也有对于生活上的。对于我生活上遇到的棘手的问题，老师得知后也会给予关心与帮助。老师告诉我们："要做一个有温度的人。"她也亲自践行了这句话。冬，风雪飘零的季节，大自然封存万物，而我的导师却在寒冷中给我温暖。

四季轮转，铜壶刻漏，漏的是清净的水，留下的是岁月的积淀。纸短情长。彭老师，谢谢您！谢谢您三年来的教诲、陪伴、鼓励、信任与支持。

2017 级（高三 6 班）　于志佳

我与导师包雪松老师的故事

溪流把水推向浩瀚的大海，曙光给大地带来明媚的早晨，成为一名学生已经十年了，教过我的老师数不胜数，他们都或多或少地影响了我。

进入高中，又是自己学习生活的一个全新开始，学校从高中伊始，为了我们未来的生涯规划，推出大学才有的导师制。通过自主选择，我们身边便有了一位伴随我们高中三年的导师，通过导师的言传身教，通过与导师的沟通交流，我们被牵引着走向壮丽的人生。

我的导师是教音乐的包雪松老师，年轻的她是一个要求严格的老师，也是一个充满责任心和爱心的老师。

记得刚来到一五六中学，听学长说，上了高中之后，就有音乐社团啦！老师都很专业！我当时的心情很激动，在学校生活了一段时间之后，包老师就在班里说音乐社招人，有喜欢音乐和想学音乐的同学，放学的时候可以去参加选拔。我因为一直喜欢弹钢琴，所以也打算去竞争钢琴伴奏一职。放学后我来到音乐教室，发现那里已经有好多人了，心里多少有些紧张。这时候，包老师看到我额头有点汗，就小声对我说："别紧张，找自己熟悉的曲子，深呼吸放松自己，根据自己的感觉来弹。"听了老师的安慰，我顿时没有刚开始那么紧张了，轮到我的时候，我就按照老师的叮嘱，想象着自己脑海中的意境，手指在黑白键之间跳动，琴音时而舒缓，时而急切，美妙的音乐旋律充溢在整个音乐教室。

后来我一直担任年级的钢琴伴奏，包老师也不断给我指点，除了音乐本身，作为导师，她也关注我的学习，给了我很多未来选择大学和专业的指导。

每一次学校的演出活动之际，包老师总是反复催促我们练习。"不行，再来一遍。"这就是她反复对我们说的话。合唱节比赛，老师耐心地指导和组织我们排练；运动会和其他校内活动，包老师也经常陪在我们身边给我们加油，打气。

包老师希望我们严格要求自己，不断茁壮成长。老师，感谢您从我的世界路过。一日为师，终生为师，再华丽的语言也无法表达我对您的敬爱，我在这里只想送上一句："谢谢您，包老师!"

2017级(高三6班)　梁竞帆

我与导师高云婷老师的故事

当我知道要选择导师的时候，我毫不犹豫地选择了高老师。

在我的印象里，高老师是温和而善解人意的。选导师的时候我第一时间想到了她，我想要的导师就是像她一样温柔耐心的老师，所以当家长劝说我选主科老师的时候，我依然还是坚持自己的选择，选了高老师当我未来三年的导师，事实证明，我的选择是对的。

如我所料，高老师是一个很温柔的老师。每一次去找她分析考试成绩，无论成绩高低，无论排名是否进步，她都会微笑着安慰我。一个微笑，一句安慰的话语，无疑都是我在心情低落时的慰藉，为此，我很感谢高老师对我的鼓励。

印象最深刻的一件事，是高一的时候有一段时间我的情绪很低落，发了朋友圈来发泄自己的负面情绪。出乎我意料的是，两天后的升旗仪式上，高老师悄悄地来找我，先是问我事情严不严重，又说中午可以和我好好聊聊这件事。

我没有想到自己随意的抱怨，却被高老师记住了，还特意来安慰我。高老师的温柔和善解人意令我感动。

后来我被选做领操员，每天中午都要和其他同学一起去练习广播体操。高老师就会为我们做一些指导，但又不会苛求我们，还为我们留了充足的空间让我进行练习。这也是让我比较感动的一点，是一种对我们的信任，也让我更信任高老师。

在成为高老师的学生之前，我比较爱着急，也爱紧张。但高老师成为导师以后，她日常的从容不迫，温暖和善解人意，每一点都在慢慢地对我产生影响。和她交谈好像总能让我冷静下来，在学习和日常生活里，我也慢慢地变得从容了一些。高老师也曾帮我想办法，促进我和家长的沟通交流，也帮助我分担一些日常生活里的忧愁。与其说她是老师，不如说她更像一个知心姐姐，我什么都可以和她说，她也一定会理解我，帮助我。

当选择高老师成为我的导师的那一刻开始，未来的生活里，我或许都可以更温柔、冷静地对待身边的人和事。所以选择高老师当我的导师，我也从未后悔过。

2017 级（高三 4 班）　郭雅齐

三、家长谈“导”

心灵的导师

“导师”一词源于希腊语，导师象征的是知识和智慧，他们是知识和道德的传播者！导师在从事教学科研以外，对学生进行思想、学习、科研、心理等方面的教育和指导。儿子上初二的时候，学校实行导师制，在导师名单中我居然看见了王勇毅校长的名字。我万万没想到王校长也会承担导师的责任和工作，我抱着试试看的心理让儿子选择王校长作为导师，最后居然选上了。

儿子刚上初中的时候又瘦又小，性格也比较内向，在各个方面都不太突出，是那种不容易被关注的孩子。作为家长在生活上可以给他提供支持，但是无法走入他的内心。特别是青春期的孩子，有了自己的主意，与父母就更有隔阂了，为此，我们非常期待导师的辅导。

第一次导师谈话回来，我问儿子跟校长谈得怎么样，他说刚开始都快紧张死了，可是王校长一直对他微笑，跟他谈他的兴趣爱好，后来他就不紧张了。让儿子敞开心扉，兴趣爱好不正是最好的切入点！

期末考试完，儿子的成绩有一定进步，他有些沾沾自喜。可王校长却敲打他，说他的各科成绩都比较平均，没有强项。这给了他很大的启发！自那以后，他有了新的学习目标，并一直朝着那个目标去努力。

在后来的几次导师谈话中王校长也不断鼓励儿子在同学面前多表现自己，抓住更多可以在大家面前讲话发言的机会。我也渐渐发现儿子越来越愿意将他在学校发生的一些事情讲给我听了——孩子健康积极乐观的心态正是作为家长最愿意看到的！

今年因为疫情而造成的超长假期令人难忘，中考的各种不确定性不但令我们家长焦虑，也让孩子感到迷茫，直到有一次，儿子拿着手机给我看：“妈，王校长给我发微信了。”我赶紧接过手机阅读起来，看到微信内容感觉更像一封家书，叮嘱孩子在这种环境中应该做什么，不要做什么，罗列出好多注意事项，言辞恳切，令人感动。我深深地觉得作为导师的重要性真的不仅仅在学习上，更重要的是在你最需要的时候给你指明方向，坚定你的信心。

导师王校长的“导心”和“导学”，使孩子心理发生了蜕变，目标也越来越明确，意志也越来越坚定，支撑他顺利度过疫情和中考的特殊时期。我开心地看到三年前那个瘦小而不自信的儿子如今已经变成了内心坚定的男子汉！

作为家长在这里衷心感谢导师王勇毅校长，他是真正的心灵导师！也感谢这三年教育过孩子的一五六中学的所有老师，是老师们的辛苦付出，让孩子健康快乐地度过初中生活。

2018级（初三4班）　吴骏祺家长

我和导师张万聪书记的故事

作为一位学生的家长，我非常感谢学校老师对孩子的培养教育。也非常感谢学校的学生导师制，它架起了家庭—学校沟通的桥梁，让学校教育、家庭教育、社会教育结合起来，为孩子的成长铺平道路、指引方向。

孩子生活在学校这个温馨的大家庭里是幸运的。学校和老师给了孩子知识力量，给了孩子无微不至的关怀，给了他充分发挥自己聪明才智的空间，我由衷地感谢学校和老师，为孩子有这样的学习环境感到庆幸。

兴趣是最好的老师，浓厚兴趣是学习的最大动力。进入中学以来，孩子的学习兴趣有了很大提高，学习状态也越来越好。尤其是数学，初中时期数学相对较差。在选导师时，孩子没选到心仪的单科指导老师，好在前期做足了功课，便毫不犹豫地选择了张万聪书记作为导师。

我曾与导师约谈，互相交流了解孩子在校和在家的情况，分析了孩子的长处与存在的不足，约定加强学校与家庭联系共同促进孩子健康快乐成长。回家后我将谈话内容与孩子分享，让他清楚自己的优势和劣势，正确地对待以后的学习任务。同时鼓励孩子多找导师谈心，汇报近期的状态和想法。

进入高中以后，考试增多，我们注重引导孩子在每次考试后做好总结分析和后期计划，并及时向导师张书记汇报，请张书记提出指导意见。在张书记的指导下，孩子增强了自信心，学习之余，积极提升自己，在高一时光荣地加入了共青团组织，成为一名共青团员。同时他还踊跃参加学生会的竞选，先后担任了学习部部长、学生会主席等职务。这使得孩子在学习以外的其他方面得到了锻炼，学会了更加合理地安排学习、工作和生活。

“对自己负责，对他人负责，对集体负责。”张书记对儿子这样说。这是良好的意志品质，是高素质人才不可缺少的基本素质。它还可以转化为个人发展的不懈动力。不是每一个孩子都能成为顶尖人才的，即使孩子学业一般，也并不妨碍他拥有平凡但快乐的人生，对孩子的一生来说，最重要的是要让孩子在身体、心理、学习等各方面都能得到锻炼、培养和发展。

能和导师密切交流，共同承担起教育的重任，我感到非常高兴。家长和老师都是教育者，对于孩子同样都负有教育的责任。我们和老师都能在孩子的成长过程中做到冷静分析，找准新的平衡点，保持一颗爱心，矜持等待，了解孩子，理解孩子，为孩子的成长而学习新的知识，做孩子成长的助推器。

感谢家校密切配合，让我们收获了孩子与家长的共同成长！

2018级（高三5班）　吕昀璋家长

导师妈妈赵泓老师

三年前，朱莉娅同学从小学生活跨入初中生活，从一名儿童成长为一名少年。作为家长很担心孩子是否能够很快融入中学生活，北京市第一五六中学是孩子小升初派位的目标学校，但是作为家长一开始对学校也不是很了解，就这样无论是孩子还是家长，都带着一丝的“忐忑”。

入学孩子分到了初一(1)班，班主任是赵泓老师，赵老师给我的第一印象是和蔼可亲，赵老师是数学老师，逻辑思维非常缜密，使我坚信孩子在赵老师的班级里肯定能够茁壮成长。事实证明孩子在赵老师的班级里生活学习这三年，成长了很多。我也深深地体会到，赵老师像妈妈一样无微不至地照顾着孩子。在这里我要跟大家分享一些令我感触很深的故事。

入学后的第一次数学考试，孩子考了98分，得了班级第一名。作为家长我其实觉得有些意外，赵老师对朱莉娅给了很高的评价，赵老师从自己丰富的经验角度去鼓励朱莉娅同学，这样的鼓励让朱莉娅从入学开始就建立了一定的自信心，中学学习生活开始得非常顺利。在学习上赵老师对朱莉娅也是谆谆教导，循循善诱，让我们家长也很快消除了初入学时心理上的忐忑。

生活上赵老师也是无微不至地照顾朱莉娅以及全班的同学。孩子有时起床比较晚，早上来不及吃早餐就去上学了，孩子处于成长期，身体比较瘦弱，赵老师经常给孩子买一些早点，不让孩子饿着。朱莉娅身体素质不太好，很容易发烧感冒，每次生病赵老师对朱莉娅都给予了妈妈般的细心照顾。生活上有赵老师这样的好老师的照顾，我们家长心里非常放心。

朱莉娅从初二开始，出现叛逆、任性、不听话的情况，同时开始不遵守纪律，无论是在家里还是在学校，孩子的逆反心理越来越强，学习上退步明显。对此，作为家长也是非常的担心，甚至担心孩子是否能够坚持到中考，说实话作为家长我们真是慌了。而这时赵老师在学校又担当了妈妈的角色，在孩子最低谷的时候，不离不弃，对孩子还是一如既往地爱护，经常放学之后跟孩子促膝长谈，经常给孩子妈妈般的拥抱，引导孩子。这期间又加强了与我们家长的沟通，无论是电话还是到校沟通，让我们家长深深地感觉到赵老师是把朱莉娅当作自己的孩子来对待，有时谈话当中赵老师也是眼含泪花。能遇到赵老师是朱莉娅这三年初中生活最大的幸运。孩子到初三下学期明显地进步了，在中考当中也是正常发挥，取得了不错的成绩。作为家长，心里的石头总算落了地。

千言万语汇成两个字——感恩．感谢导师妈妈赵泓老师！

2017 级(初三 1 班)　朱莉娅家长

家长眼中的心灵导师

“教育，是从身心发出的爱。”可对于学生而言，导师应该是一座青山，烟雾缭绕，山泉不息。而对于家长，导师不仅是桥梁和纽带，更是知心的挚友。

转眼，闺女的三年高中生活马上就要结束了，孩子的导师是班主任张红梅老师。她和蔼可亲，爱岗敬业，精心施教。在张老师的指导中，我深刻地感觉到她是一个非常讲“原则”的导师。

一是个性化原则。张老师善于发现孩子的个性，研究个性，发展个性。在老师同学面前孩子话语不多，学习态度比较好，只是有时有点不善于表达自己，学习成绩不是很理想，有时会流露出自卑心理。张老师就采取和孩子交朋友进行谈心的方法，通过语言沟通交流进行教育，并多次向家长了解孩子在家里的学习生活情况，进一步了解孩子的心理，关心她的成长。张老师知道孩子有绘画的特长后，便利用年级运动会、绘画竞赛等活动，把制作班徽和参赛的任务交由她完成，使她的才华得到了很好的展示，同时获得了老师及同学的盛赞，由此，孩子的自信心倍增，学习成绩有了明显的提升。

二是亲情化原则。建立民主平等的师生关系，尊重学生，从细微之处入手，给学生以父母般的关爱，成为学生的良师益友。在学校，只要她有一点点成就，哪怕不明显，张老师都要给予孩子表扬和鼓励，让她尝试到成功感，而不是挫折感，提高了孩子解决学习中困难的能力。

三是渐进性原则。从高一开始遵循孩子的身心发展特点和认知水平，激励、鼓舞并关注孩子的学习情况、身体健康，更重要的是关注孩子的心理健康，从中张老师走入了孩子和家长的心灵。在教学的同时教给孩子如何处理生活上、学习中的各种问题，不仅仅是简单的说教，还经常针对社会上的各种问题和困惑加以正面的引导。从思想上教导，培养学生良好的品德和正确的价值观；从生活上引导，为学生的人生打下坚实的基础；从学业上指导，为学生搭建通往成功的阶梯；从心理上疏导，培养学生健康的心理和健全的人格，缓解学生的心理压力，消除学生的心理障碍，引导学生身心健康、和谐地发展。

张老师是一位心中有爱的心灵导师，她照亮了孩子们的人生道路，放飞了孩子们的梦想。用和风细雨浇灌出美丽的花朵，用无微不至的关爱践行了导师的使命与担当。

2018级（高三4班）　高莺嘉家长

我与导师朱彬的故事

中考结束后，班主任老师发来邀请函，说请家长写一写与导师的故事，我的思绪一下子回到两年前。

两年前的一天，孩子放学回来兴冲冲地对我说：“妈妈，学校说让每个同学自己选一位导师，在学习、生活、心理等各个方面有问题的时候，都可以跟自己的导师说。”“初中就可以选导师了？我们那时候，上了大学四年级才会有导师呢！你们可真幸福啊！”“嘿嘿，那当然，我们学校的老师一向关心学生啊！可是那么多老师，我选谁呢?”我的脑海中马上浮现出一张美丽的面孔，对，就选她！

小升初电脑派位结果出炉，孩子有幸被派入以“校风严谨、老师责任心强”闻名西城的北京市第一五六中学就读。还记得第一次家长会，给我们开会的是一位雷厉风行的女教师，她敏捷的思维、利落的举止、铿锵有力的讲话都给我留下了深刻的印象。她自我介绍说名叫朱彬，是年级主任，于是我牢牢记住了这个名字。“孩子，就选朱主任吧！你是慢工出细活的孩子，她是风风火火的老师，你跟这样的导师能学到更多东西！”果然，自从选了朱主任做导师，孩子越来越积极向上。她有时候会告诉我说今天导师给我们开会了，问我们最近的作息情况，让我们注意劳逸结合；有时候告诉我说导师问我的目标高中是哪里，她让我早早立下目标并为之努力……我看到孩子说这些的时候眼睛里泛着希望的光芒。她说，我的导师事事敢为人先，我也不能落后。能遇到这么好的导师真幸运！

举世震惊的新冠疫情肆虐全球，孩子们被迫在家上网课。有一天，朱主任亲自给我打来视频电话，说好久没跟孩子聊天了，想孩子了，还关切地问孩子最近怎么样。她很质朴，也很亲切，不像老师对学生家长的家访，更像朋友、像闺蜜一样跟我聊了很久。然后又跟孩子聊天，很关切地询问了孩子在家上网课效果好不好、眼睛怎么保护、课程难度是不是合适等各方面情况，并对孩子说，你如果有问题，或者就是单纯想聊天都可以找我，我都在！孩子那几天其实正处于疲惫期，跟我抱怨说在家上网课总不能专心，容易走神。也是，毕竟家里没有那么良好的学习氛围。导师的电话真是及时雨，赶走了孩子的焦躁、疲惫，让她又能抖擞精神好好学习。就这样，朱主任与孩子谈了好多次，孩子跟导师聊了很多心里话，最终顺利地度过了在家上网课的日子。

时间过得太快，初中三年一晃就过去了，中考也顺利结束。我要由衷地感谢一五六中学，感谢朱彬导师，感谢朱老师为孩子所做的一切！朱老师，是您的守护让孩子的心灵永葆美好，是您的引导让孩子顺利走出困惑苦恼，是您的陪伴让孩子有勇气直面压力，迎接挑战！谢谢您！

2021年的“七一”恰逢建党100周年纪念，我在一五六中学公众号上看到朱主任在一五六中学党总支建党百年“七一”表彰大会上被评为“校级优秀共产党员”。那一刻我一下子明白了为什么她对孩子这般有耐心、有爱心，为什么她的责任心强、工作能力强，她是在用实际行动践行作为党员的初心和使命！朱老师，我代表学生家长向您致敬！

2018级（初三2班）　郑采文家长

我与儿子的导师郝进宏老师

早就听说孩子上了初二会选导师，可我对导师制并不了解。

稀里糊涂地就到了要选导师的日子，我和儿子商量了一下，决定选择自己薄弱科目政治和数学老师做导师。儿子说老师建议多准备几个选择，于是和儿子急匆匆地制定了三个方案。正式选择导师的时间到了，儿子登录学校官网，我也跟着紧张起来，甚至想起了一年多前等待小升初派位时的焦急心情。果然，时间一到，我们的第一和第二方案，本年级任课老师的学生都已经满额了，幸运的是我们的第三方案选中了，而且是位教高中的数学老师——郝进宏老师，他正是在家长会上给我们讲解导师制度的导师办主任。我和儿子顿时开心起来。

让我重新审视学校导师制度的起因是在选导师后的那个周日下午(2019 年 12 月 15 日)，我突然收到了郝老师申请添加微信的请求。我忐忑地加上了郝老师。没想到，和郝老师的第一次谈话就给我留下了完全出乎意料的深刻印象。因为郝老师语气诚恳地向我了解了春晓的学习情况以及性格特点和学习习惯等信息。其实，郝老师的这次沟通是在已经与儿子见面讨论后进行的。看来郝老师真的是有备而来，而且是准备陪伴春晓打持久战啦！我于是心中窃喜——儿子的数学有望提高了。儿子其实比较粗线条，回家并没和我提过与郝老师已经谈过话了。在我询问后才和我聊起来，他说郝老师不但了解了他的数学学习情况，还给他介绍了数学学科的学习特点及初三和中考的考查重点及应对方法，还给他讲了自己的学生中高中优秀毕业生的例子，让儿子作为学习的榜样。我很诧异，因为儿子很少能详细地和我聊学校和班级的事情。这次不但描述详细，还讲述得头头是道。从此，我更加关注导师对儿子的学习指导情况了。

而让我感触最深的是，郝老师这位导师可不仅仅是儿子的导师，也是我们家长的导师呢。因为他不但每次指导儿子后会和我们交流，还在每次大小考试前后都有鼓励、提醒，指导问题解决，提供学法和思想指导。事无巨细，真的让我意想不到。特别是儿子在初三开学后由于测试不理想而产生学习波动之后，郝老师的鼓励给儿子和我们家长以无比的信心和动力。郝老师在家长会前还会单独约我详细交流孩子的情况。一转眼中考结束，我无意中翻看了一下和郝老师的微信交流记录，长长短短，文字的和语音的，多到数不过来。我也发现儿子的每个关键阶段都有郝老师“润物细无声”的教导和激励。

儿子对数学学科和对高中学习的很多理想及信念都有郝老师的言传身教痕迹。以至于我和儿子讨论填报高中志愿时，儿子坚定地说要报考母校，理由很简单——他的导师郝进宏老师就在高中部教数学。我突然意识到郝老师对儿子的感染力和影响力是如此之大，他已把一个对数学学科很有畏难情绪的孩子引导成长为一个热爱数学的孩子。这真的不是一日之功呢。最让我开心的是儿子遇到数学难题还不断给我讲解，并且告诉我郝老师就是这样讲的，而且郝老师说能给别人讲解了，这道题你就能理解得更透彻了。更有很多次，我听到儿子和他的小学伙伴们宣传说高中就来我们一五六中学吧，别看我们校园不大，但我们的学校历史悠久而且老师特别棒，我的导师郝老师那可是很厉害的数学老师哦！

导师的力量是无穷的！这三年初中生活转瞬即逝，但是我知道这短暂却弥足珍贵的初中生活给儿子和我们留下了终生的美好回忆。它将会影响儿子一生的学习和工作态度。感谢郝老师在儿子成长的路上一路指引！

2018级（初三4班）　李春晓家长

与导师艾叶老师的故事

“老爸，这是我的ID，这是密码，别输错了啊，记得一定选艾叶老师啊！一定要选上啊……”2019年3月30日晚8点，对于作为学生家长的我来说，是一个永远不能忘记的日子。今天正式选导师，孩子的催促声一遍遍在耳旁响起，从声音中能听出一种期待，一种希望。

选择艾叶老师作为孩子的导师，对我的孩子来说是一种幸运，对我们家长来说更是一剂“定心丸”。三年来，孩子从一个懵懂的少年变得自信、自立、自爱。对孩子是成长、是提升；对家长是促进、更是教育。

艾叶老师是一个优秀的导师。在取得成绩的时候给你鼓励，在迷失方向的时候给你指引。她替你高兴，为你解忧。她既是桥梁，也是纽带。她会激发孩子们自尊、自爱、自信和各方面蓬勃向上的意愿，促进学生在德、智、体、美、劳各方面获得可持续性发展。

艾叶导师首先是孩子们“思想上的朋友”。她平易近人，孩子喜爱与她交流沟通，不论课上课下，都可以与她天马行空地畅谈。这充分激发孩子对各方面知识探索的积极性与热情。她对孩子的脉搏把握很准，能及时发现孩子思想上出现的偏差，第一时间与家长沟通，及时纠偏，避免孩子在弯路上走得过远；其次她是孩子“学习上的导师”，她对孩子的指导针对性极强，往往一针见血，给出的建议更是“量体裁衣”，适合孩子成长与进步；她还是孩子“生活上的妈妈”，她的每一个微笑、每一次鼓励都让孩子与家长感到那么亲切，“注意饮食”“穿好衣服”“继续加油”，每一句唠叨、每一处细节都体现出一位妈妈、一位伟大女性的温暖、慈爱与宽容。

艾叶导师经验丰富，方向明确，教育简单明了，收效奇佳。“孩子听力第一次正式考核成绩还可以，但正因为还可以导致孩子这一阶段心有些浮躁，必须尽快调整。”“不要总把语文成绩弱挂在嘴边，认为其他学科成绩上不来也与语文成绩有关，这是错误的想法和观念。”这一系列话语不仅提醒了孩子，更是使我这个学生家长从迷茫中惊醒。

艾叶导师既是老师又是家长，既有双重身份又有双重责任，承担的工作量十分繁重，牺牲了大量的个人时间，但她从无怨言，一直将正能量传递给孩子与家长，给予孩子和家长最大的鼓励与支持。作为学生家长，时时刻刻感受到的是艾叶导师的关心、关爱和来自于她给予我们的自信。她不仅是一位合格的教师，也是一位知冷知热的孩子妈妈，更是一位十分优秀的班级导师和学业导师。严厉中体现着她的关心，微笑中展现出她的母爱。

感谢艾叶老师！感谢北京市第一五六中学每一位教职员工！感谢学校推出的导师制，它真正实现了“以促进学生健康而有个性地成长并能适应未来发展需求为培养目标”！

2018级（高三5班）　苏晨家长

后　　记

跨年级指导的全员育人导师制是北京市第一五六中学在新一轮教学改革中，在育人方式上的创新，自筹办导师制起至今已 7 年有余，学校 93%的教职员工参与其中，累计指导学生 1580 余名。在实施过程中，我们不仅积累了丰富的工作经验，而且在此基础上提炼形成一五六中学导师工作特色。为了更好地推广导师制成果，学校积极统筹，由导师办率领学校部分骨干队伍撰写我们的导师专著，希望教育同行通过阅读本书可以更加全面细致了解学校的导师制，并能够积极、及时地提供建议，为进一步提升导师工作质量助力。

一、出版专著的构想及目的

马克思指出："批判的武器当然不能代替武器的批判，物质力量只能用物质力量来摧毁，但是理论一经群众掌握，也会变成物质力量。理论只要说服人，就能掌握群众；而理论只要彻底，就能说服人。"基于这一理念，我们希望将导师制的理论构建起来、将导师工作方法梳理出来、将导师与学生的故事传播开来，让更多的人了解跨年级指导的全员导师制，让导师制的思想影响更多的同行者，从而为国家社会的"育人"工作贡献力量。因此导师工作全面开展后，当导师工作经验比较丰富、方法比较系统、成果比较显著时，我们集全校导师之力出版导师专著，意在通过书籍达到传播理论、传承文化、影响他人的目的，让我们的特色导师制去影响帮助更多的人，在全社会范围内传播中学导师制的教育价值。

经过筹划，撰写出版本专著主要分为三个阶段。第一阶段，学校导师办充分重视问题的积累和研究，同步申请中国教育学会"十三五"教育规划课题，以研促教，以课题引领我们边探索边实施，边思考边调整；同时积极总结和提炼形成的成果，我们先后在《中小学管理》《中小学教育》杂志发表两篇论文，并圆满完成导师制课题。第二阶段，组织导师撰写导师案例、面向毕业生征集"我与导师的故事"。2018 年 7 月，学校布置的暑假作业是让全体导师每人写一篇导师工作案例，经教研组推荐并由校外专家评选，最终选出 14 篇优秀案例于 2019 年 1 月在第 15 届学校教育、教学年会上交流讨论。2020 年和 2021 年 7

月，导师办组织毕业年级学生参加“我与导师的故事”的征文活动，共在四个年级征集故事400余例，这两项活动的成果都是导师专著的重要组成部分。第三阶段，学校校长和学校党总支书记总体设计、学校导师办牵头，根据导师工作积累的成果设计了本专著内容结构，成立导师工作编写小组，按内容科学分工，组织小组成员讨论并撰写书中内容。

二、导师工作折射的“育人”思想的实践探索

导师制是新一轮教学改革中对育人方式的一种探索，从根本上看，“被育”的人包括学生和教师两个群体。我们要回答的问题，首先是培养什么人，其次是由谁培养人，最后是培养人的这些人该如何培养？

毫无疑问，当前教育的根本任务是培养党和国家事业合格的、卓越的建设者和接班人。我们的接班人不仅要有家国情怀，而且要有强健的体魄；不仅具备终身学习的能力，而且要有高尚的自我期许；不仅要德智体美劳全面发展，而且要葆有特性，能够充分个性化发展。因此，北京市第一五六中学的导师制的最终目标就是通过“全员育人、全程育人、全方位育人”促使学生全面而个性化地发展。

合格的建设者和接班人由谁培养呢？首先培养的主体是学校和老师，其次家庭和社会也要积极参与其中。导师制为学校、家庭和社会构建协同育人共同体搭建了平台，导师制拉近了导师和家长之间的关系、增进了彼此的感情，是进一步落实2021年10月23日第十三届全国人民代表大会常务委员会第三十一次会议通过的《中华人民共和国家庭教育促进法》的实践尝试。基于此，学校和家庭了解学生的信息更加全面、对学生的指导更具有针对性，同时双方还可以共同协商利用社会资源积极开展活动，最终形成学校、家庭和社会的教育合力，共同促进学生进步成长。

随着时代的发展，不仅学生会遇到新问题，老师也会面临新挑战。培养社会主义建设者和接班人的这些人该如何与时俱进地进步呢？对于这些人，学校立足于他们的持续性发展，通过开展导师工作促使他们养成终身学习和持续思考的习惯、树立改革创新的意识，与时俱进地培育新时代新人。

因此，北京市第一五六中学的导师制是一项促进师生双向成长的改革创新，在开展导师工作的过程中，我们非常重视导师们理论水平和实践指导能力的整体提升，为此学校导师办根据导师工作进展情况科学设置系统化、立体化的培训课程，通过校本培训、外请专家培训以及外派学习等多样的学习培训全

面提升导师的综合素养。此外，学校导师办非常注重导师们的师德师风建设，不断引领导师在师德修养、业务水平和人生境界三方面提升自己，使之成为有“理想信念、道德情操、扎实学识、仁爱之心”的新时代导师。

从实施效果来看，导师制所承担的育人功能是多角度的，效果也是多方面的。学生全面个性化的发展使得他们不断向社会主义事业的建设者和接班人迈进，教师综合素养的提升进一步保证了学校培养学生的质量。导师制使得师生双方都获得了成长，是一种双赢的机制。

三、导师工作的完善及延伸

尽管导师工作取得较好的成绩，得到了学生家长的认可，但是作为一项创新工作还有很多需要完善的地方。后期我们将在前期实践的基础上进一步完善理论基础，深入挖掘导师制的育人价值，努力创新导师工作的方式方法。此外，我们在做好原有导师工作的基础上，努力实践导师制的延伸工作。学校将积极实践学长制，发挥学生影响学生的作用，更好地辅助、补充和优化导师工作，同时积极开展跟踪培养研究，向下延伸到小学阶段、向上延伸到高中、大学甚至工作等阶段，进行学生成长的研究，了解学生各学段成长特点，总结导师工作中那些真正有意义价值的理念和方法，提炼对学生真正有益处的育人方式、育人方法等，为未来学校的工作献策，促使学校更好地发展。

(一)积极推进学长制

由于我校导师制是跨年级指导，所以当导师工作全面开展以后，一个导师指导的学生可能会分布于不同的年级，此时同一个导师指导的高年级优秀学生可以作为低年级学生的榜样，高年级学生不仅对低年级学生能够起到示范引领作用，而且可以根据自身经历帮助低年级学生解决学习生活中遇到的问题，引导低年级学生积极健康发展，这种愿景就是与跨年级指导相伴相随的学长制。但是由于学校教师、场地限制，无法安排同一时间进行多年级的带导活动，因此硬件条件一直是我校开展学长制的瓶颈。不过，这些年来学校一直致力于硬件条件的改善，学校将有计划地在导师制基础上实施学长制。

学长制是舶来品，15 世纪的英国伊顿公学最先实施了学长制，其后学长制在欧美高校推广开来。1998 年学长制被首次引入我国，北京大学、中山大学等几十所高校陆续在本科生中倡导和推行学长制，一方面充分发挥学长“导学、导管、导助”的作用，进一步调动学生“自我教育、自我管理、自我服务”的积极性与主动性，另一方面也为新生确立学习的榜样，为他们创造良好的学习氛围和生活环境。

学长的榜样作用，有利于正面引导。实施学长制能够充分发挥优秀学生的传帮带作用，在学生中树立积极向上的风气，促进低年级学生不断进步成长。

学长的身份认同，有益于学生接受。学长与学弟同属于一个时代，学长是当下的学生或者曾经是本校的学生，他们具有类似的学习、生活经历，在思想和心理等方面有很多共同话题。基于此，学长与学弟、学妹之间的同伴关系更容易建立，在语言和心态上学弟、学妹都易于接受学长的指导。

学长的指导帮助，有助于自身进步。学长在指导和帮助学弟、学妹的同时，自身的知识、能力、态度得以反思和深化，对其自身知识、能力的巩固和提高有着极大的促进作用，并形成主动思考、探讨个人发展及能力提升的氛围，有利于促进学校构建学生健康成长的环境。同时，学长自身综合素养的提高也不容忽视，除学科知识的掌握外，更重要的是语言表达能力、分析能力、沟通能力、知识的传递能力等隐性能力的提高。

此外，学长制的引入，是对学校规模教育的必要补充。当前学校采用班级授课制，班级规模比较大，这种教学模式，老师很难充分关注每个学生的情况，很难实现对学生进行个性化指导，从而导致学生个性化发展不足、缺乏创新能力。学校实施的全员导师制的初衷之一就是实现对学生更加个性化和精细化的教育管理，尽管导师指导同一年级学生人数不超过 3 人，但是部分导师的师生比例依旧很低，因此学长就可以替代导师去帮助低年级学生解决一些困难，因此学长制是对学校规模教学的必要补充。

基于这样一种构想，为了更好地辅助、补充导师工作，进一步扩大、优化导师工作的效果，学校从长远考虑，计划在导师制的基础上实施学长制。

(二)尝试协同培养

随着时代的发展，学生问题将更加多元化、学生的成长需求也将趋向多样化，因此单一教师的指导很难满足学生发展的实际需要。同样，当学生群体变大、需求变得多样时，我们的导师制也会面临同样的问题。因而，协同培养是未来促进学生全面个性发展的趋势。

1. 丰富导师来源

为了进一步丰富导师类型，我们可以打破学校“围墙”，打通学校和“社会”之间的隔断，突破学校教育、教学用人的天花板，将能为学生成长提供指导引领的社会贤达、业界精英、成功人士，纳入学生成长的导师资源中来，为学生提供方向全、水平高、数量足的广泛导师资源，在丰富导师类型的基础上，充分激活社会参与教育的动力。同时配套相应规定要求，力求在充分利用校内导师资源的基础上，积极开发利用校外优质教育资源，为促进学生全面个性化发展提供长久的保障力量。

2. 加强协同培养

习近平总书记在全国教育大会上指出："办好教育事业，家庭、学校、政府、社会都有责任。"传统意义上，家庭与学校是孩子成长中最重要的两个场所，家长与教师是孩子成长中最重要的人。尤其对于义务教育阶段的学生而言，家庭、学校直接决定着孩子的成长环境，影响着孩子的生命内涵。但是作为一个基本的社会单元，人的学习、生活与工作需要被赋予社会含义，其发展受到社会环境的深入影响。尽管是非专业教育机构，但是家庭和社会在教育社会人方面发挥着至关重要的作用，因此，学校、家庭和社会不是相互孤立的教育"孤岛"，而是彼此联系、相互补充的环岛。基于这样一种理念，学生的成长不仅仅是孩子的事情，也应该是父母、学校和社会的事情，在教育孩子方面，家庭、学校和社会是一个统一体，三方应该在"促进孩子成长"的共同目标下，加强沟通，积极协作，形成一个强大的教育磁场，让所有参与者实现理念共振，不仅引导孩子健康成长，而且让参与教育的各方都能在共同体中获得成长。

因此，家庭、学校和社会共同承担着孩子成长的责任，必须发挥家庭教育、学校教育和社会教育的合力，在拓展学校教育资源的基础上，进一步丰富家校合作的形式，同时积极借助社会资源，如政府机构、社会组织及公共服务机构开展教育，尤其要用好图书馆、科技馆、博物馆、少年宫等公共资源。

在这个共同体中，学校是教育主体，要统筹协调好各方关系，大家要行动一致、信念一致，共同为学生的健康成长搭建起一个精彩的舞台。

(三)实施跟踪培养

北京市第一五六中学的全员导师制实际上是在新的历史时期对新型育人方式的探索，其最终目标就是促进学生全面个性化发展，使学生成为社会主义事业合格的建设者和接班人，但是教育的效果是需要很长的时间才能显现的。正因为如此，北京市第一五六中学的教育是基于学生未来三十年以后的发展而展开的，我们导师制的育人初衷也是着眼于学生未来的发展。

为了深入了解经历导师制的毕业生的发展情况，传承"着眼于未来，着力于素质"的教育理念，学校将对初高中毕业生实施跟踪指导。初期，我们将规定每一位导师从毕业生中遴选一位导生作为追踪对象，确立关系后，导师将定期与学生联系，通过访谈、面谈等形式记录、了解相关情况。对于初中毕业生，导师主要关注学生在高中的学习生活情况，是否适应新高中的生活、与初中相比新高中的教育教学有何长处、初中的教学管理是否有改进之处、高中遇到了哪些困难等。对于高中毕业生，导师要关注其在大学的学习生活、思想动态，通过追踪指导记录学生大学生活的变化，要向学生调研高中学习对大学生活帮助较大的习惯和方法，要了解当前所读大学专业的基本情况，包括专业内容、应用及就业，为高中学生的选科指导做好准备。通过总结追踪指导内容，反思导师指导教育方式、学校育人方式的有效性，与时俱进地调整导师工作方法，让导师制能够服务于学生的终身发展。

对于刚升入我校的初一和高一的新生，学校要与其毕业学校建立联系，通过与原班主任沟通交流，尽可能了解相关学生的基本情况，为学生适应新学校、新环境、新学段做好准备，同时为后期高效开展导师工作做好铺垫。如果条件允许，形成小学教育和初中教育的合理化建议，将之反馈给上级管理部门，为提升本区整体教育教学质量贡献力量。

(四)其他

北京市第一五六中学在社会上享有很高的声誉，被称为“不普通的普通校”，之所以成绩优异、口碑良好，主要得益于学校的管理特色，即闭环管理，工作有布置就有相应的督促和检查，而且重在具体落实。在导师制的推进过程中，闭环管理同样发挥了重要的作用。导师办每学期期末都会检查《导师工作手册》记录情况并及时给予反馈。同时对于带导工作突出的老师，学校组织经验交流并给予奖励，对存在问题的导师及时提醒改进。不过我们的评价机制尚不完整，相对单一，而且缺少量化考核。因此，未来我们要在正确贯彻导师工作方针的基础上，举全校之力去思考、研究有效的评价机制，通过科学评价去挖掘优秀导师，了解其好的做法并进行推广，要努力制定量化考核方案，不仅以考核数据为依据去评选、奖励优秀导师，而且要加强基础数据的研究，通过数据分析，深入挖掘导师工作的优势与劣势，积极推进导师工作进一步完善和创新。

同时，我们要加强对导师制的宣传工作，借助科研月、课题申报等活动深入宣传导师制，一方面让更多的同行了解我们的导师制，通过交流进一步推进我们的导师工作；另一方面，这些工作本身就促使学校主动整理导师工作相关成果，同时进行深入思考，从而做好导师工作的延伸和创新工作，使更多的学生受益。

北京市第一五六中学党总支书记 张子聪

附　录

附录一　北京市第一五六中学导师制试行方案

一、指导思想

以贯彻“育人为本、德育为先、能力为重、全面发展”的教育方针为指导，以“全员育人、全程育人、全方位育人”为实施途径，以落实北京市中高考改革方案为发展契机，以促进学生健康而有个性地成长并能适应未来发展需求为培养目标，结合学校现有的师资及办学条件，特制定北京市第一五六中学导师制试行方案。

二、工作目标

学生培养过程中实行“双轨制”，即班级导师（班主任）和成长导师共同指导。

班级导师（班主任）通过班级整体教育及活动培养学生的集体观念、纪律意识、合作能力等素养，形成良好的行为习惯；成长导师通过全面了解学生，对学生的选学选考、就业方向、生涯规划提出指导建议，提高学生的自我认知能力，促进学生的个性发展。

三、导师的构成及产生

（一）导师的构成

导师由班级导师（班主任）和成长导师构成。

（二）导师的产生

1. 班级导师（班主任）

班级导师（班主任）一般由任课教师担任，与学校现行班主任制度一致，根据学校整体安排、结合个人意愿产生。

2. 成长导师

（1）导师资格：成长导师一般从全校有教师资格证的教职工中选聘；

(2)在正常运转情况下，初二第一学期、高一第二学期开始配备导师，导师制执行初期根据实际情况可做微调；

(3)成长导师产生流程

①公布导师信息

导师撰写个人介绍材料，包括基本信息(姓名、教龄、任教学科/专长)、简要经历、教育理念、工作成果等，学校统一进行发布(网站公示)，便于学生查阅。导师可在材料中介绍自己的一个兴趣方向，以便有共同爱好的学生了解情况，有针对性地进行选择。

②学生选择导师

根据导师信息，结合自己的情况，学生预选1名成长导师，根据学生选择导师意向，安排师生见面会，学生最终选择确定成长导师，对于规定时间内未选定导师的学生则根据实际情况进行调剂，从而确定导师关系。

③公示确认

导师关系确立后，需要在年级进行核对并确认，师生双方无异议后签字确认。

师生关系确立后，一般要持续到初、高中毕业，如果师生双方要求更改导师关系，需在规定时间内上报导师办公室，在充分了解情况确需更换导师后，帮助学生确定新的导师，原则上仅有一次更换导师的机会。

四、导师的职责

班级导师除具有现行班主任职责外，还需成为成长导师和学生之间的桥梁，促进他们之间的有效沟通，进而保证导师各项工作的顺利进行。

成长导师职责如下：

(一)全面关注学生的思想品德、学业和生活情况

1. 帮助、指导学生形成良好的思想品德和心理素质，关注学生的思想品德动态及行为习惯，防范与纠正学生的不良行为；

2. 了解学生的学习特点，帮助学生养成良好的学习习惯，掌握科学的学习方法，确立适当的学习目标，最终使学生获得切实有效的进步；

3. 了解学生的家庭情况和生活环境，指导学生合理安排课余生活，引导学生参加积极向上的文化娱乐活动，在活动过程中关注学生的心理健康和成长需求，激发他们自尊、自爱、自信的蓬勃向上的意愿，最终促进学生在德、智、体、美、劳各方面获得可持续性发展。

（二）指导学生应认真负责，力求做到有计划、有记录、有总结和有效果

1. 确定指导关系后，导师要尽快了解学生入学基础、家庭情况、学习情况、能力素质和爱好特长并做好相关记录，对学生的基本情况心中有数。

2. 导师指导、督促学生按照要求认真填写《学生成长记录》，导师要定期批阅，同时结合学生的困惑和进展情况，原则上每周至少和学生进行一次谈话并做好相关记录，备查。谈话时间和地点由导师根据实际情况自行确定。

3. 除每周的谈话外，建议每学期开学、期中、期末各进行一次集中指导，在刚开始指导的阶段，要适当增加辅导次数，使新生尽快适应新的学习和生活环境。

4. 谈话要关注学生的思想品德、学习和生活等多个方面：

（1）通过谈话了解学生的思想状况和发展趋势，帮助学生形成正确的、积极向上的人生观和世界观；

（2）通过批阅《学生成长记录》和与学生面对面地进行谈话交流发现学生学习过程中的问题，提出切实可行的学习建议，辅助学生端正学习态度，激发学习动机。

（3）中学生处于身体的发育期和心理的成长期，一般没有经历过大的挫折，所以遇事经验不足，容易被一些暂时的困难吓倒或为一些不确定因素而迷茫，因此不可避免地会产生一些生活中的问题甚至是心理问题，通过谈话，导师可以及时掌握学生遇到的问题，从而有针对性地帮助学生克服困难、解决问题；

5. 导师指导学生两个月后，需要组织组内学生进行填写《学生成长记录》经验交流，要求每位学生在保持自身特点的基础上，形成一个集体的、规范有效的记录习惯，从而增强《学生成长记录》的实效性；

6. 指导学生建立《学生成长档案》，可以包括学生的视频或音频资料、艺术作品、阶段目标、学习成绩报告单、学生语录、学生获奖情况、学生参与活动情况，等等，让学生能够通过档案袋看到自己的成长历程；

7. 认真填写《导师工作手册》，记录好学生各个阶段的问题、解决方法、进展程度和获得的效果，从而形成学生的进步路径，以便后期辅助学生总结出适合学生自己的方式和方法，提升辅导效果。

（三）和班级导师（班主任）团结合作开展指导工作。成长导师一方面要积极配合班主任的各项教育工作，另一方面要和班主任一起开展学生的思想教育工作，对于学生的评优、奖励、处分及期末综合评定等方面进行协商。对于个别有需要的学生，成长导师要经常会同班主任、科任教师交流学生进展情况，形

成合力，以切实有效促进学生成长进步。

（四）导师需要定期和家长联系，一方面了解学生的家庭情况，掌握学生平时在家的表现，另一方面有效的沟通可以取得家长的信任和支持，促使家庭与学校一起参与学生的教育管理工作，形成教育合力，最终使教育效果最大化。

（五）通过一个学期的指导，在了解学生个性特点、能力基础、兴趣爱好以及职业规划的基础上，导师要会同学生、家长一起分析讨论，最终根据学生的实际情况辅助学生及家长选择适合学生自己的课程组合，并制定相关的学业规划。

（六）确定好课程组合以后，导师要本着"一导到底"的原则，从思想品德、学习和生活等方面指导学生，直至其毕业。

五、导师配备学生人数及导师津贴

原则上每名导师指导同一年级的学生不超过 3 名。学校根据实际工作情况给导师发放导师津贴。

六、导师的考核和奖励

学校建立健全导师考核制度，一方面有条不紊地推进导师工作，另一方面调动导师工作的积极性，从而进一步增强导师工作的效果。

（一）学校"导师办"定期检查导师的工作情况：抽查《学生成长记录》的填写是否及时完整，《导师工作手册》的填写是否及时、谈话内容是否全面、建议是否合理和跟进观察是否及时有效。

（二）为了解导师指导情况，每学期期中对学生、家长进行访谈，通过访谈总结经验、发现问题，并就相关问题进行调查核实，如果情况属实则建议导师进行更正。每学期期末组织学生、家长填写导师反馈单，收集学生、家长的建议，不断提升导师工作效果。

（三）每学年对导师工作情况进行考核，考核包括：工作实效（学生的成长进步、学业表现、身心健康、个性特长等）、学生评分、家长评分和导师办评分，考核分为优秀、合格和不合格三个等级，学校根据考核等级进行奖励，考核成绩作为年度评先、评优、评职称的重要条件，并记入教师业务档案。

（四）学校设立"优秀导师奖"，每学年进行评选，给予表彰和奖励。

北京市第一五六中学
2017 年 7 月

附录二　调查问卷

尊敬的家长：

您好！我校初三年级的导师工作已经开展一个学期，为了更全面了解导师制的实施情况，有效地做好本学期的导师工作，帮助学生顺利备考，特制定本问卷。请您务必和孩子一起填写，您的反馈对于我校后期导师工作的顺利开展非常重要。谢谢您的配合！

1. 请您谈谈对我校实施导师制的一些想法和建议。（家长完成）

2. 请你从学习、生活、职业目标等方面谈谈导师是否对你进行了有效指导，并提供了帮助？（学生完成）

3. 请你简述与导师相处过程中印象最深的一件事情。（学生完成）

4. 你认为导师还应该从哪些方面关注你？你还需要导师提供哪些帮助？（学生完成）

附录三 致高一年级学生导师的工作建议

老师们好：

高一年级导师工作即将开始，这一工作将伴随学生余下的高中生活，于学校、于教师、于学生来说意义深远。为了便于导师有目标、有规划地开展工作，在《北京市第一五六中学导师工作职责》的基础上，分享一些工作建议。

一、我们共同追求的导师工作目标

在导师的引导和帮助下，学生能够更充分、全面地了解自己的实际情况，进而确立适当的目标。当学生在学习和生活中出现困难尤其是思想和心理层面的困惑时，导师能够给予他们及时的帮助与恰当的建议，最终促进学生在积极的氛围中不断进步和成长。指导学生学习是导师工作的一部分，但不是导师工作的唯一内容，导师们需将工作重心聚焦在：了解学生的基本情况、督促学生养成良好习惯、关注学生的思想动态、缓解学生学习和生活压力等多方面。

二、本学期导师工作的重要环节

1. 师生第一次见面时，学生将填好的信息表上交导师，导师将之粘贴在《导师工作手册》的相应位置，学生信息如有变动请及时更改；导师在初步了解学生的基础上，经过充分沟通交流后，指导学生将成长蓝图、学期规划填写到《学生成长记录》中。

2. 师生签订导师协议(共三份)。《导师工作手册》中的协议，每位导师指导的高一学生可以共同签字；《学生成长记录》中和单独下发的导师协议，需导师与每位学生分别签字，其中单独下发的导师协议由学生带回上交班主任，下午上课前由导师办收取存档。

3. 师生见面原则上两周一次，具体时间、地点师生双方协商确定。

4.《导师工作手册》及《学生成长记录》作为此项工作开展的有效载体，建议根据工作进度随时记录。导师负责所指导学生手册填写的日常管理。如：每次谈话后，导师将谈话主要内容、问题、解决方法等择要记录整理到《导师工作手册》中，之后由导师保管，下次指导时再回顾使用。

5. 每学期期末集中指导后(学期最后一周)将以导师为单位上交《导师工作手册》及《学生成长记录》，以便导师办留存。

高一年级导师工作的开展离不开您的辛勤付出和耐心指导！在推进工作过程中，如您有好的意见和建议，请及时给予反馈，让我们携手共同推动我校的导师工作！

北京市第一五六中学导师办

2018年3月

附录四 北京市第一五六中学导师协议

在当前新的教育改革形势下，我校为了更好地贯彻“育人为本、德育为先、能力为重、全面发展”的教育理念，加强对学生全方位的指导，现与班主任工作制并行实施导师工作制。

学生，经慎重选择或调配，确定自己的导师，定期与导师进行交流，在学习、生活等多方面主动寻求导师的帮助；学生要按时完成《学生成长记录》，接受自己导师的指导。

导师，要自觉履行《导师工作职责》，及时填写《导师工作手册》。要在班主任和任课教师工作的基础上进一步关心、引导和教育自己的带导学生。通过对带导学生道德、学业和生活等诸多方面的指导，促进学生健康、全面、有个性地发展与成长。

本协议自签订起，指导关系确立，无特殊情况，不做变更，导师将指导带导学生直至其毕业。

学生签字：

导师签字：

年　　月　　日

附录五　相关表格

导生信息表

<table>
<tr><td colspan="6">指导学生信息</td></tr>
<tr><td>姓名</td><td></td><td>班级</td><td></td><td>班主任</td><td></td></tr>
<tr><td rowspan="2">学生电话</td><td colspan="2" rowspan="2"></td><td rowspan="2">家长电话</td><td colspan="2">父</td></tr>
<tr><td colspan="2">母</td></tr>
<tr><td>家庭住址</td><td colspan="5"></td></tr>
<tr><td colspan="6">学习经历</td></tr>
<tr><td colspan="3">起始年月—终止年月</td><td colspan="3">在何学校学习</td></tr>
<tr><td colspan="3"></td><td colspan="3"></td></tr>
<tr><td colspan="3"></td><td colspan="3"></td></tr>
<tr><td colspan="3"></td><td colspan="3"></td></tr>
<tr><td>曾获得的荣誉</td><td colspan="5"></td></tr>
<tr><td>现担任班级职务</td><td colspan="5"></td></tr>
<tr><td colspan="6">自我介绍
（兴趣爱好与特长、未来的发展目标、希望导师在哪些方面给予指导）</td></tr>
<tr><td colspan="6"></td></tr>
</table>

指导记录

<table>
<tr><td colspan="2">时间：</td><td>指导学生：</td></tr>
<tr><td>指导主题</td><td colspan="2"></td></tr>
<tr><td>学生问题</td><td colspan="2"></td></tr>
<tr><td>指导建议</td><td colspan="2"></td></tr>
<tr><td>指导效果</td><td colspan="2"></td></tr>
</table>

备注：导师需要在集中指导前设定指导主题，然后在指导过程中征集学生普遍的、突出的问题，针对问题提出建议措施并跟踪了解指导效果，为了突出重点，“建议”不超过三条，指导效果需要通过后续反馈再填写。

工作记录

时间：	谈话对象：
时间：	谈话对象：
时间：	谈话对象：
时间：	谈话对象：

导师信息

导师姓名		导师电话	
办公地点			

第一学年个人成长规划

我的优势与不足(学科学习、性格特点、特长爱好等多方面)
发展目标
家长寄语
导师期望与建议
选考意向

第二学年个人成长规划

经过一年的学习生活我的成长、改变、优势与不足 （学科学习、性格特点、特长爱好等多方面）
发展目标
家长寄语
导师期望与建议
最终选考结果

第三学年个人成长规划

经过两年的学习生活我的成长、改变、优势与不足 （学科学习、性格特点、特长爱好等多方面）
发展目标
家长寄语
导师期望与建议

考试成绩条粘贴处

考试反思

考试时间：
考试反思(优势、不足以及改进措施)
家长评价及建议
导师评价及建议

成长感悟或大事记

附录六 教学课程

<table>
<tr><td colspan="4">课程一：探索兴趣密码</td></tr>
<tr><td>班级</td><td>初二 2 班</td><td>辅导教师</td><td>王桐</td></tr>
<tr><td>学情分析</td><td colspan="3">兴趣作为人们动力和快乐的来源，是人们获得工作满意度、职业稳定性和职业成就感的重要影响因素，由此可知兴趣是生涯选择时需要考虑的关键因素。初中生正处于生涯发展的探索期，对“我要做什么”等问题充满好奇和困惑。与此同时，他们正处在身心矛盾相对集中的青春发育期，也是个体求知欲、探索欲极强的时期，其间有一系列心理危机，导师可通过开展生涯教育引导学生学会觉察自我，探索自身的兴趣与能力，激发他们的内在动力，实现自觉主动发展。
开学后，开启初二年级下学期的学习生活，这也提醒着学生离初三越来越近了。面对学业任务加重、中考升学压力加大，部分学生在学习上出现习得性无助的情况，具体表现为学习动机不强、学习兴趣削弱，对自己的未来缺乏思考，在高中择校、未来择业的选择上缺乏了解和认识，不能根据自己的兴趣和能力做出更适合自己的选择，因此开展生涯教育，能促使学生对自己未来的发展有更清晰的认识。
上学期在初二年级开展了“生涯人物进课堂”的活动，学生根据自己的兴趣选择聆听两位不同领域的人物讲座。由活动调查结果可知，部分学生已经注意到未来的职业，有想要从事的职业，但我也发现另外一部分学生对自我认识和未来职业规划都缺乏认识。由此，本学期将围绕生涯教育的大主题设置四个子主题，分别是自我认识、自我调控、社会适应和学业规划，从内而外，环环相扣地指导学生获得生涯规划相关的知识和技能。</td></tr>
<tr><td>辅导目标</td><td colspan="3">1. 正确了解自己的兴趣和能力，悦纳自我，体会兴趣对职业生涯的驱动。
2. 明确自己的职业兴趣，结合能力倾向，建立生涯规划意识。
3. 将兴趣注入未来职业，激发学习动机，积极进行职业探索和职业体验。</td></tr>
<tr><td>设计思路</td><td colspan="3">本节课包含五个教学环节，其活动形式和活动目的如下：
1. 热身活动：以人物案例引入调动兴趣，导入课题“生涯规划之职业兴趣探索”。
2. 引发问题：通过选择霍兰德职业兴趣岛，了解六大职业兴趣类型，初步探索自己的职业兴趣。
3. 勾勒问题：由兴趣注意到自己感兴趣的职业，再结合自身的优势智能，确定喜欢且擅长的职业。
4. 解决问题：聚焦当下生活，积极探索未来职业，并尝试从多方面进行体验。
5. 总结反思：联系实际生活，进行真实的职业探索，落实于行动。</td></tr>
</table>

续表

<table>
<tr><th colspan="2">教学过程</th></tr>
<tr><td>引发问题</td><td>一、热身活动
人物案例：创意大神李晓栋——用面粉和蔬菜拍出手机大片
活动：先请学生欣赏创意摄影作品，再设疑，“请你猜猜看”，让学生猜猜这些摄影道具都是什么，最后揭晓答案，介绍人物经历。
提问：1000 万网友为李晓栋点赞，并感叹“我缺的是菜吗？我缺的是……”大家觉得哪些东西促成了他的这番成就？
总结：李晓栋今天的成就是由很多因素积累而成的。其中最耀眼的可能是兴趣，从小喜欢美术的兴趣引领他选择了动画设计的职业，摄影等职业技能又支持他做自己感兴趣的事。他的故事让我们看到，当兴趣与职业相关时，人能最大限度地发挥个人潜能，创造生命的价值。今天我们尝试用兴趣这把钥匙开启职业生涯规划的大门。
二、霍兰德职业兴趣岛
过渡语：我们将用一次旅行来开启这趟职业规划之旅，旅行的目的地是马尔代夫附近新开发的海岛——霍兰德群岛。霍兰德群岛由六个岛屿组成，每个岛都独具特色。下面将由六位导游为我们介绍各个海岛的情况。
1. 播放视频：观看兴趣岛宣传片。你觉得在哪个或者哪些岛上度假最自在，最符合你的兴趣？请做出选择，将岛屿的字母代码填在学案的活动一中。
2. 小组讨论：按第一选择的岛屿分组就座。组员间互相讨论，为什么选择这个岛？有着哪些共同的兴趣爱好和个性特点？
3. 教师讲解：这六座岛屿是由美国职业教育家霍兰德提出的职业兴趣岛，代表着六种典型的职业兴趣类型。岛屿代码就是我们的职业兴趣代码，这三个字母之间的顺序表示了不同类型兴趣的强弱程度，它们之间存在着一定的关系。
4. 教师总结：我们跟从自己的喜好找到了职业兴趣，还发现同一类职业兴趣的人有着相似的个性倾向，这说明个人职业兴趣特性与职业之间是有一种内在的对应关系的。</td></tr>
<tr><td>勾勒问题</td><td>三、职业兴趣初探索
(一)我想干什么
指导语：每一类职业兴趣下属有很多相应的工作。
1. 学生活动：请同学们根据自己的个性特点和职业兴趣，在学案活动二中选出自己喜欢的十个职业，并用下画线标记出来，可以跨岛选择。
2. 分享交流：选了哪些工作？为什么这样选？和活动一的兴趣代码相符吗？
3. 追问：
①职业兴趣和职业选择完全符合：你是直接在兴趣代码里选的吗？还是选完职业发现都是与兴趣相符？(与兴趣相关的职业让人心向往之)</td></tr>
</table>

续表

<table>
<tr><td>勾勒问题</td><td>②职业兴趣和职业选择部分符合：超出职业兴趣的那些工作，你是出于什么原因选了它们呢？(价值观、薪资待遇、工作环境、能力匹配)
③职业兴趣和职业选择完全不符：选择这些工作的理由是什么呢？(一些现实因素)
4. 教师小结：我们通过这次选择发现，职业兴趣对每个人的职业选择或多或少都有影响。兴趣像一种无形的动力，使人优先注意到与兴趣相关的职业，并有动力进行积极探索。但是我们也发现，除了兴趣外选择职业时我们还会考虑很多其他因素，比如价值观、能力、优势以及工资、工作环境等现实因素。可见，规划职业生涯是一个综合性的过程。
(二)我能干什么
过渡语：通过讨论可知，包含兴趣在内的个人因素和现实因素都会影响一个人的职业选择。在诸多个人因素中，能力是我们可控、可发展的重要一项。上节课我们对自己的多元智能进行了探索，大家还记得自己的优势智能是哪些吗？
1. 回顾我的优势智能：请对照上节课的能力雷达图，明确自己的优势智能是什么。
2. 活动：请同学们拿出你的能力雷达图，回顾上一环节选出的职业，用 1 分钟来调整自己所选的职业，找到你喜欢并擅长的一两种工作，确定后圈出来，使你未来的生涯之路更加清晰、明确。
3. 分享：你最终的职业选择是？兴趣和能力是怎么影响这次选择的呢？
预设：如果喜欢的职业无法与擅长的能力对应起来，我们还能怎么做呢？请你尝试在擅长的领域找到相对喜欢的一两种工作。
教师小结：选择职业时，在兴趣上增加能力能更好地保障我们找到热爱并且适合自己的工作。现在的我们正处于储能的成长阶段，培养兴趣的同时发展优势智能，可以为职业生涯规划打好基础。</td></tr>
<tr><td>问题解决</td><td>四、职业兴趣再探索
过渡语：生涯规划很重要，但更重要的是付诸行动，并坚持下去。
提问：为了更好地使自己的职业兴趣注意到未来的职业，我们从现在开始可以做哪些尝试？
小组讨论：可以从哪些方面为未来的职业做尝试？尽可能具体。
分享：小组派一名代表发言，教师归纳总结(一些方向、原则)。
小结：向着目标坚持不懈地努力；学会时间管理，做重要和有意义的事情。有意识地了解与未来职业有关的知识和信息。参加相关的社团和实践活动，提高自身素质。注重人际沟通，提高与人交往的能力等。</td></tr>
</table>

续表

总结反思	五、职业探索单 活动：请你完成职业探索单，按照我们上面讨论的内容，去接触、探索你感兴趣的职业情况，进一步验证这是否是你喜欢且擅长的工作。下节课汇报自己的职业探索单。

课程二：能力探索之旅			
班级	初二 2 班	辅导教师	王桐
学情分析	通过课前访谈可知，初二学生对于自身能力认识呈现两极化，一部分学生认为自己没有什么能力，另一部分学生则认为自己具备多项能力，还剩下一部分学生对自身能力的认知并不清晰，不知道自己有没有能力。简而言之，该年龄段学生缺乏积极的能力观，自我认识不全面、不客观，有待进一步引导其认识自己，肯定自己。 本课隶属于生涯规划自我认识部分的第二课，沿袭第一节课“职业兴趣探索”，本节课将探索能力与职业的关系，课程的内在脉络是：我喜欢做什么、我能做什么。职业兴趣的探索较为主观和发散，本节课应该引导学生从能力的角度对未来职业进行聚焦性、客观性的规划，这种规划必须是基于清晰的自我认识之上的，因此本节课要唤醒学生的自我探究意识，以便使其更好地探索自身的能力情况。		
辅导目标	1. 了解自己的优势智能，建立自信心，同时接纳自己的短板智能，并做出积极调整。 2. 通过绘制雷达扫描图，初步明确自己的优势能力和适合的职业方向。 3. 了解自己的多元智能类型，认识到个体智能结构的差异性。		
设计思路	1. 热身活动：聚焦能力的主题，通过游戏初步认识能力与职业的联系，了解能力的多样性。 2. 引发问题：了解加德纳的多元智能理论，明白每个人都具备发展的潜能，建立自信心。 3. 勾勒问题：通过多元智能测试，了解自己的能力构成，初步尝试发展弱势智能。 4. 解决问题：理解能力与职业规划的关系，根据自身的能力结构，探索未来适合自己的职业。 5. 总结反思：本节课的收获，再次强调能力对职业规划的重要性。		

续表

<table>
<tr><th colspan="2">教学过程</th></tr>
<tr><td>引发问题</td><td>
一、暖身
活动：名人连连看
指导语：我们先来玩一个热身的游戏。这是来自16位在各自领域取得过优异成绩的名人，请你将“拥有同种能力特长的名人，两两连接，最终形成8对结果”。
邀请3位同学连线并说出理由“他们之间共同的能力特点是什么”，言之有理即可，如解释不合理就换下一位同学继续，补位同学接着上一位的连，若三人都失败或挑战成功后，出示答案。
<table>
<tr><th>智能类型</th><th>擅长技能</th><th>代表人物</th></tr>
<tr><td>内省</td><td>执行决策、单独工作、自省、自知</td><td>马克思、孔子</td></tr>
<tr><td>言语</td><td>与人交谈、用言辞表达、说外语</td><td>金庸、莫言</td></tr>
<tr><td>逻辑、数学</td><td>理财、推理、计算、分析</td><td>比尔·盖茨、华罗庚</td></tr>
<tr><td>空间</td><td>画图、设计、创意、制图、摄影</td><td>达·芬奇、柯洁</td></tr>
<tr><td>音乐</td><td>唱歌、弹奏乐器、作曲、指挥</td><td>周杰伦、郎朗</td></tr>
<tr><td>肢体、动觉</td><td>平衡、抬举、跑步、旅行</td><td>姚明、刘翔</td></tr>
<tr><td>人际</td><td>服务、接待、沟通、推销</td><td>周恩来、王毅</td></tr>
<tr><td>自然探索</td><td>识图、认识动植物、辨别分类</td><td>袁隆平、贝尔</td></tr>
</table>
小结：这些名人在不同的领域发光发热，不是因为他们足够完美、强大到无懈可击，促成他们取得优异成绩的重要原因是他们找到了自身最突出的优势，并努力将其发挥到了极致，所以他们成功了。
二、多元智能理论
指导语：每个人都具备多种能力，各种能力的发展有强有弱，构成了每个人独特的能力结构。一个名叫加德纳的心理学家提出一个包含8种能力类型的模型，可以帮助我们更清晰地了解自己能力的构成。让我们来一起看看是哪8种能力吧。
活动：观看视频，邀请两位同学边看边在黑板上记录下8种智能的名称，其他同学在学案上完成。
小结：我们每一位同学都有各自不同的长处，都有其自身的能力。我们每个人的能力都有所指向，大不相同。如果我们在自己擅长的领域，能够持续地聚焦学习，取得优异的表现与成就，便能获得更高的自信，进而也就更容易走得远。
</td></tr>
</table>

续表

<table>
<tr>
<td>勾勒问题</td>
<td>三、能力探测仪
指导语：每个人都有不同的能力，那么你知道自己的能力类型吗？接下来让我们探索自己的多元智能结构，了解下自己的优势智能吧。
(一)活动：雷达扫描图
通过六个文字测试和两个体验活动来测出自己的 8 种多元智能得分。文字测试会将题目打在屏幕上，一共六部分，每部分 10 道题。如果题目符合你的实际情况记 1 分，每部分做完都加一下总分，写在雷达图对应智能的扇形外(做示范)，做完测试绘制自己的能力雷达图。
绘制要求：
(1)最里圈的八边形代表 1 分，最外圈的八边形代表 10 分。
(2)请按照自己的实际情况给自己的各项智能打分(1—10 分之间)。
(3)将各个标记点相连，得到自己的“雷达扫描图”。
能力雷达图
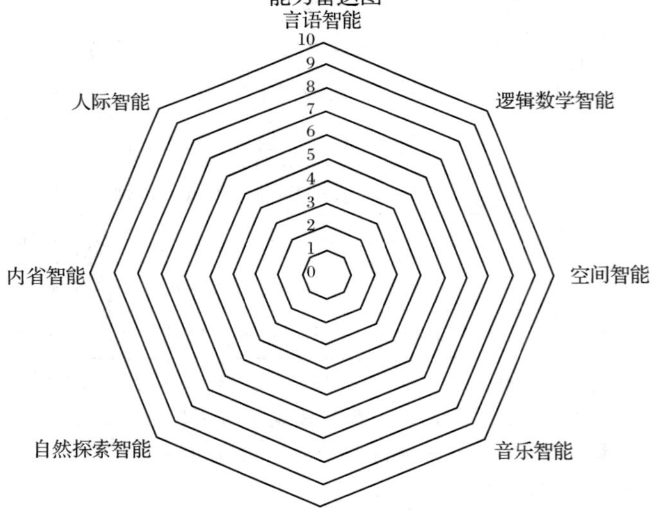

(二)邀请学生分享智能拼图：
①我的优势智能是(参考分值最高的 1—3 项)，得以体现的具体事件或标志性成果有__________。
②我的优势智能可以在哪些学科学习中得以发挥？(结合学校活动或是班级同学，举具体的例子)
③我有待提高的智能是__________。
④现阶段可以做出的努力是__________。
小结：我们的能力结构是动态发展的，认识自己的优势智能，今后我们要有意识地应用它们，让其发挥出应有的价值。而面对自己的短板智能也可以通过我们的刻意练习得到提升，因此我们要对自己有信心。</td>
</tr>
</table>

续表

<table>
<tr>
<td>问题解决</td>
<td>
四、智能-职业连连看
指导语：通过测试我们进一步了解了自己的智能结构，对于能力更清晰的探索也会指导我们在平时的学习以及未来的工作中加以应用。热身环节的那些名人就是将自己的优势智能发挥到了极致，才在自己擅长的工作领域中大放异彩，被人们所尊重和敬佩。下面我们来继续探究多元智能和职业选择之间千丝万缕的联系。
1. 讨论：心理教师这份职业，会需要哪些智能呢？
2. 请对照表格，看一看你的优势智能对应哪些职业，里面有你曾经想做的工作吗？如果有，是哪些？如果没有，请你做补充。
<table>
<tr><th>智能分类</th><th>内涵</th><th>适合职业</th></tr>
<tr><td>语言智力</td><td>指学习和使用语言文字的能力。</td><td>政治活动家、律师、演说家、编辑、作家、记者、教师等。</td></tr>
<tr><td>逻辑、数学智力</td><td>指数学运算和逻辑思维推理的能力。</td><td>科学家、会计师、统计学家、工程师、电脑软件研发人员等。</td></tr>
<tr><td>视觉-空间智力</td><td>指凭借知觉辨认距离、判断方向的能力。</td><td>室内设计师、建筑师、摄影师、画家、飞行员等。</td></tr>
<tr><td>肢体、动觉智力</td><td>指支配肢体与完成精密作业的能力。</td><td>运动员、演员、舞蹈家、外科医生、宝石匠、机械师等。</td></tr>
<tr><td>音乐智力</td><td>指对音律节奏的欣赏和表达的能力。</td><td>歌唱家、作曲家、指挥家、音乐评论家、调琴师等。</td></tr>
<tr><td>人际智力</td><td>指与人交往且能和睦相处的能力。</td><td>政治家、外交家、领导者、心理咨询师、公关人员、推销等。</td></tr>
<tr><td>自知智力（内省智力）</td><td>指认知自己并选择自己生活方向的能力。</td><td>哲学家、政治家、思想家、心理学家等。</td></tr>
<tr><td>自然智力</td><td>指辨别生物以及对自然世界其他特征敏感的能力。</td><td>天文学家、生物学家、地质学家、考古学家、环境设计师等。</td></tr>
</table>
3. 小组学习：
①互相介绍：未来我想成为什么样的人/从事什么样的工作？
②选择一位同学的职业进行讨论：如何朝着职业目标，努力提高自己？
小结：了解自己的能力，有助于我们找到与能力相适应的发展目标。合理并有效地评估自我能力，可以促进选择职业的匹配性。通过这个活动，我们更加明确了自己的优势能力和适合的职业方向。我们同学正处在能力培养的重要时期，应该积极提升各方面的能力，特别是优势智能。
</td>
</tr>
</table>

续表

总结反思	五、总结反思 请学生分享：这节课你的最大收获是什么？ 小结：这节课我们了解了与能力相关的内容，并进一步探索了自己拥有的能力。了解自己的能力倾向，在志愿选择、确定职业发展目标、进行生涯规划的时候就会对自己有初步的理性认识，选择更加适合自己的职业。了解能力倾向也可以促进我们往那个方向去努力，作为中学生的我们，要学会不断探索自己的能力和发展自己的能力，获得生涯发展成功的基石。

课程三：价值观探索			
班级	初二 2 班	辅导教师	王桐
学情分析	初中生的价值观发展处于萌芽阶段，正确积极的价值取向会影响他们今后的身心发展。同时，初二学生处于中学承上启下的阶段，一年之后他们将面临中考择校，于他们而言是生涯规划的重要一步。培养他们的职业价值观，可以赋予生涯规划更好的意义感和价值感，同时让学生明确自己现阶段的学习是在为实现职业价值观、人生价值观做准备，会激发他们强烈的内在动机，有助于他们更好地学习。 除此之外，新时代中学生面对极大丰富的物质条件和文化环境，其价值观发展容易失衡。根据课前调查结果显示，部分初二学生的职业价值观呈现出个人主义价值观、功利主义价值观、享乐主义价值观等倾向，引导学生进行价值澄清，发现自己的核心职业价值观对于引导学生思想是非常有必要的。		
辅导目标	1. 体会价值观的意义以及对职业规划的重要性。 2. 了解自身的价值取向，探索核心价值观。 3. 澄清价值观，学会进行理性的价值取舍。		
设计思路	1. 引发问题：通过听故事，引入主题，初步了解什么是价值观。 2. 勾勒问题：以价值观大拍卖的游戏寓教于乐，探索自己看重的价值观是什么。 3. 解决问题：使用“澄清七步法”进行价值取舍，逐步明确自己的核心价值观。 4. 反思总结：回顾生涯自我探索的三节课，通过探索兴趣、能力和价值观逐步标定自己未来的职业规划。		
教学过程			
引发问题	一、什么是价值观 案例：渔夫和商人的故事 富翁在海边度假，见到一个衣衫朴素晒着太阳垂钓的渔夫。富翁看到他		

续表

<table>
<tr><td>引发问题</td><td>这样懒散就说，我告诉你如何成为富翁。首先，你可以借钱买条船，用这条船去打鱼，赚了钱雇人干，获取更多利润。然后买条大船，打更多的鱼，赚更多的钱。接着成立捕捞公司，再投资水产加工厂运营到企业上市，把圈来的钱用于炒房，这样你很快就会成为亿万富翁。渔夫说那成为亿万富翁之后呢？富翁说，这样你就可以像我一样到海滨度假，晒太阳，钓鱼，享受生活了。渔夫听完大笑，我现在的生活不就是你说的那样吗？
提问：听完渔夫的话，你有什么感受或想法？
　　你想要什么样的人生呢？请你用两三个关键词描述。
小结：清楚自己想要什么，找到对自己重要、有价值且有意义的东西，是一种价值观的体现。价值观对我们的人生选择起着重要的导向作用。这节课我们就继续踏上价值观探索之旅。</td></tr>
<tr><td>勾勒问题</td><td>二、价值观大拍卖
过渡语：如何探索和寻找你的人生价值观呢？我们通过一个活动来体验一下。
(一)价值观大拍卖
指导语：这是一个拍卖活动，拍卖的东西是你的生涯，也就是你人生的追求，我们来了解一下竞拍规则。
1. 活动规则
(1)每人象征性地拥有100万元，代表一生的时间、精力和金钱，不可借贷。
(2)底价10万元，加价单位10万，价高者得；未参与或竞拍未得视为此生不再拥有。
(3)若多人以最高价(100万元)竞拍，可同时获得，但个人不可再竞拍其他拍品。
(4)竞拍品中的银行卡余额不得参与拍卖。
2. 竞拍
指导语：展示生涯拍品，请用2分钟查看并写下心仪拍品及价格。对于每件拍品你可以按自己的理解，丰富它的内涵。生涯拍品如下：
(1)一座迷人的小岛；(2)一生的健康；(3)藏书丰富的图书馆；(4)名牌大学毕业证书；(5)一张取之不尽的银行卡；(6)三五个知心的好友；(7)至高无上的权力；(8)美丽贤惠的妻子或英俊博学的丈夫；(9)吃遍天下美食；(10)一份成功的事业；(11)一个温暖的家庭；(12)环游世界
　　拍卖结束后，请评审团宣读获奖者及所拍的价格。
小结：这是一个游戏但又不仅仅是一个游戏。每一件拍品都是一种价值观的体现，都有一定的象征意义，如健康、知识、财富、权力、亲情、友情、阅历等。
3. 分享交流
①你有什么活动感受？②你想拥有哪些价值观？为什么？③除了以上12件拍品外，你还想添加哪些拍品？你愿意为它出价多少？</td></tr>
</table>

续表

<table>
<tr><td>勾勒问题</td><td>小结：人生有价值的东西很多，价值的选择也不尽相同。随着我们知识与阅历的增加，我们的价值取向也会发生变化，需要我们不断去审视和澄清。价值本身并没有好坏，选择也没有对错。你可以选择财富、权力，但不要忘记你的核心价值是什么，你最想要的价值观是什么。</td></tr>
<tr><td>问题解决</td><td>三、价值观澄清
过渡语：很难有一种生活完全符合人所有想要的价值观。因此我们必须要对价值观进行取舍。
(一)取舍价值观
规则：先独立写下 5 个价值观，再四人一组进行交换，4 分钟。
①参照以上价值观清单，挑出其中 5 条对你来说最重要的，分别写在五张小纸条上。
②并给每个价值观下定义，即要达到什么样的水平你才满意？
③现在，如果你不得不放弃其中的一条，你会放弃哪一条？将你准备放弃的这一条与其他同学交换。
④现在，如果你不得不继续放弃剩下四条中的一条，你会放弃哪一条？再次与其他同学交换。(不能用别人给你的交换)
⑤继续下去，直到最后一条，这是否是你无论如何也不愿放弃的？
(二)分享交流
提问：①保留到最后的价值观是什么？对你来说它为什么是最重要，最有价值的？
②在取舍前四个价值观时，你是怎么考虑的？(按顺序说)
(三)价值观七步澄清法
指导语：下面给大家介绍一种进行取舍选择的方法，希望在澄清的过程中你能更深刻地体会到每种价值观对你的意义。
<table>
<tr><td rowspan="3">选择</td><td>1. 自由选择：没有来自任何人或任何方面的压力</td></tr>
<tr><td>2. 从不同的途径中选择：从众多价值观中挑选出来</td></tr>
<tr><td>3. 经过考虑后选择</td></tr>
<tr><td rowspan="2">珍视</td><td>4. 重视和珍惜自己的选择，为自己的选择感到自豪</td></tr>
<tr><td>5. 愿意向他人公开表示自己的选择</td></tr>
<tr><td rowspan="2">行动</td><td>6. 你的行动与选择的价值观一致</td></tr>
<tr><td>7. 重复实施：始终如一地根据你的价值观采取行动</td></tr>
</table>
活动：用七步法对你的职业价值观进行探索、澄清。
1. 收入与财富；2. 兴趣特长；3. 权力地位；4. 自由独立；5. 自我成长；6. 自我实现；7. 人际关系；8. 身心健康；9. 环境舒适；10. 工作稳定；11. 社会需要；12. 追求新意</td></tr>
</table>

续表

<table>
<tr><td>总结反思</td><td>活动：回顾三节课的内容，完成下表。
<table>
<tr><th>自我认识</th><th>我的收获</th><th>我的感悟</th></tr>
<tr><td>兴趣探索</td><td>我的职业兴趣类型：
1.
2.
3.</td><td rowspan="3">了解了我喜欢、我能做、我想做的内容后，你的内心感受、行为变化或是未来计划是……</td></tr>
<tr><td>能力探索</td><td>我的优势智能：
1.
2.
3.</td></tr>
<tr><td>价值观探索</td><td>我想要的价值观：
1.
2.
3.</td></tr>
</table>
小结：我们利用三节课完成了生涯规划中自我探索的旅行，兴趣让我们知道自己喜欢什么，能力让我们了解自己擅长做什么，价值观让我们清楚自己想做什么。希望大家以这节心理课为起点，到生活学习中继续积极探索，主动体验，一步步做好生涯规划。</td></tr>
</table>

<table>
<tr><th colspan="6">北京市第一五六中学教师个人职业发展规划表</th></tr>
<tr><td>姓名</td><td>艾叶</td><td>性别</td><td>女</td><td>入职时间</td><td>2004 年</td></tr>
<tr><td>政治面貌</td><td>党员</td><td>任教学科</td><td>高中英语</td><td>担任导师工作年限</td><td>4</td></tr>
<tr><td rowspan="2">个人现状分析</td><td colspan="5">优势：能吃苦、肯钻研、有上进心</td></tr>
<tr><td colspan="5">不足：专业理论知识有待加强；教育心理学方面知识有待提升</td></tr>
<tr><td>职业目标规划</td><td colspan="5">短期：认真上好每一节课，尽心尽责当好班主任，辅导好每一位带导学生。
中期：对本届学生进行好三年规划，经过不断的学习，做到教得扎实、教得灵活，能灵活驾驭新教材。
长期：不忘初心牢记使命，全身心投入教育一线。</td></tr>
<tr><td>职业潜能探析</td><td colspan="5">较好方面：
1. 语言智能(用语言表达听、说、读、写，用语言思维、欣赏语言深层内涵并运用语言达到各种目的的能力。喜欢文字游戏、阅读和写作等。)
2. 人际关系智能(能觉察、体验他人的情绪、情感和意图并以此进行思考，做出对他人反应的能力。发现个体间的动机、情绪、情感等的差异，调整自己对他人的行为，建立与维持与他人的关系。)
表现：能较好地与学生和家长进行沟通；可以有效地处理好学生出现的问题</td></tr>
</table>

续表

职业潜能探析	有待提升方面： 1. 数学逻辑智能(数字运算和逻辑推理的能力。这种思维占优势的人强调理性，以概念和问题为中心，善于建立模型和因果联系，进行变量控制的实验。) 2. 身体运动智能(指控制自己身体、对事件能够做出恰当的身体反应，善于用身体语言进行思维的能力。控制身体运动、运用身体操作物体、脑体协调一致。) 表现：对数字不敏感；身体协调性较弱
职业资源获得	1."同头"备课中获取对同一个知识点的不同教法。 2. 在组内向其他年级请教专业知识。 3. 通过学校平台进行教育教学理论和实践学习。 4. 通过西城区平台进行教育教学理论和实践学习。 5. 通过国家相关网站进行教育教学理论学习。
职业前景展望	1. 认真学习"双减""双新"相关政策，着力提高课堂教学效率和提高作业布置的质量。坚持全面发展规律、坚持身心和谐发展规律、坚持知行合一规律和坚持因材施教规律。 2. 北京市第一五六中学是西城区的一所完全中学，中高考成绩一直保持区里较好位置。所带班级高三 5 班在 2021 年高考中超过特殊本科线 60 多分(均分 578.12 分，仅低于北京市一六一中学)。特殊本科线过线率达到 96.2%。正是在"求真务实"的领导班子带领下，在"敬岗爱业 追求卓越"的教师队伍合作下，老师们得到全面发展。我参加工作 18 年，担任班主任工作 11 年，在一五六中学实现了自己的教师梦，实现了我的人生目标。相信在不久的将来，我们会越来越优秀。
职业发展具体措施	一、勤于学习，自我成长 　　教师们都有同感："教师每一天都在吐出知识，如果不及时吃进新知识是不行的。"当今知识"爆炸"的时代，需要教师争分夺秒地学习。 1. 努力学习新教育的理念及精神。按照新教育和新教材的理念，进行课堂教学模式的改革、探索，优化课堂教学过程，探索适应新教材要求的教学方法，处理好课程改革和执行教学常规的关系，提高教学质量。重视对学生本事的培养，不断提高学生的综合素质。做到既要教学又要育人。使班级中每个孩子沐浴在教改的阳光雨露中，自信且成功地成长。 2. 上课要明确教学目标，把握重、难点进行教学。课后对每节课进行认真反思，写下教学后记，不断总结教训，积累经验。勤于实践报告，不断自我反思。 3. 平时教学中要注重自我文学素养的提高，如要多读好书和多练字，等等。勤于向各教师请教相关方面的知识，以达到全方位的提高。

续表

<table>
<tr><td>职业发展
具体措施</td><td>二、勤于学习，提高教学水平
　　教师的任务不仅仅要使学生掌握知识、技能，培养和发展学生的智力和体力；并且要使学生养成礼貌的行为，良好的习惯，具有高尚的情操，坚强的意志。这就要求教师不断提高自身的教育才能。
在专业方面要求自我学习做到以下几点：
1. 教育感染力。用心灵去教育学生，用情感去感动学生。教育学生不能只用规范和惩罚，我主张的是情感教育。经常给他们讲道理，分析问题的原因，教他们用道德来衡量事情的对错。
2. 因材施教的本事。不管是知识学习上还是品德上，学生与学生之间总有差异，善于发现学生的特点，并能运用适合的方式进行指导，提高他们的信心，鼓舞他们前进。
3. 完善课堂教学的本事。在一次又一次的实践中学会如何完成课堂教学任务，如何控制时间，如何实现师生互动，如何使学生更好地掌握技能和理论知识。
三、勤于教学理论及教学研究
1. 努力学习专业的教学理论知识，并能运用在自我的教学中，及时进行反思。工作中不断阅读有关教学理论的书籍，不断提高自我。平时也要不断补充其他方面的理论知识，丰富自我，做到多听、多看、多写、多练。
2. 主动进行教学研究，虚心向其他优秀教师求教，充分利用课余时间对教学经验进行系统梳理，结合教育心理学、少年心理学等理论，不断完善改进教育方法，更新教育理念，形成一定的研究理论成果。</td></tr>
</table>

附录七　“人人皆可为导师”：让导师制助力学生个性化成长

伴随基础教育改革的深入推进，尤其是新高考的实施，如何通过建立有效的配套举措实现对学生的个性化教育与指导，以促进学生全面而有个性的发展，已成为当前各中小学的共同管理诉求，而学生成长导师制（以下简称“导师制”）就是其中备受关注的一个话题。近年来，北京市第一五六中学面对时代的诉求和学生发展的需要，结合学校实际积极进行探索，在导师制工作方面形成了自身特色，也取得了一定实效。

一、基于校情系统规划，渐进式推进导师制工作

几年来，我校导师制工作能够稳步推进，得益于学校采用的渐进式推进策略。早在2014年浙江、上海实施新高考伊始，我校就意识到现行大班教育模式难以满足当代社会对人才培养的需求，教育改革势在必行。为此，学校领导多次面向全校教职工宣讲教育改革的意义及其挑战，并于2015年成立导师办，同时本着“以事择人、人岗相适”的原则，在全校范围内选聘导师办主任专门负责这项工作。2016年，我校在导师办成立后开始筹备后续系列工作，包括收集整理相关文献、组织外出参观考察、制定《学生成长记录》《导师工作手册》等文件、开展相关网络资源建设以及导师校本培训工作等。

2017年11月，我校首先在2018届初三年级试点导师制工作，试行一段时间并进行适当调整后，又在其他各年级逐步推开。预计到2020年6月，我校将实现从初一到高三6个年级导师制工作全覆盖。为及时了解导师制工作的开展情况，导师办还会通过问卷调查、座谈等方式定期组织开展针对学生、家长及导师的三方调研，借此了解三方对于导师制工作的态度感受、需求建议、问题与经验等，从而为后续的工作调整与改进提供参考。

二、工作突出问题导向，形成导师制工作特色

在前期的调研学习中我们发现，当前部分学校在实施导师制过程中主要存在几个突出问题：一是导师多由班级任课教师担任，人员结构单一，无法满足学生的特殊发展需要；二是由于同一导师指导学生人数过多，导师制成为变相的“小班管理”，无法实现对学生的个性化指导；三是导师通常只关注学生在学习或品德等某一方面的发展，因此不利于学生的全面和长远发展。基于此，如

何在实践中有效规避上述问题，并在此过程中形成自身特色，就成为我校开展导师制工作重点关注的内容。

1. 班主任和导师工作双轨并行，促进学生全面与个性化发展

针对当前部分学校在实施走班制过程中，由于取消行政班、仅采取导师制管理带来的学生集体意识和归属感缺失等问题，我校采取了班主任和导师工作双轨并行的做法，同时要求他们在工作中既有分工又互相配合。

在分工上，学校要求班主任主抓班级建设与管理，以此强化学生的集体意识和心理归属感，同时还要带领各自班级形成自身特色，以“班班精彩、人人进步”提升学生的幸福感与自豪感；导师则侧重做好学生的思想教育工作以及个性化指导，在选学选考、生涯规划、就业方向等方面为学生提供指导建议。在合作上，班主任要积极协调好导师、学生、家长和学校之间的关系，遇到问题及时沟通解决；导师也要配合班主任开展学生思想教育工作，并在学生的评优、奖励、处分及期末综合评定等工作中进行协商处理。

2. 面向全体教师，营造“人人皆可为导师”的工作氛围

我们认为，参与导师制工作有利于调动教师的工作积极性，为此学校规定，凡具有教师资格证的教师都可以做学生导师，学生可以根据自身需求去选择心仪的导师。在选导师的过程中，我们通过在2018届初三和2017级高一两个年级的试点探索，形成了一套较为完整成熟的操作流程。

在遴选工作开始前一个月，导师办会分别针对学生和家长召开动员会，介绍导师制的意义与必要性等，并就如何深入了解导师情况进行重点说明。选导师分为试选和正选两个环节，都通过网络完成。试选的主要目的是为了让学生熟悉操作系统，最后选择结果以正选为准，学生经过正选并核对导师信息无误后签字确认，导师办再安排师生签订导师协议。

在选导师过程中，除特殊学生需安排专门的导师外，一般学生与导师之间都实行单向选择。学生都希望导师有耐心、有学识、经验丰富。初中生更关注导师的性别、年龄及兴趣，希望导师多角度地了解自己；高中生更为关注自身的学业，希望导师多给予自己在学习上的指导，因此所选导师多以文化课教师为主。自签订导师协议起，指导关系将持续到学生初中或高中毕业，只有在学生退学、休学或导师调离学校时才会终止，同时导师办也会根据学生意愿为其配备新的导师。

3. 开展跨年级、跨学段指导，形成系统化、全过程的育人理念

实践中，我们要求每位导师不仅要指导所任教年级的学生，而且要进行跨

年级甚至跨学段指导；同时指导同一年级学生不超过 3 人，指导学生总数不超过 15 人。这样做出于几点考虑：其一，可以避免导师由于指导学生数过多，造成工作量过大而流于形式；其二，每位导师同时指导各年级学生，有利于一些相同或类似问题的交流解决；其三，进行跨学段指导有利于导师同时熟悉初、高中学段的知识体系以及对应学段学生的特征，有利于他们形成系统化、全过程的育人理念，从而从学生长远发展的角度出发对学生进行系统的指导。

跨年级指导的做法全面推开后，我校不同年级的学生在导师的组织协调下，在新的集体中平等交流、互相帮助，共同面对学习和生活中的各种问题，也一起收获和成长。同时导师也会根据不同学段和年级学生面临的问题进行有针对性的指导。如对于起始年级，指导重心在于帮助学生更好地适应在新学校、新学段的学习生活；对于毕业年级，主要指导学生理性对待中高考复习过程中出现的问题并进行调整，有条件的还要指导学生做好志愿报考工作。

4. 集中和个别指导相结合，提升指导的精准度和实效性

在实施导师制过程中，我校还采取集中指导和个别指导相结合的方式。集中指导主要是为解决学生面临的普遍性问题，具体又可分为两种：一种是针对同一年级学生开展的集中指导，如年级月考后，导师会将学生集中在一起分析问题、总结经验、分享心得，提高指导效率；另一种是为所有年级学生设置的集中指导，时间分别安排在每学期的开学初、期中和期末，一学期共计三次。集中指导前，导师要根据指导主题备课，指导过程中组织学生进行交流，并从中进行引导、总结、做好记录。集中指导主题除导师办根据工作需要制定外，导师也可根据实际需要自行拟定。个别指导侧重解决涉及学生隐私的问题，如学生的家庭情况、个人喜好、学习成绩等，学生可以和导师商定指导时间和地点。原则上，集中指导每两周一次，个别指导则根据学生和导师需要自行确定。

三、铸造专业化教师团队，助力导师制工作可持续发展

导师队伍的整体素质是影响导师制工作成效的重要基础。自实施导师制工作以来，我校担任导师的教师已由最初的 45 人增至现在的 123 人，占教师总数的 97.6％。在导师队伍建设中，我校主要做了以下几方面工作：

1. 规范工作目标流程，确保导师工作有据可依

学校除通过相关宣传引导让教师明确导师制工作的重要意义外，还通过明确工作目标流程使其在工作中有据可依，如导师要在全面了解学生的基础上，

与学生共同协商确定发展目标；要充分尊重学生的个性特征和主体性，培养学生的自我认知和自我选择等能力；要能够加强与家长、班主任及任课教师的联系，进一步丰富和完善学生信息，通过形成家校教育合力，促进学生成长进步。

此外，学校还对导师工作提出了具体的操作性规范。如导师在确定与学生的指导关系后，要在《导师工作手册》中尽快完善学生的家庭情况、学习情况、能力素质、爱好特长等基本信息；要在指导工作中做好相关记录，择要记录指导时间、地点、主要内容、需完成任务以及指导效果；要指导督促学生按要求认真填写《学生成长记录》，并完成每学年的个人成长规划、考试总结反思等；要定期批阅《学生成长记录》，并结合学生困惑和发展情况给予及时反馈，使学生的成长有迹可循。

2. 开展全方位培训引领，提升导师综合素养

在开展导师制工作的过程中，我校始终将导师素质发展作为重要内容，并做好相关培训与指导工作。为提高导师的理论水平和实践指导能力，导师办面向全体导师开设包含校本、校际在内的各类培训，包括解读北京市新中高考改革政策、定期开展导师工作经验方法交流等，同时围绕“新高考背景下如何进行选科指导”“生涯教育活动的具体设计与实施”“管理学生的心理学智慧”等主题举办系列专家讲座，并选派年级组长、心理教师等骨干参加各类学术组织举办的生涯规划等内容的培训。

此外，学校还鼓励每位导师在工作中结合自身优势形成工作特色。例如：我校办公室主任陈老师曾是一名物理实验员，在指导学生过程中，陈老师能够根据自己在工作中积累的有关就业形势政策等方面的知识，以及作为家长陪伴孩子进行志愿填报和职业选择方面的经历，对学生开展生涯规划指导，受到了学生的欢迎和家长的充分肯定。对于从未指导或指导学生数较少的教师，导师办也会帮助他们查找原因，促使其做出积极调整。

伴随导师制工作的开展，我校学生、家长、教师在观念和行动上有了很大转变。导师制增进了家长对学校的了解，使他们更加认可和支持学校的工作；很多学生受益于导师对自己学习和生活的帮助指导，并被导师仁爱敬业等优秀品质所感染，自发以导师为榜样，积极主动地开展学习；导师工作还唤醒了教师发展的内在自觉，激发了他们学习提升的愿望，并促使他们通过参与工作实践提升教育自信和综合素养。

（发表于《中小学管理》杂志 2020 年第 2 期）

附录八　全员育人的导师工作对提升教师综合素养作用的探析

内容摘要：教育要以人为本，要充分尊重学生个性，促使学生个体得到最适合自身特点的全面发展，最终使学生成己成人，成为社会主义合格的建设者和接班人。基于这样一种理念，北京市第一五六中学实施跨年级指导、全员参与的导师制，一方面引导帮助学生个性全面成长，另一方面全面提升教师的综合素养。

关键词：全员育人；导师制；教师综合素养；提升策略

近年来，国家不断推进新高考、中考的综合改革，大力倡导“育人为本”“增加学生的选择性”的教育理念。北京市第一五六中学敏锐地捕捉到在中学实施导师制的必要性，于2016年先行成立“导师办”，为学校开展导师制工作进行前期调研、探索以及实施方案的顶层设计。通过了解上海、浙江部分学校做法，分析国内外导师制的开展情况，结合我校实际，拟从“全程”“全员”“全方位”三方面实施导师工作，引入“跨年级”指导模式，形成了《北京市第一五六中学导师工作试行方案》。自2017年10月起，在2018届初三年级先行实施，截至目前，全校共有8个年级开展过导师工作。

一、全员育人导师制下教师综合素养面临的挑战

1. 跨年级、跨学段、跨学科指导的挑战

我校导师制的一个创新是导师跨年级、跨学段、跨学科指导学生，也就是说高中的任课教师可能名下有初中的学生，初中老师也可能带导高中的学生，这与其他学校导师只指导本年级或本班学生的导师制有根本区别。导师如何快速了解非任课班级的学生，高(初)中教师如何指导初(高)中学生、非一线任课教师如何指导学生等一系列问题接踵而至。

2. 教书与育人有机统一的挑战

韩愈在《师说》中说道：“师者，所以传道受业解惑也。”传道和授业是教师的两大任务，而且传道是第一位的。然而，在实际的教育教学中，大多数任课教师只专注于本学科的教学工作，认为完成教学任务就可以了，只做到“经师”，而往往忽略了育人这一基本任务，也就是说没有做好“人师”，教书与育人没有得到很好的统一。而作为导师的教师，对学生的指导是全方位的，必须实现教书与育人的统一，这对于很多专任教师来说，面临着巨大的挑战。

3. 导师已有知识体系与时代需求之间矛盾的挑战

学校导师制要求导师“全程”“全方位”育人，需要与学生深入接触，时代在发展，学生情况在变化，导师们原有的教育学、心理学知识相对单一，需要学习新的理论和工具，由于面对的学生群体年级跨度较大，导师们原有的工作经验也显得不足。此外，担任高中学生的导师，还承担着引导、辅助学生进行生涯规划的重任。因此，更新教育理论知识，完备生涯规划知识体系迫在眉睫。

二、导师工作对提升教师综合素养的作用

1. 有助于强化主体意识，改变教书育人的理念

导师制是在新一轮考试改革的背景下一种创新的育人方式，如何进行选课指导和跨年级指导等新问题对教师已有的理念、知识和能力提出了挑战。导师工作激发了全校教师对于教育的新思考，大家认为：教育的本质属性是基于人、发展人、完善人、成就人的社会活动，教师的重要职责是塑造灵魂、塑造生命、塑造新人，教育的主要目标是凝聚人心、完善人格、开发人力、培育人才、造福人民，作为教师应该站在知识论、信息论、世界观、价值观、人生观的新高度，做学生学习与发展的引路人。这就从根本上提升了教师的主体意识，要想培养学生成人，教师首先要成为一个人，一个有爱心、仁心、责任心、自信心、进取心的人。

2. 有助于唤醒内在自觉，激发终身学习的动力

导师工作促使学校教师认识到“职业教师”与“人师”差异，从内心深处唤醒导师要保持终身学习的内在自觉，要把学习作为一种教师责任、一种生活方式、一种精神追求，做学生终身学习的表率，真正实现了从“教”到“育”的转变。为此，在导师工作过程中，学校向全体导师提出四条学习建议：

第一，向书本学习。书籍是人类智慧的结晶，是我们了解过去、理解现在、洞察未来的阶梯。自实施导师工作以来，学校先后为导师配备了《导师在左　合作在右》《透视孩子的心理世界》《生涯教育的逻辑》《果壳帮你选专业》等相关书籍，这些书进一步激发了教师的思想活力、启发教师进行思考。

第二，向专家学习。术业有专攻，任何领域都有自己的行家里手，只有主动请教专家、多听取专家的意见和建议，才能从更高水平和更广阔的视角去审视导师制，基于“听内行话，做内行事”的理念，我们邀请外校专家讲授相关理论知识、分享相关工作经验，导师们很受启发。

第三，向他人学习。在导师工作的实施过程中，除了一些共有的指导方式

外，导师们还有一些个性化的指导方法，导师之间可以相互借鉴，以更好地开展导师工作。

第四，向经验学习。实践出真知，实践育人才。要坚持知行合一，注重在实践中学真知、悟真谛，加强磨炼、增长本领。每位导师要在导师工作中积极总结，提炼工作精髓，反思不足之处，并在后期工作中加以改进。

3. 有助于提升综合能力，丰富了指导学生的理论工具

2017 年 11 月，我校首先在 2018 届初三年级试点导师制工作，试行一段时间并进行适当调整后，又在其他各年级逐步推开。截至 2020 年 12 月，我校已经构建了从初二到高三 6 个年级导师制工作的全覆盖。经过多年的实践，学校教师的综合能力得到显著提升。

第一，导师工作增强了教师的沟通能力。如何通过与学生的接触去了解学生的个性？如何与学生家长、班主任、任课教师去交流学生的基本情况？这些工作促使老师重视沟通技巧和质量，并在日常的带导工作中不断实践，不断总结经验，从而有效地提升了导师的沟通能力。

第二，导师工作促使教师对心理学进行深入研究。导师需要指导初一到高三 6 个年龄段的学生，了解掌握各个阶段学生的心理特征和心理需求显得有尤为重要。这就需要导师们通过专业培训和自学，了解不同阶段学生的心理状况来提高指导的有效性，在这个过程中，导师自己在不同程度上也获得了进步。

第三，导师工作帮助教师建立生涯规划体系，能更好地帮助学生规划人生。到目前为止，经过学校的系统培训和导师们的自觉学习，导师们已经拥有了全程规划的生涯规划理念，了解了生涯规划的基础理论，掌握了科学的生涯规划工具，能够为更多的学生进行系统、全面、持续的生涯规划，这也有利于导师自身的成长。

（本文发表于《中小学教育》杂志 2020 年第 34 期）

致　谢

本书凝聚了领导们的改革睿智、折射了导师们的育人初心、结集了全校教师的智慧，在大家的共同努力下导师制才得以成功推进与实践。

从导师、学生、家长和社会的反馈来看，我们的导师制取得了初步成功。导师制的稳步推进，离不开全体学生及家长对于学校导师的信任，家校的密切配合是导师工作顺利开展的根本保障；导师工作的全面开展离不开全体教职员工的共同努力，是学校全体教师的集思广益才促使导师工作能够不断完善，是学校全体教师的凝心聚力才促使导师工作形成特色，是学校全体教师的创新进取才促使导师工作研究硕果不断。此外，我们还得到了很多单位和个人的支持与帮助。感谢首都师范大学教授、博士生导师、高中数学课标修订组组长王尚志老师对于我们课题的指导，感谢西城区研修学院心理教研室主任关京老师、北京市第 35 中学董艳菊老师给予我们在导师工作方法思路上的帮助，感谢首都师范大学招生就业处刘锐副教授以及金路之声文化传媒有限公司给予我们在生涯规划培训方面的支持。导师工作全面稳步推进、硕果不断离不开大家的扶持。

本书倾注了全体导师的心血，由论著编著团队合作完成。本书序言部分由校长王勇毅老师执笔完成，阐述了学校实施导师制的整体构想及实践意义；第一章(第一、二、三节)由学校导师办主任郝进宏老师执笔完成，阐释了新时代育人的新需求、导师制的文献研究以及中学实施导师制的必要性；第二章由程水莲老师(第一节)、孙爱国老师(第二节)、王正立老师(第三节)、王桐老师(第四节)执笔完成，阐述了导师制实施的背景，为学校导师制的运行提供了理论支撑；第三章由学校导师办主任郝进宏老师执笔完成，阐述了导师制方案的酝酿过程、学校导师制的探索及实施方案、实施过程、导师工作成果以及形成的特色等，以便让读者从整体上了解学校导师制的实施概况；第四章、第五章是育人实践成果的呈现，分别由部分导师、毕业生以及部分家长撰写，从不同角度反馈导师制的实施效果；后记由学校党总支书记张万聪老师执笔完成，着重介绍了本书的出版目的和框架，同时阐述了对导师工作的展望，为导师制的延伸和发展提出了要求及希望。

附录是学校实施导师制过程中形成的方案及成果，其中附录六中展示的参加生涯培训教师的《单元教学设计》和《教师生涯规划书》，分别由王桐老师和艾叶老师完成，其余附录由学校导师办主任郝进宏老师完成。